¿De qué se trata la vida?

HUGO CUESTA

¿De qué se trata la vida?

Encuentra TUS respuestas

Grijalbo

El papel utilizado para la impresión de este libro ha sido fabricado a partir de madera
procedente de bosques y plantaciones gestionadas con los más altos estándares ambientales,
garantizando una explotación de los recursos sostenible con el medio ambiente y beneficiosa para las personas.

Penguin
Random House
Grupo Editorial

¿De qué se trata la vida?
Encuentra TUS respuestas

Primera edición: noviembre, 2022

D. R. © 2022, Hugo Cuesta

D. R. © 2022, derechos de edición mundiales en lengua castellana:
Penguin Random House Grupo Editorial, S. A. de C. V.
Blvd. Miguel de Cervantes Saavedra núm. 301, 1er piso,
colonia Granada, alcaldía Miguel Hidalgo, C. P. 11520,
Ciudad de México

penguinlibros.com

ISBN: 978-607-382-307-4

Impreso en México – *Printed in Mexico*

Para quienes se han embarcado en la búsqueda de su Misión.
Espero encuentren en estas páginas ideas y conceptos
que los acompañen en la aventura más importante de su vida.

Índice

Prólogo

Conocí a Hugo en un viaje a España hace varios años. Me obsequió con su primer libro, *La crisis de la mitad de la vida*; interesante lectura que he recomendado a muchos de mis pacientes al llegar a esa edad donde uno nota cierto vértigo ante la mirada hacia el pasado y hacia el futuro.

En este nuevo libro, Hugo plantea un camino al lector: el de encontrar su sentido de vida. He repetido en muchas ocasiones la importancia que tiene para lograr la felicidad. Si carecemos de sentido, tendemos a sustituir ese sentido por sensaciones. Estas sensaciones son variadas: pueden ser desde alcohol, a drogas, a redes sociales, a comidas, a videojuegos, al sexo... Éstas, si no están bien enfocadas y son empleadas únicamente como vía de escape, acaban destruyendo al ser humano. La idea es clara: hay que frenar, cesando la hiperestimulación que nos llega, y buscar qué sentido tiene nuestra existencia.

Durante los últimos años he ayudado a muchas personas a encontrar su *ikigai*, su propósito de vida. Me encanta que surjan libros que impulsen a la gente a frenar la vida agitada que llevan para ahondar en los aspectos más importantes y claves del ser humano. A través de mi divulgación he intentado ayudar a las personas a conocerse, a comprenderse y a encontrar paz a pesar de las heridas, los miedos y los traumas. Comparto con

Hugo la pasión por inspirar y acompañar a las personas a que conecten con su existencia de forma más plena.

La ciencia avala esta teoría. Existen múltiples estudios publicados sobre los beneficios de tener un propósito de vida y su relación con la salud. Por citar alguno, en el año 2015 fue publicada una investigación liderada por el Centro Médico *Mount Sinai* en Nueva York y publicada en la revista *Psychosomatic Medicine: Journal of Biobehavioral Medicine*, donde se abordaban los beneficios cardiovasculares de aquellos pacientes que poseían su propio sentido de vida.

Hugo ahonda en su obra sobre este asunto. Muestra una gran pasión por ayudar a cada ser humano a discernir cuál es su sentido de vida y de apoyarles para construir un proyecto personal acorde a su personalidad, a su carácter, a sus circunstancias y a su biografía.

Estas líneas están escritas desde la visión de alguien que ha pasado años preguntando, consultando, escuchando y aportando consejos a muchos a resolver sus dudas y sus problemáticas personales y afectivas. Esta obra está plagada de ejemplos y vivencias del propio autor, que él mismo comparte con el lector y estoy segura de que muchos se sentirán identificados. A través de esta lectura ágil e interesante, este libro logra animar al que bucee entre sus páginas para tejer las razones humanistas y psicológicas de encontrarle un sentido a la vida. El autor emplea ejercicios y cuestionarios prácticos que pueden ayudar al lector a hacerse las preguntas adecuadas para hallar su propósito.

Este libro aborda las necesidades de la persona en sus tres dimensiones: mente, cuerpo y espíritu. Durante las páginas nos acompaña en la búsqueda de respuestas individualizadas para impulsar a ver la vida de forma trascendente. A no quedarnos simplemente con lo sencillo y fácil que percibimos cada instante, sino a saber hallar el sentido más espiritual de nuestra existencia. Hugo, a través de su experiencia como abogado, conoce muchas facetas del ser humano y sabe responder a aquéllos que preguntan por su vida, sus inquietudes y sus ideales. Me resulta interesante la metodología que recomienda para encontrar y animar a todos a alcanzar su misión en la vida. No enfrentándose a la pregunta de cara —¡eso genera mucho vértigo!—, sino realizando un maridaje entre talentos y pasiones que, aderezados en una vida 3D, nos puede conducir a las grandes respuestas.

Una vez descubierto, podremos existir con plenitud, sabiendo saborear las delicias y placeres de la vida, pero con sensación de tener una meta y un propósito a los que llegar.

Querido lector, deseo de corazón que estas líneas te ayuden a tener una vida más plena en estos tiempos ajetreados que nos han tocado vivir.

MARIÁN ROJAS ESTAPÉ
Madrid, 25 de julio de 2022

1. Algo anda mal, pero ¿qué?
Una visita al doctor

No puedo identificar el momento específico en que todo empezó. Fue de manera gradual. Como un goteo de dudas, decepciones y remordimientos que me producían una sensación extraña. Una mezcla de insatisfacción, desasosiego e incapacidad de estar en paz.

Tenía la clara sensación de que la vida me quería decir algo. Las gotas seguían cayendo y mandaban señales cada vez más difíciles de interpretar.

Una gota gorda cayó una mañana de jueves en el consultorio del doctor Fadl, mi médico de cabecera.

Pensaba que sería la típica consulta médica de todos los octubres y esperaba que resultara tan breve como fuera posible para no "perder" toda mi mañana. Imaginé esa cita como las anteriores: entrar, sacar la lengua, respirar hondo cuando me lo pidieran, hablar un poco de futbol y recibir una receta para las agruras.

Una vez en el consultorio, comenzaron las preguntas de rutina. Apetito, sueño, cansancio, estrés y achaques propios de la edad, fueron parte de los primeros minutos de la conversación. Mientras el doctor tomaba notas, le comenté casualmente, como para llenar un hueco de silencio: "¿Sabes, doctor? He notado que me mareo en los aviones y el malestar persiste hasta varias horas después de aterrizar".

El hombre levantó la mirada y me dijo: "Lo más probable es que no sea nada, pero me gustaría hacerte una prueba. ¿Tienes cinco minutos?".

Pude escucharme aceptar mientras mi mente pensaba que cuando un doctor te pide cinco minutos hay que mentalizarse para por lo menos una hora, así que una cita de rutina podría tomar más tiempo de lo que tenía planeado.

El médico me mostró una línea amarilla en el piso de mármol blanco, me puso una venda en los ojos y me pidió que diera cinco pasos sobre ella con los ojos vendados. Sintiéndome como en juego de feria, caminé con total seguridad. Grande fue mi sorpresa al retirarme la venda y darme cuenta de que, después de sólo cinco pasos —que yo creí haber dado en línea recta—, me encontraba un metro a la izquierda de la línea, casi tocando la pared blanca de la que colgaban los diplomas del doctor.

Él me miraba con una sonrisa forzada que no lograba disimular, pues estaba igual de sorprendido que yo. "¿Desde cuándo dices que has notado esos mareos en los vuelos?", me preguntó, ya con un tono más serio, mientras me pedía recostarme en su mesa de exploración y sacaba de su bata blanca un aparato para revisar mis oídos. Entonces comenzó a examinarme y mientras lo hacía me preguntó:

—¿Últimamente has viajado mucho en avión?

—Sí —le contesté—. Mucho.

—¿Más de tres veces por semana? —insistió.

Yo asentí mirando al suelo, como si me estuvieran descubriendo en una travesura. Después de muchos minutos de revisar y volver a revisar cada oído, el doctor rompió el incómodo silencio: "Tienes una fuerte inflamación en tu oído que te hace perder el balance. Intentaremos tratarlo con medicamento, ya que si no cede puede escalar a vértigo, sensación de presión, timbre permanente e incluso pérdida de la audición".

Tragué saliva mientras el doctor continuaba: "Por ahora no es grave, y no creo que sea irreversible, pero quisiera revisarte en un mes para ver tu evolución". Mientras me incorporaba, listo para salir corriendo del consultorio, hizo una pausa breve mientras anotaba la receta, y añadió: "¡Ah! Y mientras tanto, nada de aviones, hasta ver cómo sigues".

Un reclamo inconsciente me salió sin pensarlo.

—¿Qué? ¿Un mes sin viajar, doctor?

Sin esperar respuesta seguí quejándome, como implorando para que rectificara su sentencia:

—Traigo muchísima chamba fuera, doctor, y la próxima semana siguen las rondas de negociación del tratado de libre comercio con Estados Unidos y Canadá (T-MEC) en Washington. Tengo que estar ahí como coordinador del capítulo de inversión del Cuarto de Junto y, además, tengo un congreso de abogados donde seré expositor...

Sin esperar más explicaciones, me interrumpió:

—Mi recomendación es parar como mínimo un mes. Eso depende de cómo evolucione el tratamiento. Pero, en fin, tú decides. Seguir volando en estas condiciones pondría en riesgo tu oído y, si empeora, los síntomas serán mucho más molestos. De verdad, te recomiendo esperar un poco a que se desinflame para que la condición no empeore.

Estuve a punto de replicar, pero el hombre de blanco anticipó mi avanzada y me paró en seco:

—Ya es tiempo de bajar el ritmo, Hugo. Eso lo hemos comentado desde hace ya varios años y no veo que lo hayas hecho. Ya no tienes quince años y éstas son señales de deterioro que, de no cuidarlas, no harán más que empeorar.

No fue lo que dijo lo que me preocupó, sino su mirada y el tono de su voz —generalmente tranquilo— que llevaba un cierto reproche de amigo. Nos conocíamos desde hacía años y nunca lo había escuchado hablarme así.

Salí de la cita cabizbajo, musitando un tenue "gracias..., doctor", mientras miraba de reojo mi celular, que me urgía a contestar los 34 mensajes sin leer que aparecían en la pantalla. El resto del día transcurrió en cavilaciones y diálogos internos, considerando si atender a la recomendación del doctor, pedir una segunda opinión o empezar a hacer las cancelaciones de los tres viajes que ya tenía programados para ese mes.

1.1. Insomnio en una noche de otoño

Esa noche, ya acostado en la cama, mi mente se resistía a dormir. Mientras miraba el techo de mi habitación, no paraba de dar vueltas a las señales que últimamente había recibido. *Bajar el ritmo... Bajar el ritmo...* Esa recomendación taladraba mi cabeza, no sólo por venir ahora de mi doctor de confianza, sino por ser una promesa incumplida que tantas veces me había hecho a mí mismo. Las gotas seguían cayendo de manera sutil, casi imperceptible; pero estaba claro que seguían llenando el vaso.

De pronto, en plena oscuridad, como si fueran ordenados por una misteriosa partitura, ante mí se pusieron de pie una serie de eventos que ya había detectado en los últimos meses y que, aunque no quisiera reconocerlo, sabía que coincidían con la advertencia de esa mañana.

Pensé en el cansado y pálido rostro con el que me topé en el espejo del baño del aeropuerto de la Ciudad de México después de perder el último vuelo de regreso a casa —el de las diez de la noche—, para no faltar a un desayuno importante al día siguiente; mismo aeropuerto en el que había aterrizado 14 horas antes tras viajar en el primer vuelo para "aprovechar el día". ¿Cuántas de esas largas jornadas acumulaba en los últimos meses?

Pensé en las recientes conversaciones con mi esposa. ¿Sería por esto por lo que últimamente se habían acumulado sus reclamos? "¡Te vas a enfermar, Hugo!", me decía cada vez con más insistencia.

Pensé en mis amigos y en la cantidad de cancelaciones a reuniones sociales, siempre con el mismo pretexto: "Se me complicó la agenda y no voy a poder llegar... pero no te preocupes, ¡la reponemos cuanto antes!". Promesas que yo sabía que, de seguir así, no podría cumplir. Promesas que, por cierto, tampoco me había cumplido a mí mismo en los últimos años, promesas de vivir de manera más sosegada.

Pensé en los conocidos y colegas que me repetían con frecuencia: "¿Cuando tengas chance podemos ver algunos temas?", y a quienes yo respondía: "Sí, claro, en cuanto pase este cierre... en cuanto termine aquella conferencia... en cuanto ganemos la licitación... en cuanto se publique el artículo... en cuanto hagamos esta contratación... en cuanto terminemos la junta de consejo... en cuanto pase el cumpleaños de mi esposa...". Las razones variaban. De hecho, eran válidas y reales. Lo que no cambiaba es que el día para "ver algunos temas" siempre tardaba en llegar. Y cuando lo hacía, yo atendía con impaciencia y con miradas furtivas y frecuentes al celular o al reloj.

Independientemente de que se tratara de un proyecto profesional, social, familiar, personal o espiritual, el caso es que siempre estaba metido en algo "importante" que me rodeaba de un halo de prisa, de frialdad y distancia en el trato con los demás. Lo que me alejaba de uno de los objetivos centrales en mi proyecto de vida: cultivar relaciones interpersonales cercanas y cálidas, y "arrimar el alma" con familia, amigos y colegas.

Aquella fatídica noche en casa yo pensé en... absolutamente todo eso y no pude dejar de hacerlo. El insomnio me mantenía con la mirada fija en la oscuridad; imaginaba situaciones, repasaba pendientes, exageraba escenarios hasta que éstos tomaban tintes dramáticos: ¿Y si cancelan el contrato...? ¿Y si perdemos la licitación...? ¿Y si el Congreso aprueba la reforma...? ¿Y si sale mal la junta de consejo...? ¿Y si el tipo de cambio se dispara…? ¿Y si contratan a la competencia…? ¿Y si mi dolencia en la espalda es algo serio…? ¿Y si nadie llega a la conferencia…? ¿Y si no suena el despertador…?

Todas las señales —el doctor, mi mujer, mis amigos, mi reflejo en el aeropuerto, entre otras— apuntaban en la misma dirección: *Bajar el ritmo… Bajar el ritmo…*

"¡Algo anda mal!", me dije ya en voz alta. "Pero ¿qué?"

Una pregunta entonces sin respuesta. Cerré los ojos y los apreté cuanto pude. Pero nada. Esa noche, el insomnio seguía ganando la batalla, a pesar de haberme tomado una pastilla de Unisom. Práctica de la que estaba muy poco orgulloso y que se había convertido en una compañera indispensable en mi buró.

Las gotas seguían cayendo y ahora tomaron voz en un diálogo interno; un debate airado con mi conciencia, la cual, tranquila pero firme, levantó la voz: "Después de tus tres años de crisis, Hugo, ¡ya deberías de haber entendido la importancia de bajar el ritmo! ¿No era ese, precisamente, uno de los objetivos de tu segundo tiempo?". A lo que yo mismo me defendí: "¡Pero si no he descuidado para nada a la familia!…" Pero de inmediato mi conciencia reaccionó agresiva: "Tal vez eso es lo que crees, ¡pregúntales a ellos…!".

Otra gota gorda llegó con una imagen irónica: la de mi persona frente al público, en las frecuentes sesiones, videos y conferencias que presentaba en distintos foros… ¡aconsejando a otros sobre las bondades de bajar el ritmo!

Específicamente, la imagen de mi conferencia de *La crisis de la mitad de la vida* en la que presenté la portada del número 944 de la revista *Expansión*, en la que aparece la imagen de un ejecutivo con traje oscuro y corbata, portafolio en mano, corriendo desesperadamente dentro de una rueda de hámster. El titular anunciaba: "La carrera sin fin: los ejecutivos mexicanos no tienen tiempo para una vida personal, y son los que más horas trabajan en Latinoamérica", seguido de unas letras rojas en mayúscula que esa noche parecían gritarme: "TODO TIENE SU COSTO".

"Todo tiene su costo... Todo tiene su costo...", me repetía interiormente. El insomnio, la tensión, las prisas y los reclamos eran parte de ese *costo* que yo usaba como ejemplo en mis presentaciones: un precio que yo pagaba en carne propia. Esa noche caí en la cuenta de otro precio a pagar por vivir a ese ritmo frenético: precisamente, la inflamación del tímpano como consecuencia de tantos vuelos que, según el doctor, podía dejar secuelas irreversibles.

En mis cavilaciones nocturnas sentía haberme convertido en el incongruente médico obeso, ebrio y fumador, que respondía a los reclamos de sus pacientes al recetarles dietas y evitar el alcohol y el tabaco con un tajante: "¡Me pagan por dar consejos, no ejemplo...!".

No sé y no recuerdo cuántas horas habrán pasado, pues cuando sufres insomnio pierdes la noción del tiempo. El silencio parecía inundarlo todo, salvo por un par de sirenas lejanas y algunos pájaros que, aún discretos, anunciaban la inminente llegada de la madrugada. Pero yo seguía sin dormir... y el desfile de dudas nocturnas se negaba a terminar.

Empezaron ahora a desfilar ante mi somnolienta conciencia algunos propósitos de mi proyecto de vida para el segundo tiempo (del que hablaré más a detalle en un capítulo posterior), que incluían —entre otros— algunos compromisos personales que empecé a recitar de manera casi inconsciente, como mantras que había repetido tantas veces en estos años:

"Erradicar las prisas a toda costa. Resistir la tentación de saturar la agenda del día. Evitar el *multitasking*. Hacer lo que debes y estar en lo que haces. Observar rituales que promuevan la lentitud. Vivir instalado en el presente."

De pronto, se posó con fuerza una idea frente a mí: "¡Espera! No todo está mal ni todo está perdido. Hay cosas muy positivas que no estás tomando en cuenta". Entonces recordé que también estaba orgulloso de incluir en mi agenda varios proyectos de gran calado social, espiritual y personal que me llenaban de orgullo. Sentía ya muy lejos los días del *workaholismo* sin propósito, y empezaba a ver importantes frutos de los proyectos personales que me había propuesto para el segundo tiempo de mi vida.

No podía dejar de reconocer la satisfacción de haber visto gestarse y madurar algunos proyectos sociales como el de Family Consultoría (www.familyconsultoria.com), que mi esposa y yo fundamos en 2017 después de una seria crisis matrimonial, con la intención de crear un espacio seguro que acompañara a las personas, matrimonios y familias de buena voluntad que necesitaban asesoría, acompañamiento y terapia profesional. Me emocioné al recordar que Family cuenta con hoy más de 25 psicólogos, psiquiatras, tanatólogos y terapeutas que atienden, asesoran y acompañan a más de 500 personas por mes, y que en los últimos cuatro años han atendido más de 20 mil citas. ¡Sólo Dios sabe el impacto positivo que los pacientes de Family hemos recibido en esas consultas!

También caí en la cuenta de que, para que salieran la cantidad de artículos, videos, pódcast y conferencias en que había participado y publicado en distintos foros en los últimos años (entre ellos, el libro que hoy tienes, querido lector, en tus manos), al mismo tiempo que dirigía una firma de 48 abogados con tres oficinas (que es en sí mismo un trabajo de tiempo completo), era necesaria una buena dosis de adrenalina y que eso explicaba también —en parte— la presión que sentía, la saturación en mi agenda y las noches de insomnio. ¡Eran proyectos muy valiosos, en los que había aprendido mucho y que habían obrado mucho bien en el mundo! Aunque sabía que debía bajar el ritmo, no lamentaba en absoluto estar inmerso en ellos hasta el cuello.

Sumé a la lista de satisfacciones la buena marcha de la firma de abogados que dirijo y que sigue consolidándose a nivel internacional, y la gran experiencia de haber participado —como coordinador del capítulo de inversión— en la renegociación del tratado de libre comercio con Estados Unidos y Canadá, como parte del equipo negociador mexicano a través del "Cuarto de Junto". Esta gestión había requerido de viajes constantes e intensos a las ciudades de Washington D.C. y Montreal para participar en las rondas de negociación que duraron más de 15 meses, bajo la acertada batuta de la Secretaría de Economía de aquel entonces.

Además, reconocí —con orgullo— las conversaciones distendidas y profundas de los últimos meses con familia y amigos, y que la relación con mi esposa, mi hijo, mi madre, mis hermanos y mis amigos cercanos iban bastante bien. Aunque tenía claro que había aún mucho que mejorar, sabía que los últimos años habían sido de claro acercamiento en mi vida familiar y que había avances importantes en mis metas personales y en mi relación con Dios.

Notaba también un mejor balance entre la vida laboral y la personal. Había, incluso, encontrado espacios para revivir pasatiempos y pasiones personales: escribir, tocar la batería, ir a rodar con mis amigos motociclistas los domingos, reunirme en las mañanas de golf sabatino con el grupo de la Concafat, salir a caminar en la montaña o leer un libro —acompañado de un buen vino— a la luz de la fogata y, de fondo, la voz de Roger Waters o Serrat.

Si bien era cierto que algunos proyectos de trascendencia social y personal compartían ahora mi apretada agenda con los proyectos profesionales y empresariales en los que seguía muy activo, la realidad era la siguiente: mi agenda estaba a reventar, y si no bajaba el ritmo tendría que enfrentar afectaciones en mi salud… y en otras áreas, quizá más importantes.

Tenía claro que un proyecto de vida ambicioso como el mío —y seguramente como el tuyo también— requería de una intensidad y una capacidad de gestión que pone a prueba a cualquiera. Sabía que, hasta cierto punto, esta saturación era necesaria para sacar adelante la cantidad de iniciativas y proyectos que me había propuesto. Pero la realidad es que también era un obstáculo para lograr un objetivo central en mi proyecto de vida: encontrar un balance entre la acción y la contemplación. Un balance, además, necesario para alcanzar la paz interior; un objetivo prioritario al que había decidido no renunciar por ningún motivo en el segundo tiempo de mi vida.

Ahí, pues, estaba el dilema central de aquella noche de claroscuros. A pesar de la hiperactividad, de los errores y fracasos, de las dudas y reclamos, había cosechado frutos muy positivos. Y era precisamente por ello que estaba realmente confundido y me cuestionaba si estos avances en distintas áreas de mi proyecto de vida justificaban la frenética actividad en la que seguía inmerso. ¿Valía la pena? ¿Valía la pena desvivirse de esa manera? ¿Tenía sentido terminar exprimido como un limón por haber *vivido intensamente* durante la búsqueda de tus sueños?

Esa última pregunta tocó una fibra de claridad y provocó una respuesta espontánea que me salió del alma: ¡Yo sólo sabía vivir intensamente! No sabría —no podría— vivir de otra manera. Ni estaba dispuesto a dejar de ser yo mismo para convertirme en alguien más. ¿Sólo por bajar el ritmo? ¡Sería como cambiar de piel! Noté que esa respuesta me llenaba de adrenalina y determinación. Pareciera que mi subconsciente reaccionaba con coraje al haber sido cuestionado toda la noche y ya estaba harto y cansado del interrogatorio.

En pleno debate interno, noté sutilmente un pensamiento que entró por la puerta de atrás, pero con la fuerza suficiente para no ser ignorado: Si la paz interior es uno de tus objetivos centrales de vida, ¿podrías lograrlo sin bajar el ritmo?

Confusión total. Entonces, ¿dónde estaba el justo medio? ¿A qué proyectos tendría que renunciar a cambio de la serenidad que tanto anhelaba? ¿Cuál era la justa medida para alimentar la dosis exacta de acción sin que el precio a pagar fuera mi salud, las relaciones cercanas y la serenidad a la que aspiraba?

Me encontraba en una seria encrucijada; mi reacción y mi respuesta ante ella serían importantísimas para acercarme o alejarme del proyecto de vida en el que venía trabajando desde hacía tres años... Y que, según yo, tenía muy claro.

Intuía que tendría que controlar mi propia tendencia a la intensidad, la hiperactividad y el control. Sabía que tendría que defender los espacios de soledad y silencio que había metido con calzador a mi agenda. Tenía claro que, sin ellos, y a merced de las prisas, no podría aspirar a la serenidad y a la paz interior que se requieren para encontrar el sentido de la propia vida.

Sabía que esperar a tener paz cuando se esfumaran los problemas, ajetreos, presiones y contratiempos era una ilusión infantil, ya que éstos son parte de la normalidad. Sabía que la batalla para lograr el equilibrio entre la acción y la serenidad sería de por vida y que necesitaba aprender a mantener la paz interior en cualquier circunstancia. Sabía que iba a costarme mucho trabajo aprender a elegir inteligentemente las batallas de la vida, y no engancharme en cualquier tema que me pasara por enfrente...

Pero lo que no sabía era lo difícil que me resultaría romper con los hábitos de antaño y ganar la batalla personal para "evitar las prisas a cualquier precio" que me había propuesto desde hacía ya varios años.

Esa noche, las dudas seguían surgiendo a borbotones. Tenía claro que bajar el ritmo era un propósito, no sólo lógico, sino deseable. Pero ¿era realista? ¿Era posible tener lo mejor de los dos mundos? Por un lado, un proyecto de vida intenso, plagado de responsabilidades profesionales, proyectos personales, familiares y sociales; y al mismo tiempo mantener un estilo de vida sosegado, con equilibrio emocional, psicológico, espiritual y afectivo. ¿Era todo esto compatible con la ilusión renovada de perseguir los sueños y pasiones que había redescubierto a raíz de mi crisis de mitad de la vida? ¿Era lógico aspirar a un estilo de vida más pausado, sin quitarme la cachucha de abogado, consejero, conferencista, escritor, esposo, hijo, hermano, amigo, padre, tío y profesor, y, por si fuera poco, que al mismo tiempo me permitiera no abandonar los *hobbies* que tanto disfrutaba? ¿Estaría tendiéndome una trampa con propósitos demasiado ambiciosos e irreales? ¿Estaría mi proyecto de vida condenado al fracaso?

Tuve que parar mi tren de pensamientos y preguntas cuando el despertador —que coincidía con las primeras luces del día que entraban por mi ventana— me recordó que la jornada por comenzar también traería su propio afán. Afortunadamente, las mañanas brindan cierta cordura, dan su justo peso a las preocupaciones y desinflan la mayoría de las elucubraciones que la noche disfraza de problemas reales y graves, las que sólo abonan al pesimismo y al miedo.

Aquel día desperté ante una dura realidad. Después de años de lecturas, meditaciones, conferencias y publicaciones respecto a la importancia de bajar el ritmo, y de tener un proyecto que guiara mis pasos por el camino de la vida… yo no pude dar cinco pasos con los ojos vendados sobre una línea amarilla.

Había perdido la cuenta de las gotas. Pero supe que mi vaso se había llenado.

1.2. MANIFIESTO A LOS CUARENTA

Llegó otra vez el "día siguiente" y, con él, los rituales matutinos que todos observamos, en mi caso: lectura, meditación, ejercicio, café, baño, vestirme, desayuno, sonrisas fingidas para disimular el mal dormir, etcétera.

Ya en el coche, camino a la oficina, mi cabeza imaginaba las conversaciones con quienes tendría que explicar la razón de la cancelación de mis viajes por "al menos un mes", según anticipaba el doctor. La frase de "por prescripción médica" parecía atenuar en cierta medida el remordimiento que ya sentía. Mientras tanto, y sin proponérmelo, miré por el espejo retrovisor y me encontré con los pensamientos que me mantuvieron despierto la noche anterior.

Después de una revisión sencilla, era evidente que ninguno de ellos era nuevo. Tenían años haciéndose presentes con cierta regularidad, y aparecían en situaciones y formas distintas, como negándose a seguir siendo ignorados. Reconocía con vergüenza que las ideas, sueños, preocupaciones, ilusiones, fracasos y propósitos que hicieron erupción la noche anterior, me venían acompañando desde tiempo atrás y seguían viendo pasar los años sin que pudiera aterrizarlos del todo; sin hacerlos vida.

Esto lo he podido comprobar con la lectura de los "manifiestos" que empecé a escribir de manera mensual cuando cumplí los cuarenta. Esos manifiestos no son otra cosa que un diario de los principales eventos de mi vida y, sobre todo, de los sentimientos, ideas, experiencias y aprendizajes que me han dejado.

Ya lo decía Aldous Huxley: "La experiencia no es lo que nos pasa, sino lo que hacemos con lo que nos pasa". Eso es exactamente lo que intentan recoger los manifiestos que escribo mensualmente desde hace ya quince años. Son, precisamente, las experiencias de vida que me han hecho ser quien soy el día de hoy.

Tener un diario mensual me ha permitido recordar muchos eventos, circunstancias y procesos que he vivido, ya que de haberlos confiado a mi memoria —cada vez más escurridiza— los habría olvidado por completo. También ha sido útil para observar y valorar los logros y aprender de los descalabros en mis luchas internas. Evidentemente, cada quien tiene las suyas, pero me parece que sin un diario que las capture, la mayoría se diluyen en el olvido y en el camino se pierde información vital que nos puede ayudar a entender quiénes somos y a tomar decisiones más conscientes y mejor informadas, para no repetir errores del pasado.

En ese primer manifiesto ya escribía sobre mi creciente anhelo de reducir la velocidad a la que andaba por la vida, de conectar mejor con los demás, de vivir con mayor serenidad y de lograr una vida más orientada al cumplimiento de mi misión y de los objetivos de mi proyecto de vida.

Transcribo aquí un compromiso personal que plasmé en papel entonces y que no deja lugar a dudas de cuáles eran las batallas que había elegido pelear:

> Después de muchos años de hacer propósitos de vivir una vida más sosegada, a un ritmo más holgado, de renunciar al frenesí del hiperactivismo, reduciendo la cantidad de actividades y proyectos en los que estoy involucrado, en esta fecha me comprometo conmigo mismo a:
>
> - Seleccionar cualitativamente las actividades en las que involucrarme.
> - Aprender a decir que *no* a aquéllas que no estén alineadas con mi proyecto de vida.
> - Luchar con mi tendencia obsesiva de hacer y lograr.
> - Concentrarme en las actividades y proyectos alineados a mi misión y proyecto de vida, que además del profesional, deben incluir iniciativas de mayor impacto personal, familiar y social, sin esperar que las condiciones y circunstancias sean favorables.

Me llama la atención que las cosas que me proponía entonces, hace ya tantos años, ¡eran las mismas que me agobiaban hoy! De hecho, ilusamente, me daba entonces un año para lograr esos objetivos, pues pensaba que a los 41 podía aspirar a ser ya un hombre nuevo.

¿Es que, acaso, no he crecido nada en este tiempo? ¿Sigo siendo el mismo de siempre? ¿Será que no he aprendido nada en estos años? ¿De verdad… NADA?

Las respuestas no estaban claras. Lo que estaba claro era que tenía más de 15 años lidiando con, prácticamente, los mismos dragones y que intuía avances en algunas áreas y estancamiento en otras. Trataba de justificar la falta de avance en algunos frentes con las sabias palabras del papa Francisco en su encíclica *Fratelli Tutti*: "Tanto el bien, como el amor, la justicia y la Paz, no se alcanzan de una vez para siempre; hay que conquistarlos cada día".

"Conquistarlos cada día..." Mirando al pasado con la perspectiva que el tiempo otorga, caigo en la cuenta de que mi crisis de la mitad de la vida, que hizo erupción al cumplir los cincuenta, se había venido tejiendo durante años de manera muy sutil, casi imperceptible, con hechos aparentemente aislados. De pequeñas experiencias, frustraciones, movimientos internos, golpes de la vida, propósitos fallidos y cuestionamientos existenciales, que había venido ignorando y que habían provocado unas "minicrisis" que en su momento me "movieron el tapete" y que después pasaron, aparentemente, sin dejar huella.

La relectura de algunos de los manifiestos en que escribí cómo me sentía cuando detonó mi crisis de la mitad de la vida, me permiten no sólo recordar (*re-cordar*: volver a pasar por el corazón), sino darme cuenta de cómo esas "minicrisis" iban dejando cicatrices en el alma, las cuales desembocaron en lo que hasta entonces sería la mayor de todas mis crisis.

Aprovecho ahora el beneficio de poder visitar el manifiesto que escribí cuando detonó esta crisis existencial, para recordar la intensidad de lo que entonces sentí, y que aquí transcribo:

Después de un fin de año que culminó un gran 2014, empezó un enero cuesta arriba que nunca había sentido. Mis deberes profesionales me abrumaron a tal punto que me sentí harto o *burned out*, y esto tuvo un efecto depresivo (muy inusual en mí) que me hacía sólo querer tumbarme en la cama y estar solo. A este hartazgo profesional, pronto se sumaron mis relaciones personales y las distintas labores y proyectos en que estaba involucrado.

Esto me postró en un estado pesimista, abrumado, depresivo que me tentaba a abandonar todo y a todos, y a buscar nuevos horizontes. ¡Quería mandar todo y a todos al carajo! Ese estado se prolongó por algunos meses, y aunque me parece que hacia fuera no se notaba mucho (salvo en mi casa) porque seguía funcionando de manera relativamente normal, sí estaba minando mi interés y usual pasión por las cosas, rodeándome de un ambiente de apatía y hartazgo difícil de describir.

Intenté explicar a mi familia y amigos el estado en que me encontraba y obviamente, como ni yo me entendía, ellos tampoco lo hicieron.

Todos tenemos nuestra propia historia personal y la vida se encarga de mandarnos las señales que nos indican el camino. Lo importante es aprender a leerlas y a interpretarlas adecuadamente.

Cuando de aprender a interpretar las señales de la vida se trata, San Agustín es un buen ejemplo. Su biografía nos recuerda que también los santos tuvieron sus luchas, cometieron errores y afrontaron fracasos. Aunque su vida se caracteriza por la búsqueda constante de la verdad profunda, muchas veces creyó encontrarla en superficialidades, hasta que descubrió que las señales que recibía lo invitaban a estar a solas y mirar en lo más íntimo de sí mismo. Sin saberlo, buscaba encontrarse dentro de sí con Aquél, a quien llevaba años buscando fuera y que había estado siempre a su lado. San Agustín nos comparte en sus *Confesiones* que fue hasta encontrarse con Dios que obtuvo esa paz duradera que daba sentido a su existencia. Descubrió ahí la morada en la que su corazón encontró finalmente serenidad y alegría.

De ese encuentro seguramente surgieron esos emotivos diálogos en su oración que nos deja en sus *Confesiones*: "Tú estabas dentro de mí y yo por fuera te buscaba", "Nos creaste para Ti y nuestro corazón andará siempre inquieto hasta que descanse en Ti".

La razón de compartir todo esto contigo es que, seguramente, tú también has recibido señales que tal vez pudieran detonar en alguna crisis o toma de conciencia abrupta, y que vale la pena aprender a identificar y sobre todo a interpretar.

En mi libro anterior, *La crisis de la mitad de la vida. Haz un alto en el camino*, describo con mucho mayor detalle las distintas etapas, procesos internos, dudas, reflexiones y matices de una profunda crisis por la que pasé al cumplir los cincuenta.

Para dar un poco de contexto al material de este libro, te comparto que esa crisis —que ha marcado mi vida para siempre— estuvo acompañada de muchos, muchísimos momentos de silencio, oración, meditaciones, catarsis, lágrimas, conversaciones profundas, confesiones, terapias, consejos y soledad, que en su momento contribuyeron significativamente para vislumbrar los cambios concretos y prácticos que debía de intentar en el segundo tiempo de mi vida.

Al ver con claridad que ya no podía vivir eludiendo los cuestionamientos internos y las dudas existenciales ante los que me postró aquella crisis, decidí plantármele de frente y tomarla, como al toro, por los cuernos.

Dediqué una parte importante de mi tiempo, energía y concentración, a tratar de descifrar los enigmas existenciales que la vida me planteaba, y que puedo resumir en estas incómodas preguntas que todos pensamos tener resueltas hasta que las abordamos en serio:

- *¿Quién soy?*
- *¿A dónde voy?*
- *¿Para qué estoy aquí?*, y, sobre todo,
- *¿Soy Feliz?*

Este enfrentamiento me llevó por avenidas que nunca imaginé transitar.

Después de leer el gran libro de Bob Buford, *Halftime: Moving from Success to Significance* —que ha sido para mí un *cambiavidas*—, me di cuenta de que el mismo Buford (a quien tuve el privilegio de conocer) había fundado un instituto en Texas que tenía por objeto, precisamente, acompañar a personas de todo el mundo que transitaban por su crisis de la mitad de la vida.

Al entrar en la página web del instituto, leí una descripción del medio tiempo de la vida que me cimbró y que se convirtió en una llamada que no pude eludir:

> El medio tiempo es un tiempo fuera. Un tiempo de hacer una pausa para reflexionar en lo que has logrado, en quién te has convertido y en lo que realmente importa en tu vida. Es una oportunidad para corregir el curso de tus días y comprometerte con tu misión a través de un proyecto que te permita vivir en plenitud.

Eso era justo lo que necesitaba. Tan pronto pude (aún con las circunstancias francamente adversas que enfrentaba y que describo en el libro anterior) me despegué de los compromisos y fantasmas que me acechaban y me lancé a Texas a participar en esa aventura.

Haber tomado aquel curso, y haber conocido a personas de varios países y circunstancias que enfrentaban a los mismos dragones con los que yo mantenía una batalla frontal, me hizo entender que no estaba loco: que las dudas que me quitaban el sueño eran mucho más comunes de lo que yo imaginaba.

El descubrimiento del concepto de la crisis de la mitad de la vida me cautivó por completo.

Me propuse leer toda la literatura disponible sobre el tema y cuestionar a los expertos en la materia para tratar de discernir las decisiones de vida que —intuía— debía enfrentar. Pronto me di cuenta de que había muy poco escrito al respecto y que no había muchos expertos que abordaran esta crisis con un enfoque holístico que incluyera el aspecto mental, psicológico, espiritual, afectivo, humano, social, profesional, económico y familiar que yo buscaba. ¡Parecía que me había encontrado con el secreto mejor guardado de la psicología moderna!

Salvo por algunas muy honrosas excepciones, como los libros de Françoise Millet-Bartoli, reconocida psiquiatra de Marsella (*La Crise du milieu de la vie*) y el de Anselm Grün, monje benedictino alemán (*La mitad de la vida como tarea espiritual*), me decepcioné de lo poco que se había escrito sobre el tema.

Consulté también a psicólogos, psiquiatras, sacerdotes, *coaches* de vida y prestigiosos profesores y empresarios a quienes conocía y me di cuenta de que pocos entendían este concepto y que los que lo hacían lo abordaban de manera fragmentada enfocándose en aspectos parciales de la persona en relación a esta crisis, que desde entonces entendí que era tan natural como la de la propia adolescencia; pues es, en el fondo, una crisis existencial.

Fueron estas y muchas otras razones las que me impulsaron a investigar, explorar y consultar todas las fuentes a mi alcance para escribir el libro de *La crisis de la mitad de la vida. Haz un alto en el camino*, publicado en 2018 bajo el sello Grijalbo. Afortunadamente, el libro fue muy bien recibido por lectores de varios países que conectaron con este "desconocido" concepto que en el libro pretendo abordar de manera muy pragmática y vivencial.

No recuerdo cómo inició el cosquilleo de escribir un libro sobre este tema. Sólo recuerdo que de pronto se plantó ante mí una certeza que parecía gritarme: "Hugo: ¡Tienes que escribirlo!". Así que lo hice. Encargué a una editorial local en Guadalajara, Jalisco, las primeras dos ediciones, que eran básicamente para *friends and family*, así que el tiraje fue menor y se agotaron pronto. Aunque llegó a varias librerías, su difusión y alcance en esta etapa eran limitados.

Por azares del destino —que algunos llamamos "diosidencias"— uno de los ejemplares llegó a manos de uno de los accionistas de Gonvill, una de las principales librerías de la región, quien de inmediato enganchó con el concepto y con el libro. La conexión con el tema lo llevó a enviar un ejemplar del libro al director general de Penguin Random House, quien lo acogió con interés y decidió publicarlo en su prestigiosa casa editorial, donde hoy se encuentra en papel, en versión electrónica y en audiolibro.

La difusión por parte de esta casa editorial —una de las más grandes del mundo— no se hizo esperar, y en cuestión de meses estaba en las principales librerías del país. Además del libro, estuve publicando diversos artículos, grabando videos en YouTube y participando en entrevistas y paneles sobre temáticas relacionadas con este concepto, que hoy han sido difundidas en distintas plataformas y llegado a muchas más personas de las que jamás imaginé.

Este proceso me llevó a especializarme en el fenómeno de la crisis de la mitad de la vida y en la importancia del descubrimiento del sentido de la vida, para así convertir su difusión en uno de los proyectos importantes de mi carrera.

Mi historia después se convirtió en un caso de estudio en el IPADE, una de las escuelas de negocios más importantes de Latinoamérica, que tiene varios programas, entre ellos el de "El director como persona" en el que participo regularmente como profesor invitado. De esto no sabía qué esperar... pero pronto llegó la respuesta.

1.4. La vida bajo el microscopio

"¡Ese tal Hugo sí que se equivocó!", dijo uno de los participantes en el programa de Alta Dirección del IPADE. "¡Qué exagerado, no era para tanto!", interrumpió otra. Un tercero añadía:

"¡Yo nunca haría eso, ni de loco! ¡Pobre Hugo… se nota que estaba hecho bolas!".

Mientras se discutían sus errores en el aula, Hugo estaba sentado al fondo de la sala, sin que los participantes lo supieran. Nada tenía de extraño que en un programa del IPADE se analizara un caso, ni que los asistentes opinaran —con la soltura propia al hablar sobre una persona ausente— respecto de la forma en que el protagonista había abordado su dilema, o criticaran las decisiones que había tomado.

Lo extraño de la situación era que el caso que analizaban se había escrito justo con base en mi experiencia personal. Y mientras se daban vuelo con la crítica, el golpeado protagonista —es decir, yo— veía, escuchaba y tomaba notas, un tanto desconcertado.

Quizá por primera vez presenciaba un debate sobre mi vida, mientras un nutrido grupo de hombres y mujeres de negocios me analizaban a placer. Debo decir que fue una experiencia surreal, como si yo mismo flotara sobre el quirófano en el que me operaban o fuera analizado como microbio bajo el microscopio. Como nunca, verme a través de ojos ajenos me produjo una sensación indescriptible de reflexiones dolorosas. "Qué suerte poder estar escuchando esto", pensé

Al oír sus comentarios, críticas y sugerencias, respecto a lo que debía o no de haber hecho ante mi crisis de la mitad de la vida, me debatía en silencio entre varias preguntas: "¿Qué estoy haciendo aquí?… ¿Para qué me metí en esto?"; y por otro lado: "¿Cómo no se me había ocurrido hacer esto o aquello? ¡Qué buenas ideas! Esto me habría ahorrado muchos errores…".

En el fondo, me sorprendía que estos ejecutivos pudieran ver con tanta claridad lo que en su momento me tenía tan confundido y que, además, abordaran con tal sencillez las dudas existenciales que dieron pie a mi crisis. "¡Claro, pensé en mi interior, es más fácil opinar del drama ajeno que gestionar el propio!".

De pronto, aún sentado al fondo del aula central, absorto como estaba en mis pensamientos, escuché la voz del director del programa, quien me miró con un guiño y dijo a los asistentes: "Ahora les presento al profesor invitado para la sesión de hoy. Él es Hugo y, casualmente, es el protagonista del caso que acabamos de analizar. Démosle la bienvenida".

Golpe de silencio. Docenas de caras pasmadas con sorpresa y asombro se volvieron súbitamente hacia mí. La confusión no se hizo esperar: los participantes me miraban entre apenados y expectantes. Mediaron segundos de intenso silencio que me parecieron horas. Yo, petrificado sin saber cómo reaccionar. Un discreto aplauso me recordó que tenía que pasar al frente.

En el largo camino hacia el podio, algunos se disculpaban a mi paso por sus críticas. Otros me miraban con la familiaridad propia de quien conocía mi intimidad.

¡Sabía que no era usual que el protagonista de un caso en el IPADE fuera el expositor en la sesión donde se discutía, precisamente, su propio caso! Ahora, ante los críticos participantes, el paciente se levantaba de la cama para hablar con los cirujanos, mirarlos a la cara, dar cuenta de los síntomas y tratamientos e intentar explicar lo que lo había llevado a tomar tal o cual decisión. El microbio daba razón de su actuar. Tuve que respirar profundamente antes de comenzar.

La sesión de dos horas pasó como un suspiro. El nivel de conexión y confianza con el grupo fueron extraordinarias. Una vez más, resultaba evidente que la fuerza y potencia del concepto de la crisis de la mitad de la vida y del sentido de la vida, tocaba fibras muy íntimas de los participantes. Muchos terminaron llorando. También yo, aunque logré disimularlo —creo—.

Al terminar, una parte del grupo me tuvo retenido al menos durante otra hora con dudas, preguntas e incluso compartiendo algunas intimidades respecto a los propósitos que se llevaban para la reflexión. Las últimas conversaciones terminaron —como terminan muchas de las mejores—, en el estacionamiento.

Esa noche llegué a casa exhausto, absorto en pensamientos y emociones. Las opiniones y críticas que escuché me habían estrujado. Las dudas, dilemas y, sobre todo, las lágrimas de algunos participantes me habían conmovido. Mi esposa lo notó de inmediato y después de un breve saludo prefirió salir de la sala en la que me había instalado. Me conocía demasiado bien para intuir que convenía dejarme solo.

Comencé a atar cabos y recordar las reacciones de los asistentes a las frecuentes conferencias que había dado con esos temas en el último año. ¡Eran muy parecidas a las de aquella noche! Sin embargo, esta sesión había sido diferente, porque tuve el privilegio de escuchar de viva voz las opiniones, críticas, reflexiones y extrañamientos que mi caso producía en quien lo estudiaba.

"¡Me hubiera servido tanto escucharlos cuando pasaba por mi propia crisis!", pensé. Y al mismo tiempo caía en la cuenta de que sus dilemas, dudas existenciales y conflictos, no eran tan distintos a los míos, ni a los de muchos más que habían transitado por alguna crisis existencial.

Para entonces, ya sabía que este tipo de crisis ese tiene una fuerza especial: que plantea dilemas humanos muy profundos y que calan muy hondo. Sabía que ese paso inevitable de la juventud a la madurez es tan natural como la adolescencia, y que cada uno lo transita a su tiempo y a su manera, aunque muchos pretendan ignorarlo.

Por alguna razón —que tal vez algún día lograré comprender—, en ese momento caí en la cuenta de que —sin habérmelo propuesto realmente, y sin haberlo planeado así—, durante los últimos tres años había compartido este concepto de crisis con muchísimas personas que buscan afanosamente la felicidad. Algunas veces en lo individual, muchas otras en conferencias, seminarios, artículos, videos y pódcast en distintos foros, ciudades y plataformas.

Muchas de las ideas, dudas, cicatrices, reflexiones, lecciones e inspiraciones que había compartido sobre este tema habían sido producto de una intensa, dolorosa y al mismo tiempo riquísima crisis existencial de más de tres años a la mitad de mi propia vida.

No dejaba de llamarme la atención que las reacciones de muchas personas con quienes había compartido las secuelas de una crisis existencial como la que yo había vivido eran muy similares. Cuestionamientos, dudas, reflexiones y una confrontación real con la persona en que cada uno se había convertido. Sobre todo, un reconocimiento palpitante y urgente de la necesidad de cambiar algunos aspectos de nuestra vida.

Mi cabeza, otra vez, seguía dando una y mil vueltas. El impacto positivo que conocer este concepto había tenido en mi vida, y la de muchísimas personas, era evidente. Resultaba sorprendente cómo la gestión adecuada de una crisis existencial catapultaba a las personas hacia otras dimensiones. Las hacía más fuertes, más humanas, cambiaba sus parámetros vitales y aprendían a conjugar la vida en sus propios términos.

Fue entonces, ahí, en la sala de mi casa, tras esa sesión del IPADE, que pude ver con claridad lo que ya intuía: que bien valía la pena escribir un nuevo libro que aportara a la reflexión de quienes han pasado por una crisis existencial profunda, y tienen interés en rehacer su existencia con un proyecto de vida sólido y congruente que aporte sentido a su nueva realidad.

A tres años de promover el concepto de la crisis de la mitad de la vida y haber visto el impacto positivo que esto había tenido en tantas personas, el siguiente paso natural era dar difusión a lo que sigue *después* de una crisis existencial como aquélla: a la forma de abordar el "día siguiente" y explorar alternativas para reponerse y salir fortalecido. A la manera de aprovechar las crisis existenciales como un cambiavidas, de redefinir nuestra posición en el mundo. A entender las crisis como un detonador que nos enfrenta con la necesidad impostergable de encontrar el sentido de nuestra vida y hacer un proyecto acorde a nuestra nueva realidad.

Después de una crisis existencial, ya no somos los mismos. Aunque nadie lo note, nosotros lo sabemos en nuestro interior.

Muchos autores asocian las etapas que siguen a las crisis existenciales como una segunda oportunidad. Bob Buford la llama el "Segundo tiempo de la vida" (empleando la metáfora de un partido de futbol). Pero para llegar a ese segundo tiempo es necesario hacer una pausa y pasar por la crisis del medio tiempo.

Así como te aseguro que no has visto ningún partido de futbol que, sin tomar un respiro, pase del primero al segundo tiempo de forma automática, en la vida ocurre lo mismo. Para llegar al segundo tiempo, hay que pasar por un medio tiempo. Y éste muchas veces supone un replanteamiento y una redefinición de la vida misma.

A pesar de que el propio Buford me advirtió que, conociéndome, mi segundo tiempo sería igual o más intenso que el primero, también me auguró que estaría entrando a la etapa más productiva, rica y plena de mi vida. Aunque no le creí entonces, a la postre acertó en ambas cosas.

¿Será por eso por lo que años después sigo desvelándome con las mismas interrogantes y propósitos?

Al enfrentar las mismas dudas de antaño, a veces me da la impresión de que no he aprendido nada y que sigo siendo el mismo personaje hiperactivo de hace años, y que soy incapaz de aspirar a un sano equilibrio entre la acción y la serenidad. Pero luego analizo más a fondo cómo se ha desarrollado mi vida en el segundo tiempo… y se me pasa.

Si bien sigo siendo el mismo, enfrentando dragones muy parecidos a los del pasado y luchando por los mismos anhelos, tengo la certeza de que en realidad ha cambiado todo. Ha cambiado mi percepción de la vida, mi enfoque y mis luchas. Ya entendí que no soy ni seré perfecto y que la vida no va a ser tal cual siempre la soñé.

Y que, sobre todo, a pesar de venir arrastrando más de quince años con el propósito de "bajar el ritmo", tal vez nunca lo logre, por lo menos no al grado que mi doctor quisiera. Pero ahora vivir con esta intensidad ya es una decisión deliberada y consciente. Y es que hay cosas por las que vale jugarse la vida. Hoy ya no centro mi batalla en hacer menos cosas, sino en evitar que las prisas sigan siendo mi forma de estar en el mundo.

¿O es el fin que realmente busco vivir de manera relajada? ¿La tranquilidad y sosiego con que siempre he soñado son un fin en sí mismos? ¿Es sensato vivir intensa y plenamente y esperar una vida sin sobresaltos?

Si bien me queda claro que sigo luchando con mi tendencia obsesiva de hacer y lograr, ahora me cuestiono si no es eso, sencillamente, parte de mi personalidad; parte del estilo de vida que se requiere para sacar adelante todo lo que me he propuesto. Me parece que la duda es genuina, porque hoy, quince años después, estoy concentrado en proyectos de mayor impacto personal, profesional y social que están totalmente alineados a mi proyecto de vida y que además han salido a contrapelo, y sin esperar que las condiciones fueran favorables.

Analizando honestamente los propósitos de entonces, percibo haber logrado avances en proyectos e iniciativas alineados a mi proyecto de vida. También reconozco que el sosiego al que aspiraba sigue siendo una "área de oportunidad", como dicen hoy los psicólogos para no herir la autoestima de sus pacientes. También identifico los fracasos, reveses y desilusiones de mi historia personal, pero pretendo ya no frustrarme ante ellos. A veces lo logro.

Al escribir estas líneas recuerdo con cariño una conversación con un querido amigo que un día me dijo solemnemente frente a un tequila: "Tu problema es que te hace falta honrar el onceavo mandamiento". Al sentir mi mirada pesada y antes de que pudiera yo preguntar nada, me contestó con un tajante: "El onceavo mandamiento es: No la harás de tos".

"¡Filosofía pura!", pensé entonces. ¡Qué importante es dar a las cosas la importancia que realmente tienen! Esta prudencia es, sin duda, parte importante de la definición de madurez: saber dar su peso real a las cosas.

Una de las diferencias importante que percibo entre el primero y el segundo tiempo de mi vida, es mi percepción del concepto de éxito, que antes se limitaba al aspecto profesional y económico. Evidentemente aún son muy importantes, pero hoy los percibo más como medios para alcanzar otros propósitos y no como fines en sí mismos. Mi motivación va mucho más allá. He aprendido a llevar el "marcador" del partido de la vida incluyendo otros conceptos de mayor amplitud y trascendencia que se alinean al anhelo de plenitud y felicidad que todos llevamos en el corazón.

A pesar de que mi agenda sigue desbordando actividad, de que mis noches siguen siendo inquietas, y que no siempre logro encontrar el tiempo, la paciencia y la empatía para resonar en sintonía con las personas que me son más cercanas (aunque de verdad lo intento), hoy mi agenda también transpira propósito. Es en ella evidente la clara intención de ir también tras ideales trascendentes alineados a mi misión y mi proyecto de vida.

Este enfoque me ha dado la sensación de que ya no voy atropelladamente por el camino de la vida, bailando al ritmo que ésta me toca, sino que hoy —con sus honrosas excepciones— siento que voy en el asiento del piloto, y ya no como pasajero. Esta sensación me ha permitido conjugar la vida en términos distintos y cambiar el enfoque de vivir en la carrera de la rata (la conocida *rat race*), para aderezar la vida con una sabrosa dosis de aventura del Quijote.

Entonces ¿de qué se trata la vida? Ésa es la gran pregunta que pretendo abordar en este nuevo libro que tienes entre tus manos, y que nace con la intención de acompañarte en tu propia búsqueda de respuestas ante esta incómoda pregunta. Respuestas que sólo tú puedes encontrar y que definirán tu posición ante el mundo, tu actitud en la vida y tu destino mismo.

Por si esto fuera poco, será una pregunta fundamental, que te llevará a descubrir las razones por las que vale la pena vivir y aquéllas por las que estés dispuesto a morir; que te permitirá identificar aquellas pasiones que le den a tu existencia un peso y un volumen distintos.

Es por eso por lo que considero que las crisis existenciales, ésas que nos ponen al borde del abismo, cuando son bien llevadas, son sacudidas fundamentales que nos sacan de nuestro letargo, de nuestra zona de confort, y nos plantan de frente ante las dudas profundas que nunca terminamos de resolver.

Son ese tipo de crisis las que separan a los niños de los hombres y a las niñas de las mujeres, que entienden que vale la pena vivir con pasión la aventura de la vida a pesar de sus imperfecciones, desilusiones y fracasos. Son estas crisis las que nos permiten descubrir la misión única e irrepetible por la que estamos aquí y que, al llegar el final, nos permitirán exhalar satisfechos con nuestro último aliento, un convencido: ¡misión cumplida!

2. La tormenta necesaria

2.1. UN CAMBIO DE VIDA

¿Quién de nosotros no ha tenido una crisis en su vida? ¿Quién no ha sentido el aguijón del sufrimiento en su piel y que el piso se hunde bajo sus pies ante una situación adversa? ¿Quién no ha tenido que enfrentar sus dragones internos que nos llenan de dudas y miedos? Todos hemos tenido crisis. Pero hay crisis que cimbran los cimientos de nuestra propia existencia, como la que tuvo que enfrentar mi hermano Fernando.

Algunos años más joven que yo, Fernando llevaba una vida plena y feliz. A los 42 años, siendo buen amigo, con una preciosa familia, cuatro hijos y gran deportista. De pronto, precisamente esta última virtud le cobró una factura inesperada. Un sábado que había salido —como de costumbre— a rodar en bicicleta entrenando para un Ironman, tuvo un accidente grave. Al circular cerca de una camioneta mal estacionada, un auto lo embistió de tal forma que lo obligó a cambiar de carril y chocar de frente contra la camioneta. A pesar de contar con todos los elementos de seguridad, la caída fue terrible: no podía moverse y tuvieron que llevarlo de urgencia al hospital.

Ya ahí, y después de una serie de cirugías, el diagnóstico fue demoledor. Fractura de cuello y lesión medular a la altura de la quinta vértebra cervical. Esto comprometía el movimiento de sus extremidades y limitaba seriamente sus funciones debajo de su pecho. Era un milagro que estuviera vivo. Pero el tipo de vida al que podría aspirar era entonces era un enigma.

Hoy, a seis años del accidente, que aún lo tiene postrado en una silla de ruedas, se ha adaptado magistralmente a su nueva realidad. Su movilidad sigue aún muy comprometida y los músculos de sus extremidades aún no responden del todo, pero ha fortalecido otros músculos que le son fundamentales ante el serio reto que la vida le ha planteado: me refiero a su fortaleza interior, su visión de lo sobrenatural y un sentido del humor a prueba de balas que le ha permitido afrontar una situación, ya de por sí dramática, y recuperar la pasión por vivir.

Reconectó poco a poco con su ilusión por la tecnología y hoy dirige el área de *legal tech* en la firma de abogados en la que somos socios. Gracias a su dirección del área, y a la inusual incorporación de ingenieros y financieros en una firma de abogados, ha convertido al bufete en pionero en materia tecnológica, y lo ha llevado a la vanguardia en esta materia cada vez más importante.

Para asombro de todos, y después de años de esfuerzo y luchas internas que apenas podemos imaginar, Fernando está de vuelta en la vida "normal", regañando a sus hijos, viajando con su esposa (que ha llevado de gran forma esta dura prueba) y atendiendo asuntos en la firma. Con muchos cambios y retos, pero con la misma, contagiosa y confiada sonrisa. ¿Cómo es esto posible?

Su vida familiar y social es nuevamente intensa. Es él quien hoy convoca a los hermanos y sobrinos a las carnes asadas los domingos, y además dice (con razón) de que somos unos novatos en el asador, por lo que se instala de "director técnico de asador" detrás del hijo, hermano o sobrino en turno, a dar instrucciones precisas del manejo de la carne, el *portobello*, los camarones, el salmón o el platillo en cuestión.

"¡Máster, máster!", nos grita. "¡Se te está pasando voltear el salmón! ¡Lo pusiste con la piel arriba, se te va a quemar!", y a la vuelta de dos minutos: "¡Máster, máster, le pusiste gruyer al *portobello* y va con *blue cheese*!". "¡Máster, máster! ¡Te pidieron un término medio rojo, la brasa está muy fuerte y no lo has volteado!".

Todos tenemos crisis, pero no todas las crisis son iguales. Su gravedad no sólo depende del problema en sí mismo, sino de la manera como lo enfrentamos.

Fernando ha sabido afrontar una crisis de vida o muerte con una actitud ejemplar y un ánimo de hierro. Con confianza en Dios y en el futuro. Hoy lo vemos como en sus mejores momentos, y con la convicción de que, en su condición, está lo mejor que puede estar.

Comentando con él estas líneas, me explica que ha aprendido que el mejor maestro de empatía es el dolor y que, sin el cariño y apoyo su gran familia y de sus buenos amigos y compañeros es imposible "echarse" la batalla solo; que, si no te agarras fuerte de la mano de Dios ¡te caes en el hoyo! Y que eso le ha permitido no caer en el victimismo y no dar espacio a los pensamientos negativos. "He aprendido a hacer lo que puedo y a pedir lo que no puedo", me dice sin perder la sonrisa.

Me cuenta que con cierta frecuencia nota la frivolidad de muchos que "¡Se quejan de cada pen... *tontería*! Pareciera que la comodidad los ha aburguesado y los ha hecho muy débiles y quejumbrosos...".

Es tanto lo que hemos aprendido de él que resulta difícil identificar lo más importante. Tal vez me quede con que, aún en sus momentos más duros, nunca perdió el buen humor ni su sonrisa contagiosa.

¡Son tantas las veces que nos creamos crisis enormes por pequeños problemas, tantas las veces que vemos tormentas en vasos de agua! ¡Cómo sufrimos, languidecemos, nos dolemos, suspiramos y quejamos por cosas sin importancia, casi insignificantes! ¿Cuántas veces has hecho pataleta porque se te ponchó una llanta, perdiste un vuelo o manchaste una corbata? ¿Cuántas veces has hecho berrinche porque no te dieron el honor que esperabas o el premio que creías merecer? ¿Cuántas veces has pasado un mal rato —y has hecho que otros lo pasen peor— por un filete sobrecocido, un cliente incómodo o un comentario inoportuno?

¿Podemos, pues, evitar los problemas de la vida? La respuesta es clara: no. ¿Podemos evitar las crisis? Tampoco. Pero sí podemos decidir cómo enfrentarlas. Las preguntas correctas son: ¿cómo hacerlo bien? ¿Cómo enfrentar, aprovechar y navegar una crisis de manera humana, inteligente y constructiva?

2.2. ¿QUÉ ES UNA CRISIS?

Hay pocas certezas en nuestra vida. Como la muerte, las crisis son un hecho ineludible de la existencia. Podemos estar seguros de que, antes o después, todos habremos de enfrentar una y, sin embargo, cada que una diferente llega sigue tomándonos por sorpresa.

Nos acostumbramos con mucha facilidad a la rutina y a los largos periodos de nuestra existencia sin acontecimientos relevantes, que esto nos hace olvidar que en cualquier momento podrían llegar inoportunos y adversos sucesos que nos pongan de cabeza. Creemos que lo normal es una vida sin sobresaltos; pero eso es pura ilusión. De pronto, sin previo aviso, llega una vivencia dolorosa, un acontecimiento externo o una transformación interna que nos cimbra y nos hace recordar que las crisis son parte esencial de nuestra existencia. Lo que llama la atención es que, aunque recibimos esta lección con frecuencia, fácilmente olvidamos sus enseñanzas. Las crisis nos siguen sorprendiendo cuando se presentan.

La palabra *crisis* está presente de distintas formas en nuestras conversaciones cotidianas. Aunque no les falte razón, los medios nos machacan a diario las crisis en que se encuentran el país, la economía, la salud, la política, las empresas, las familias, las instituciones y un largo etcétera que sería inútil referir. El protagonismo de esta palabra pareciera agudizarse en la era del covid-19 en el mundo entero.

La palabra *crisis* viene del vocablo griego *krino* que significa "cruce de caminos". Esta descripción resulta bastante gráfica, ya que todos los que hemos pasado por una o más crisis nos sentimos así: ante una disyuntiva y una elección. Una crisis no es un "problema", sino una encrucijada.

Pensemos por un momento lo que ocurre cuando enfrentamos una crisis. A diferencia de los animales, quienes actúan de manera instintiva, y sólo tienen ante sí tres opciones: pelear, huir o paralizarse (en inglés *fight, flight or freeze*, son las tres únicas respuestas conocidas del cerebro reptiliano, la estructura más básica y antigua en los cerebros animales); las personas, al contar con herramientas superiores como la inteligencia y la voluntad podemos recurrir a la libertad para decidir cuál será nuestra postura y reacción ante el acontecimiento que enfrentamos. Podemos dejar que opere nuestro cerebro animal y simplemente "reaccionar" o, en cambio, hacer una pausa y reflexionar antes de decidir nuestra vía de acción.

Hay crisis que requieren de una acción inmediata para mitigar sus efectos (pensemos en algún incendio o un niño que ha caído al agua). Aunque fuera por unos instantes, la persona que las enfrenta precisa evaluar la situación, analizar alternativas de acción, elegir la más apropiada, y hasta entonces, saltar a la acción que haya escogido. En otras palabras, tendemos a decidir antes de actuar.

Al referirnos al vocablo griego *krino*, este proceso se hace más evidente. Si enfrentamos un cruce de caminos, sería absurdo lanzarnos sin pensar a andar cualquiera de los caminos que se nos presentan, sin haber evaluado primero el que nos llevará a donde queremos llegar. Con este ejemplo pretendo subrayar la importancia de las decisiones que tomemos al enfrentarlas, ya que unas buenas decisiones (lo que significa *crisis bien manejadas*) pueden llegar no sólo a mitigar sus efectos adversos, sino incluso a generar resultados positivos.

En medicina, por ejemplo, una crisis se refiere a un fenómeno agudo y repentino que compromete seriamente nuestra salud o nuestra vida, y que normalmente no puede ser gestionado por el propio paciente, ya que requiere la intervención de quien se encuentre presente.

Para entender este ejemplo, lo natural es imaginar un accidente o un paciente en el quirófano y que su salud y su vida se encuentran comprometidas, por lo que no puede ayudarse a sí mismo. En ese caso pensamos de inmediato en la labor de un médico que, con su intervención, puede salvar la vida de su paciente o, con su mal manejo, generar un resultado desfavorable; incluso la muerte. Éste es un ejemplo gráfico de una crisis de salud en el que podemos imaginar que una buena gestión del médico ante la crisis le salva la vida y le devuelve la salud al paciente y una mala gestión lo hace perder la salud o la vida.

Sé que éste es un ejemplo extremo en el que queda muy clara la gran diferencia que hace una buena gestión de crisis. Hay otros tipos de crisis en las que no es tan claro el impacto que tiene la gestión que hagamos de ellas y el resultado que dejan en nuestra vida. La realidad es que ante todo tipo de crisis su manejo es fundamental y determina el impacto y la huella que esta dejará en nuestra vida. Nadie *desea* una crisis. Pero cuando sucede, podemos tomar la decisión correcta y reducir su impacto.

El 13 de mayo de 1981, en el Vaticano, mientras atravesaba en su auto la Plaza de San Pedro y saludaba a los miles de fieles que se habían congregado para el tradicional rezo del *Angelus*, el papa Juan Pablo II recibió cuatro disparos (dos en el estómago, uno en un brazo y otro en la mano). Las detonaciones fueron realizadas por el ciudadano turco Mehmet Ali Ağca, quien fue apresado ahí mismo y, después y de manera sucinta, condenado a cadena perpetua por un tribunal italiano.

La vida del Pontífice estaba en peligro: perdió gran cantidad de sangre y cayó en estado de *shock*. El papa fue operado por el doctor Francesco Crucitti en el Policlínico Universitario Agostino Gemelli. Juan Pablo II salió vivo de este ataque, que dejó secuelas que se manifestarían a lo largo de su vida.

¿Qué podemos aprender de una crisis de esta magnitud? Desde luego, muchos de los implicados respondieron de manera clara, profesional y veloz: la policía vaticana e italiana y, sobre todo, los doctores a cargo de la cirugía. La preparación en ellos fue vital: estaban capacitados para este tipo de crisis y respondieron en consecuencia. El papa les estuvo agradecido hasta su muerte.

Pero ¿estaba Juan Pablo II preparado para esta crisis? En un sentido no lo estaba, pues salvo que hubiera sido un soldado de élite, ¿quién puede estar preparado para algo así? Es imposible prever todas las posibles eventualidades, pues la vida siempre encuentra manera de sorprendernos. El papa no estaba "capacitado" para sufrir un atentado de este tipo. Pero en otro sentido, estaba profundamente preparado para enfrentar esta crisis de forma, a la vez, humana y trascendente. Sobrevivió una muerte probable al contar con un cuerpo fuerte y un espíritu indomable… pero más allá del cuerpo, venció esta crisis con la fortaleza de espíritu de la que era maestro.

Tan sólo dos años después del atentado, el papa visitó a Ağca en la cárcel para decirle que, desde hace mucho, ya lo había perdonado. Platicaron por largo rato. Años después, y a pesar de haber sido condenado a cadena perpetua, el atacante fue liberado de la cárcel italiana en 2000, gracias a un indulto que atendía los deseos del papa; sin embargo, sólo fue extraditado a Turquía, donde viviría en prisión hasta 2010.

A fin de cuentas, San Juan Pablo II tomó una decisión humana con un ancla divina: no dejar que una crisis lo destruyera. Todo lo contrario: la crisis se convirtió en una oportunidad de mostrar la fuerza de su fe, la importancia de la caridad en la vida cristiana y el enorme poder del perdón. La crisis se convirtió en un vehículo de su propia misión.

Parafraseando al gran emperador estoico Marco Aurelio: *El obstáculo se convirtió en el camino.*

2.3. No todas las crisis son iguales

Hay crisis de distintos tipos, calados y consecuencias. Independientemente de su magnitud, en todas enfrentamos la misma encrucijada: manejarlas adecuadamente o perdernos en ellas. Sucumbir o sublimarnos a su paso.

Crisis nivel 1: crisis pasajeras

Hay crisis superficiales y pasajeras, como las que se dan cuando perdemos las llaves del coche, se retrasa un vuelo en un viaje de placer, se descompone el celular o se va la luz en casa. A pesar de que de momento se nos presenten como problemas graves, son crisis de calado superficial, que con un poco de tiempo o una buena gestión se resuelven fácilmente sin dejar apenas huella.

Incluso en ocasiones es suficiente con esperar un poco para que la situación se acomode sola. Después de unos minutos, que parecen horas, los pequeños percances que nos agobiaban se resuelven casi sin nuestra intervención y aparecen las llaves del coche, regresa la luz, encontramos al niño perdido en el parque, y de pronto todo vuelve a la normalidad como si la crisis hubiera sido apenas una pasajera pesadilla.

Sin embargo, algunas personas sacan de proporción estas situaciones y con su mala reacción los convierten en verdaderos dramas que detonan innecesariamente estrés, ansiedad, angustia y tensiones con otras personas. Todo esto, no tanto por el evento en sí, sino por su incapacidad de resolverlo adecuadamente. En casos como éstos, los daños causados se atribuyen más a la reacción de la persona que al evento mismo.

A lo largo de los años hemos aprendido que muchas de las frustraciones ocurren cuando los resultados de algún proyecto o proceso quedan por debajo de las expectativas que teníamos sobre ellos. En sentido inverso, cuando los resultados superan la expectativa, esto genera satisfacción. Por eso, si vamos por la vida con la expectativa de no tener ningún problema o contratiempo, entonces cuando éstos llegan, el nivel de frustración nos puede llevar a una sobrerreacción, que genera una consecuencia mayor que la del problema que enfrentamos. Tal vez lo más sensato sería andar con la expectativa de que en algún momento y en cualquier esquina los contratiempos van a llegar y así, al anticiparlos, será más fácil que nuestra reacción pueda sincronizarse con la dimensión del problema.

Lo ideal sería que nuestra respuesta a un problema estuviera a tono con las sabias palabras de Charles Mingus que al respecto dice: "Complicar lo sencillo lo puede hacer cualquiera, pero para simplificar lo complicado, se requiere mucha creatividad".

El hábito de hacer tormentas en vasos de agua —es decir, de reaccionar con drama y estrés a contratiempos menores— puede llegar a convertirse en un principio de neurosis. Las personas neuróticas "salen de sí" cuando enfrentan crisis, y dan paso casi sin pensarlo a la ansiedad y la ira. Presentan incapacidad de resolverlas racionalmente y se colocan en papel de víctimas: siempre encuentran algún culpable, un villano que hace que las cosas ocurran sólo para causar daño al neurótico. Con su reacción comprometen e incomodan a sus amigos y familiares y, literalmente, pierden la cabeza por cosas pequeñas, sin valor o de fácil solución.

Crisis nivel 2: crisis desafiantes

Hay otras crisis que yo llamaría de mediana importancia o de
calado medio, como aquéllas que ocurren cuando expulsan a un
hijo de la escuela, perdemos un contrato importante, renuncia
un director en la empresa, tenemos un problema de salud que no
es ni grave ni permanente, perdemos nuestro trabajo sin tener
aún dependientes económicos, etcétera.

Estas crisis medianas requieren atención y una buena gestión, ya que si se dejan crecer pueden convertirse en problemas
de calado más profundo. Sobre todo, porque pueden ser indicadores de que cuestiones más graves nadan bajo la superficie y
se manifiestan a través del reto que ahora enfrentamos.

Por seguir el primer ejemplo: la expulsión de un hijo de la
escuela puede ser un síntoma de una problemática más grave
en él o en nuestro hogar. En estos casos, "el problema no es
el problema" y atenderlo de manera superficial puede causar
daños mayores. Podemos, tal vez, convencer al colegio de no
expulsarlo, pero es probable que esto no solucione el tema de
fondo. Puede existir un déficit de atención, una cuota afectiva
insatisfecha o un ambiente disfuncional en casa o en la escuela
que los padres o maestros se niegan a reconocer.

Para identificar esto es necesario observar, analizar y decidir
adecuadamente, y evaluar el síntoma para poder atacar la enfermedad con un diagnóstico y herramientas adecuados.

Aunque ya sabemos que, con los hijos, la empresa o cualquier proyecto, hay una serie de variables que inciden en el resultado de nuestros planes, seguimos suponiendo ingenuamente
que todo va a salir bien, a pesar de que la experiencia ya nos ha
gritado durante años que simplemente hay cosas que dan frutos
y otras que no nos dan tanto, y que esto puede ocurrir por causas que nos son ajenas e incontrolables.

En la vida, la familia y los negocios es necesario aprender a
distinguir las crisis medianas, pues en ellas podemos pecar tanto

por exceso como por omisión. Podemos pensar que son menores y dejar que crezcan sin supervisión... o podemos perder la cabeza e incendiar el mundo por un tema que se puede resolver con inteligencia y prudencia.

Crisis nivel 3: crisis existenciales

Y luego vienen las crisis que llamamos *existenciales*, ésas que nos plantan frente a las verdaderas encrucijadas de la vida y que nos exigen tomar decisiones que sabemos que impactarán de manera importante nuestro futuro y nos acompañarán el resto de nuestros días. Aquí me refiero a la pérdida de alguien muy cercano, al diagnóstico de una enfermedad terminal, un divorcio, una quiebra, un accidente grave —propio o de algún ser querido—, la pérdida de la fe y cualquier otro acontecimiento que nos "mueva el tapete" y ponga nuestra vida de cabeza, a tal punto que nos haga cuestionarnos quiénes somos, a dónde vamos o para qué estamos aquí.

Como podrás ver, las crisis existenciales son aquéllas que nos generan dudas vitales; que nos "restriegan" en la cara nuestra fragilidad, nuestra vulnerabilidad y nuestra finitud y nos convocan a resolverlas con un sentido de urgencia que sólo nosotros entendemos al vivirlas. Cuando llegan nos fuerzan a enfrentar los cuestionamientos existenciales que hemos aprendido a ignorar con el pretexto de estar muy ocupados.

A los que aún no han tenido crisis existenciales, no sé si felicitarlos o compadecerlos. Aunque en realidad, haber tenido o no crisis existenciales depende menos de nosotros que de lo que a cada uno nos depara el destino. Aun así, asumiendo que tuviéramos algún mérito en el asunto... no sé si felicitarlos porque esta misteriosa aventura que es la vida les ha dado la oportunidad de tener un crecimiento lineal, sin mayores sobresaltos... o si compadecerlos, porque una vida sin crisis los ha privado de una gran oportunidad de autoconocimiento y crecimiento, de eso que mi hermano Fernando llama "el aprendizaje de la empatía a través del dolor".

Hay pocas cosas que forjan el carácter con la eficiencia de la adversidad. Los aviones, para despegar, requieren el viento en contra: es esta presión lo que les da el apoyo para elevarse. Algo parecido ocurre con las personas. Las crisis nos ponen a prueba y nos llevan al límite, pero bien manejadas sacan lo mejor de nosotros y nos permiten volar más alto.

Una vida entre algodones puede ser muy cómoda, pero a nadie sorprende que quien ha vivido así se desdibuje cuando llegue el primer problema de gran calado. Por eso no extraña que la tasa de suicidios sea mayor en países desarrollados. El carácter se construye en los momentos difíciles, en las situaciones complicadas y en la gracia del dolor. La capacidad de análisis y de discernimiento, así como la fuerza de voluntad son herramientas básicas para enfrentar los problemas que la vida nos plantea. No puedo pensar en mejor forma de desarrollar estas habilidades que ante una crisis.

Veamos lo que nos pasa con los hijos. Nuestro amor de padres nos ofusca y quisiéramos que nunca tuvieran ningún problema y que sus vidas transcurrieran alejadas del dolor. Aunque ésta sea una postura muy comprensible como padres, en el fondo tenemos que reconocer que, en primer lugar, es una expectativa poco razonable y, en segundo lugar, que nuestra función principal como padres es prepararlos para enfrentar la vida con sus propios medios, sus propias herramientas, y que aprendan a gestionar sus problemas adecuadamente para descubrir y andar su propio camino.

He visto a algunos padres que deciden tomar el riesgo calculado de echar al agua a sus hijos que apenas están aprendiendo a nadar. Comentan que, cuando el niño enfrenta la situación real de estar en la alberca sin salvavidas y siente su cuerpo hundirse en el agua, su instinto de supervivencia es el que lo sacará a flote, entonces, sin apenas pensarlo, se verá braceando y pataleando. Para su propia sorpresa, en algunos minutos se ve cómo el niño avanza por la superficie con movimientos relativamente coordinados. Aunque admito que yo no sería capaz de hacerlo, en esos casos se descubre que *a nadar se aprende nadando*. Me parece que igual ocurre con los problemas en la vida: a resolverlos, se aprende resolviéndolos. Y una vida cómoda, mimada y sin dolor puede ser el entorno propicio para que se desarrolle una persona mediocre y asustadiza.

Normalmente, la vida se encarga de darle a los hijos su propia dosis de realidad, pero para esto más vale que nos hayamos preocupado —en su niñez y juventud— de ayudarlos a forjar su carácter para que, cuando los vaivenes de la vida los alcancen, sean capaces de "sacar la casta" y afrontar sus problemas con gallardía; para que tengan la valentía de andar su propio camino conforme a sus propios valores y parámetros.

No me quiero detener en este tema —que ciertamente daría para muchas páginas—, pero es cuestión de observar nuestro entorno y anticipar un poco el futuro que les espera a las nuevas generaciones, para confirmar la importancia de dejarle al mundo (revuelto como está) hijos con ideas claras y principios sólidos, capaces de luchar y comprometerse con ideales nobles y una filosofía de vida que apunte a la trascendencia.

Algo parecido ocurre con la paternidad espiritual. Al reconocernos creaturas, afirmamos la existencia de un Creador y, por lo tanto, de una relación entre ambos. Hace ya más de dos mil años que Jesús nos introdujo el revelador concepto de que la naturaleza de nuestra relación con Él es, ni más ni menos, que filial. Por más "fuerte" que se escuche, somos hijos de Dios: creados a Su imagen y semejanza. Estoy seguro de que, aunque hayamos convivido por años con el concepto de la filiación divina, y por más que los católicos lo hayamos rezado miles de veces en el Padrenuestro, no hemos ahondado lo suficiente en lo que significa ser hijos de Dios. Tal vez no terminamos de digerir esta revelación por tratarse de un concepto inmenso, que excede nuestro entendimiento. No extraña que, de pensarlo con seriedad, nos produzca cierto vértigo descubrir la ilimitada grandeza de Dios, volcada por amor sobre nuestra pequeñez personal.

Dios, que es nuestro Padre, siendo eterno y omnipotente, no podría ser más que un Padre perfecto. Y como tal, siendo la encarnación misma del amor, no podría querer más que el mayor bien posible para sus hijos. Por lo que no extrañaría que, como Padre amoroso (y todopoderoso), disponga algunas de las crisis que sus hijos enfrentamos en la vida para que, como "llamadas de atención", nos permitan voltear al cielo y replantearnos una mejor forma de estar en este mundo, que sabemos pasajero y en el que transitamos hacia el objetivo final que es el Cielo. Desde donde tal vez el Creador nos mire y sonría con la complicidad del Padre que, tomando un riesgo calculado, lanzó a su niño al agua para que aprendiera a nadar. "¡Injusticia!", clama el hijo, pero el padre no se goza en el sufrimiento, sino en el crecimiento del hijo ante la adversidad.

Si bien es cierto que —mirando atrás en nuestras historias de vida— podemos reconocer la mano de Dios en algunos de los acontecimientos que nos han marcado, muchas de las crisis que enfrentamos son consecuencia directa o indirecta de nuestros errores y nuestras malas decisiones.

Una quiebra económica puede ser el resultado de diversos factores externos que no se podían anticipar del todo, como la escasez de materias primas, la baja de los precios del petróleo, una súbita devaluación, restricciones arancelarias para nuestros productos, la publicación de leyes y reglamentos contrarios a la libre competencia en el mercado y un largo etcétera. Pero también pueden ser consecuencia de errores humanos de cálculo, de malos presupuestos, de gestiones administrativas inadecuadas, de falta de orden y de muchas otras causas atribuibles a la falta de pericia o de control que todo buen negocio requiere para permanecer rentable a través del tiempo.

Las enfermedades llegan sin buscarlas, pero hay algunas que se podían anticipar fácilmente y a nadie sorprende cuando llegan. La cirrosis para una persona que lleva décadas bebiendo sin control, el cáncer pulmonar para quien consume dos cajetillas de cigarros al día, la hipertensión o diabetes para las personas que no cuidan su alimentación ni hacen ejercicio, están lejos de ser designios divinos y son en realidad consecuencias físicas, meras reacciones biológicas por nuestra falta de cuidado de la salud.

Tampoco sorprende la soledad y antipatía que viven las personas agrias de carácter o egoístas al punto de poner siempre y ante todo sus ególatras intereses por encima de los de los demás. Y ni qué decir de la cárcel para quienes con artimañas, engaños y fraudes se han hecho de un patrimonio ilícito; o la muerte violenta para quienes, en su afán de tener, han decidido hacer negocios con el crimen organizado.

La realidad es que, independientemente de la causa por la que lleguen, las crisis existenciales nos desnudan. Ante este tipo de crisis no se puede fingir. Nos exponen como realmente somos. Nos plantan de frente ante nuestra pequeñez, nuestra fragilidad y finitud y detonan las preguntas existenciales que llevamos impresas en el corazón. ¿Quién soy? ¿A dónde voy? ¿Para qué estoy aquí?

A la larga, una vida sin crisis no es señal de un camino feliz, sino probablemente de una vida estéril. Una existencia sin crisis puede representar un espacio privado de retos y oportunidades para crecer. Un niño que nunca sale de su cunero de algodones y de su patio de juegos puede tener mayor dificultad para convertirse en un adulto sano, funcional y empático. Por ello, las crisis son y deben de ser entendidas como una oportunidad única para crecer y conocernos. Ésta es la tarea fundamental, el reto que enfrentamos en una crisis existencial.

En distintas conferencias he utilizado el ejemplo que seguramente ya has escuchado de varias fuentes: que sólo existen dos tipos de personas, aquéllas que ya sufrieron y las que aún les toca sufrir. Por eso te digo que el hecho de que la vida no te haya puesto de cabeza con una crisis existencial hasta el día de hoy, no implica que estarás exento de estas experiencias. El punto que quiero dejar claro con esto es que la ausencia de crisis puede dificultar tu proceso de autoconocimiento y autocontrol, y, por tanto, te será más difícil desarrollar las herramientas humanas para gestionar adecuadamente las crisis cuando éstas lleguen.

¿No nos presentan en la escuela, los buenos maestros, pequeñas crisis controladas, para desarrollar nuestro músculo de carácter? Esos "problemas" de matemáticas, esos retos atléticos que parecen imposibles, esos exámenes terroríficos, son todos pequeñas maquetas de las crisis reales, más grandes, que nos esperan al salir al mundo. La buena educación en casa y en el aula es, pues, una verdadera escuela para la vida.

A pesar de escribir con cierta soltura y aparente frialdad sobre algunas problemáticas en la vida, de crisis de distintos calados y del sufrimiento que éstas traen consigo, debo admitir que, como a muchos, la mera expectativa del dolor me sigue cimbrando, y al pensar en algunas de las vivencias cercanas que refiero, un escalofrío recorre mi espalda y el miedo empieza a hacerse presente. Esto me detona una reacción inconsciente y me lanza hacia mi tendencia natural (y errónea) de querer controlar el entorno para evitar a toda costa contratiempos y problemas. Cada uno de nosotros reacciona de manera distinta ante los retos de la vida. Por eso el autoconocimiento es fundamental para aprender a gestionarlos, conforme a nuestra propia personalidad y carácter.

2.4. LA ESCALA DE LAS CRISIS

Cuando se presenta un problema, tengo el hábito de asignarle mentalmente un número en la cabeza. Concibo internamente una escala del 1 al 10, como si se tratara de un terremoto en la escala de Richter. Esto me ha ayudado a ser más objetivo con la gravedad de los problemas que enfrento, pues muchas veces, al ser analizados conforme a esta escala, pasan de ser problemas a convertirse en contratiempos.

El número mental que le pongo a un problema depende directamente de las consecuencias, secuelas o cicatrices que puede dejar en mi vida, y el tiempo en que será relevante. Con los años me he dado cuenta de que muchos de los "problemas" que me agobiaron durante algún tiempo, a la vuelta de tres o seis meses perdieron total relevancia y difícilmente me acuerdo de ellos.

En mi escala interna un problema de categorías 1 o 2 no pasa de un contratiempo, que se resuelve con menores o mayores molestias e incomodidades, dependiendo del tipo de situación de la que se trate. Una ponchadura de llanta camino a un café con amigos, es sólo un contratiempo. Si lo mismo ocurre de camino al aeropuerto antes de salir a un viaje de trabajo con citas importantes, ya sea profesionales o médicas, y nos hace perder el vuelo, puede pasar de ser un mero contratiempo a convertirse en un verdadero problema.

Cada uno puede asignar la gravedad de cada problema o crisis; pero en mi caso, una dificultad de categorías 3 o 4 es todavía superficial, y si bien exige una buena gestión, no compromete de manera importante la salud ni la vida, y es cuestión de tiempo para recuperar la estabilidad perdida una vez ésta pase.

Después vienen las problemáticas de calado medio, como una enfermedad, un cambio de trabajo o de ciudad; que yo califico como crisis de niveles 5 a 7, cuya complejidad e impacto comprometen parcialmente nuestra estabilidad, pero no generan un impacto permanente o requieren un cambio de timón radical en nuestra vida.

Finalmente vienen las problemáticas graves que generan las crisis existenciales que yo califico en los niveles del 8 al 10. Estas crisis sí que son cambiavidas. En ellas está comprometida seriamente nuestra salud, nuestra vida, nuestra familia, nuestra estabilidad física, mental, económica, profesional, emocional, espiritual, y ponen en serio riesgo alguna o algunas de nuestras prioridades.

A manera de ejemplo, refiero lo que puede ser una quiebra económica, un divorcio, la muerte de un ser querido, un accidente serio que comprometa la salud de forma permanente o cualquier otro ejemplo en el que puedas pensar de un problema o crisis que altere sustancialmente tu forma de estar en el mundo y sea un cambiavidas.

El problemómetro

ESCALA	NIVEL DE CRISIS		EJEMPLO	REACCIÓN ADECUADA
1-2	Crisis Pasajera	Contratiempo	Llanta ponchada.	Desdramatizar y tomar acción.
3-4	Crisis media	Problema chico	Perdimos el vuelo.	Paciencia, prudencia y acción.
5-6		Problema medio	Hijo reprobado.	Análisis, asesoría y acción.
7-8	Crisis desafiantes		Cambio de trabajo, conflicto familiar.	Pausa y análisis de proyecto de vida.
9-10	Crisis existencial		Enfermedad grave, muerte, divorcio, quiebra, entre otras.	Paro total, reflexión, redefinición de prioridades y ajuste al proyecto de vida.

Podrás encontrar éste y todos los formatos y tablas mencionadas en este libro, en formato descargable, en www.familyconsultoria.com

Este ejercicio mental me ha sido muy útil para desdramatizar y para dar a los problemas y a las crisis el peso objetivo que en realidad tienen.

Si decides utilizar este "problemómetro" y adecuarlo a tu vida, tú puedes establecer tu propia escala de importancia de eventualidades que te ayude a objetivar el tipo y la gravedad del problema o la crisis que enfrentas.

Un problema menor que es mal manejado puede convertirse en una crisis mayor o incluso en una catástrofe. Según narran las crónicas homéricas, hubo hace siglos un joven príncipe de nombre Paris, quien se enamoró perdidamente de una mujer casada: Helena, hija humana del mismo Zeus. Él era joven y ella era hermosa. Era un problema relativamente común, que podría haberse resuelto de muchas formas con prudencia, astucia o experiencia. Su padre, el rey Príamo de Troya, y su hermano Héctor les presentaron a los jóvenes distintas opciones, salidas juiciosas y les rogaron actuar con inteligencia. Pero los enamorados se empeñaron en seguir adelante.

Helena era esposa de otro rey, Menelao de Esparta quien, iracundo por la afrenta, emprendió una batalla que sumergió a ambas naciones en una guerra de más de diez años y cobró cientos de miles de vidas humanas. Y todo… por un impulso mal gestionado.

Si bien los historiadores aún debaten sobre la real existencia de la guerra y sus personajes —pues el sitio de Troya existe aún hoy en la actual Turquía—, sus reflexiones son perennes. Aún hoy decimos que "arde Troya" cuando las cosas se salen de control… y a veces nosotros también permitimos que arda por culpa de pequeños inconvenientes, malentendidos y crisis menores. Pero hay otra opción.

2.5. REACCIONES ANTE LAS CRISIS

Independientemente de su naturaleza, mientras mayor es la gravedad de la crisis de que se trate, mayor es el desequilibrio que genera y, por lo tanto, mayor la importancia de una decisión y una acción adecuadas frente a la encrucijada que representa. Una cosa es el problema en sí mismo… y otra nuestra reacción.

Una buena respuesta puede atenuar sustancialmente el impacto de la crisis, mientras que un mal manejo puede multiplicar sus consecuencias.

Juan, uno de los psicólogos expertos en manejo de crisis en Family Consultoría, me ayudó a dilucidar los distintos tipos de reacciones ante una crisis, dependiendo de la personalidad y carácter de la persona que las enfrenta. Las más comunes incluyen molestia, confusión, incredulidad, odio, coraje hacia el exterior, búsqueda de culpables, tristeza, depresión, apatía y desgana.

Cuando le pedí mayor claridad en alguna de estas ideas, me presentó una frase que explica de un golpe un hecho complejo: "Ante una crisis… reaccionamos como somos". Y así, en efecto, nuestra reacción exhibe con nitidez nuestra propia personalidad, carácter, carencias, fortaleza interior, defectos dominantes y capacidad de resiliencia. Por eso se ve con frecuencia que, ante una misma vivencia, las personas reaccionan de manera muy diferente. Lamentablemente, no es poco frecuente conocer de situaciones que, objetivamente, no son muy graves, pero que desatan severas crisis en algunos individuos.

La percepción de la gravedad de las crisis es igual o más importante que la seriedad objetiva que éstas representen. Aún más, la postura y la reacción ante una crisis, ya que éstas son cruciales para determinar los efectos que aquéllas tienen en el individuo que las padece. Ya lo dije antes, parafraseando a Huxley: lo importante no es lo que pasa, sino lo que hacemos con lo que nos pasa.

La percepción justa de la gravedad de un problema es parte fundamental de lo que entendemos como *madurez*. Son los niños (en principio) los que hacen pataletas y berrinches porque se les ha negado un caramelo o porque han perdido su juguete preferido. Los adolescentes desesperan y languidecen ante un amor no correspondido, porque creen que terminar con una relación amorosa es "el fin del mundo". Romeo y Julieta, en la famosa tragedia de Shakespeare, al ver perdido su amor… ¡se quitan la vida! Todo el mundo cree que la inmortal obra de la literatura es un canto al amor verdadero y los jóvenes enamorados de Verona son el estandarte de muchos amantes; pero Shakespeare no muestra en *Romeo y Julieta* la realidad de un verdadero amor, sino el grave costo de la imprudencia y la exageración. En realidad —lamento ser yo quien te lo diga— no creo que Romeo y Julieta en verdad se amaran. ¿Cómo podían hacerlo? ¡Se conocieron por sólo tres días!

Cualquier adulto sensato podría haberles dicho —como dicen muchos padres y madres a sus hijos cuando les han roto el corazón— que aquello era pasajero, que el dolor pasaría y que vendrían días más felices. Pero una persona inmadura tiende a ver un problema nivel 2 o 3 como un verdadero cataclismo de categoría 10: una crisis sin solución que no ofrece más refugio que la muerte o la destrucción. Romeo y Julieta dejaron que "ardiera Troya", y causaron muerte y desolación por un breve —si bien intenso— romance infantil.

Si uso referencias literarias es para ilustrar conceptos y para situarlos en el imaginario colectivo, aunque lamentablemente la vida real no se queda corta en ejemplos. En todo el mundo, según información de la Organización Mundial de la Salud, la mayor tasa de suicidio se encuentra entre jóvenes de 14 y 19 años. Durante esas edades, cada problema parece el fin del mundo. No sólo por razón de amor, sino de convivencia, pertenencia y futuro. En Japón, por ejemplo —y esta cifra no debe de pasarnos inadvertida— más de 30 mil jóvenes se suicidan cada año: muchos de ellos a causa de un fracaso escolar o por no ser admitidos en la universidad.

Ahora veo cada vez más, en distintos entornos profesionales y personales, adultos que se comportan como niños o adolescentes: parecen incapaces de dar a un problema su dimensión real, con lo que causan o empeoran crisis a partir de sus impulsos irracionales. Por eso insisto que, ante una crisis —cualquier crisis— nuestra libertad humana, nuestra madurez y nuestra capacidad de decisión deben anteceder a la acción, por más urgente que ésta parezca. Antes de actuar, es necesario detenernos a pensar.

Héctor Fiorini, psiquiatra de la Universidad de Buenos Aires y autor de varios libros de psicología y psiquiatría, nos plantea que "toda crisis supone el enfrentamiento a algo que cambia de forma brusca e inesperada. Y cuando se presenta, el objetivo central es recuperar el equilibrio perdido".

En esto, precisamente, consiste la madurez. En sus apariciones cómicas, el legendario Robin Williams solía decir: "Cuando somos adolescentes somos verdaderamente tontos. Cuando somos adultos… seguimos siendo tontos… ¡pero lo sabemos!". Cuánta verdad puede caber, a veces, en un chiste. La madurez no implica ser más inteligentes o infalibles, sino saber, por el contrario, que somos imperfectos y, por lo tanto, aprender a observar la realidad desde la nueva óptica de la humildad y la prudencia. Madurez —alguna vez leí, aunque no recuerdo dónde— es la capacidad de centrarnos en lo que sí tenemos y no en lo que nos hace falta.

Albert Einstein dijo que "la madurez comienza cuando sentimos que nuestra preocupación es mayor por los demás que por nosotros mismos". Todas las definiciones apuntan a una misma realidad: a la reconsideración de nuestra propia dimensión y, por ende, la de nuestros problemas. Cuando dejamos de ser el centro del Universo, sólo entonces nuestros problemas encuentran su verdadero tamaño; casi siempre menor de lo que pensábamos.

La madurez nos aporta el equilibrio emocional y psicológico que nos permite abordar de manera objetiva y realista nuestras crisis; identificar con claridad lo que está en nuestras manos y elegir las herramientas para resolverlo, identificando así aquellos aspectos del manejo de las crisis en las que necesitemos ayuda.

Para dar este importantísimo paso de pedir ayuda en las crisis (que puede ser la diferencia entre un buen y mal manejo) se requiere, además de madurez, una buena dosis de humildad para reconocer lo que es evidente: que hay crisis que nos superan y que no podemos ni debemos enfrentar solos.

Seguramente todos tenemos ejemplos apropiados para estas reacciones y actitudes. Tal vez nosotros mismos seamos protagonistas y hayamos vivido en carne propia las consecuencias de la buena o mala forma en que hemos afrontado nuestras propias crisis. Yo, por mi parte, tengo en mi hermano Fernando un referente y un ejemplo de un gran manejo de una grave crisis de salud.

A primera vista, desde fuera, nos parece imposible comprender cómo se puede responder tan bien ante una crisis de esta magnitud. Fernando —como muchas otras personas que se encuentran en situaciones similares— decidió conectar con el valor de su vida, el amor de su familia, su propósito y su misión. Es decir, enfrentó una crisis nivel 10 con madurez y la actitud y herramientas adecuadas.

Obviamente aún duele verlo así, en silla de ruedas, pero tenemos la certeza de que, en su nueva condición después del accidente, está lo mejor que puede estar en todos sentidos. En esto consiste el concepto de *optimalismo*, popularizado recientemente por el doctor Tal Ben-Shahar, catedrático de Harvard y experto en felicidad: en saber que, independientemente de los retos y las crisis que la vida nos ponga enfrente, lo que nos toca es hacer con ellas lo mejor que podamos y estar en todos sentidos en la condición "optima" dentro de las nuevas circunstancias que nos presenta la crisis. Es decir, abandonar el afán de perfeccionismo y anclar, en cambio, nuestra expectativa en la realidad, y en lo mejor que podemos lograr con lo que tenemos. Ésa ha sido, justamente, la reacción de Fernando. Por eso estamos tan orgullosos de él y agradecidos por tenerlo.

2.6. Las crisis y la empatía

Analicemos por un momento la estructura narrativa de la gran mayoría de los cuentos, leyendas y novelas de la historia. Joseph Campbell le llama "el viaje del héroe".

El proceso es el mismo siempre: el héroe recibe un llamado a la aventura (un llamado literal, una venganza o una respuesta ante el mal) que lo empuja a salir de su mundo ordinario, de su burbuja, de su zona de confort y de la comodidad de vida actual. Después inicia el viaje, aún inseguro y lleno de fallas. En el camino encuentra un mentor que le da consejos y herramientas; con éstas y con la ayuda de sus amigos enfrenta los retos que se le presentan hasta llegar al desafío final.

Pero justamente antes de lograr una victoria definitiva, el héroe debe caer y levantarse. Batman se da por muerto, Superman sufre bajo los efectos de la kriptonita, Frodo en *El Señor de los Anillos* se desvanece ante el poder del anillo, Edmund Pevensie traiciona a sus hermanos al entrar en Narnia, y Dante, en *La divina comedia*, literalmente baja hasta los más profundos infiernos.

Solamente después de caer y levantarse; dormir y despertar; morir y resucitar; el héroe puede vencer el mal que lo acecha. Con ello, crece y recibe su recompensa, que le permite regresar a la normalidad. El viaje lo ha transformado, lo ha hecho mejor y está listo para nuevas y más grandes aventuras. Algo parecido pasa con nuestra vida. Claro, entendiendo que cada quien escribe su propia historia.

Y es que la victoria sobre las crisis no depende sólo de que seamos *fuertes* sino, sobre todo, de que seamos *humanos*. Las crisis nos hacen menos soberbios y nos permiten reconocernos vulnerables. Cuando sufrimos, comprendemos mejor al que sufre. Las crisis favorecen la empatía y nos permiten conectar con lo que todos tenemos de frágiles. Bien manejadas, éstas verdaderamente nos hacen más empáticos; y éste es un paso necesario para un crecimiento real.

Hay caídas más severas que otras. Todos hemos estado enfermos alguna vez. Distinta puede ser la gravedad de la enfermedad, pero cuando ésta llega no ofrece mayor explicación. El psicólogo Alejandro Rocamora nos plantea que la enfermedad, que en sí misma es algo negativo y debe evitarse, no entorpece el desarrollo humano. Nos explica que, así como puede llevarnos a la desesperación, también representa una oportunidad para madurar psicológicamente. Ambas posibilidades están presentes en toda enfermedad, y el resultado no dependerá tanto de la gravedad del padecimiento, sino de la actitud con que se enfrente esa vivencia.

La crisis que supone la enfermedad nos puede hacer valorar lo verdaderamente importante: aquello de lo que antes no éramos conscientes y que no apreciábamos suficientemente. ¿Cuántas veces hemos escuchado que la mejor forma de valorar la salud es perdiéndola? La enfermedad y la cercanía con la muerte nos permiten dar a las cosas la importancia que objetivamente tienen: son grandes maestras que nos enseñan a apreciar lo que realmente necesitamos para ser felices y a dejar de quejarnos por cosas sin importancia. Ante la cercanía de la muerte, todo lo demás es relativo.

Tal vez te haya ocurrido que, mientras estabas preocupado u ocupado con un problema o crisis que te agobiaba, y que catalogabas en un nivel de problema 9, de pronto un suceso externo, como un accidente o la muerte de un ser querido, te hace replantearte la importancia de ese problema que tanto te estresaba, para bajarlo hasta un nivel 5. Las crisis nos dan, también, el regalo de la perspectiva.

La realidad es que, aunque a veces sea imperceptible, las crisis siempre dejan huella, para bien o para mal. Por eso me parece justo insistir en que las crisis no son ni buenas ni malas en sí mismas, sino que su bondad o maldad dependerá del manejo que de ellas hagamos y la forma en que nos incorporemos a nuestra nueva realidad.

2.7. El sentido del dolor y el sufrimiento

Para nadie es una sorpresa que las crisis, sobre todo las más profundas, vienen acompañadas de dolor y sufrimiento; de desgarros internos difíciles de explicar y de asumir. La vida está aderezada por pérdidas grandes y pequeñas, que traen consigo penas y desprendimientos. Aunque la intensidad y profundidad de las penas debería depender de la gravedad objetiva de las pérdidas, muchas veces un mal manejo las saca de proporción y las convierte en una "entidad" —imaginaria pero real—, como un dragón o un monstruo. Eso nos causa más temor y nos desgasta al pelear con cosas que no existen y males que nunca llegarán. Para desvanecer los monstruos en la oscuridad, es justo encender la luz de la objetividad.

La objetividad nos dice que hay "de pérdidas, a pérdidas". Hay pérdidas pequeñas, que apenas se registran, y las hay grandes, que desgarran el tejido mismo de nuestra existencia.

Un testimonio fuerte y claro del sentido del dolor es el de Rodrigo, mi sobrino.

Rodri nació hace 21 años y tiene una hermana gemela: Mariana. Al llegar al mundo a ambos les faltó oxígeno por algunos segundos y esto les causó parálisis cerebral. Las secuelas han sido distintas para Mariana y para Rodri. Él nunca pudo hablar, ni caminar ni controlar su cuerpo, el cual nunca sobrepasó los 40 kilogramos y se mantuvo en un espasmo de rigidez casi permanente. Su mirada y su gran sonrisa nos recordaban que su mente intacta estaba atrapada en un cuerpo rígido, cuyas facultades acusaban una seria limitación corporal. A pesar de ello, hubo una facultad que nunca perdió: la de sonreírle a la vida. Recuerdo con mucha claridad su sonrisa profunda que los músculos rígidos de su cara nunca lograron opacar.

Esa sonrisa de Rodri permeó en el ánimo de sus padres y de toda su familia. Fue un guerrero que peleó por la vida con herramientas que iban mucho más allá de su cuerpo. Su espíritu indomable lo llevó a convertirse en un testimonio de la fuerza del amor y el espíritu de lucha. Rodri amaba la vida tal como le tocó vivirla. En eso consistía su misión.

Siempre lo trataron con la mayor normalidad, tanta como su situación lo permitía. Le echaban carrilla, le reclamaban que fuera flojo, lo hicieron parte de la convivencia con toda la intensidad de su presencia y con toda la flexibilidad por su condición. A pesar de sus serias limitaciones físicas, se percibía como una persona feliz. Como si su vida no hubiera sido suficiente testimonio de lucha, nos dejó también el legado de su batalla final: casi cinco meses de terapia intensiva conectado a un respirador y alimentado por una sonda. Hoy Rodri nos mira desde el cielo. Pero se aferró a la vida de una forma que sólo lo puede lograr quien estuvo 21 años con locas ganas de vivir.

Como testimonio del cumplimiento de la misión de Rodrigo, su hermana Mariana leyó estas potentes líneas en su misa de cuerpo presente:

Gogo: No tengo palabras para agradecerte todo lo que hiciste por mí. Me enseñaste a reír, a disfrutar cada segundo, a entregarme por completo, a sufrir gozando, a gritarle al mundo que venimos a amar. Que la vida es para reírse a carcajadas y que la felicidad está en cada abrazo, cada mordida, cada lágrima, cada baile, cada mazapán y cada silencio. Viniste a vivir con la mirada en el cielo, a cumplir el plan de Dios con alegría. ¡Viniste a ser feliz y vaya que lo lograste, compadre!

Como podrás imaginar, al escuchar a su hermana hablar así, ocurrieron dos cosas. Primero, muchos no pudimos contener las lágrimas ante la fuerza de este testimonio; y después, nos quedó clarísimo que Rodrigo cumplió con creces su misión en la vida y, por lo tanto, a pesar de sus limitaciones físicas, fue feliz aquí y hoy sin duda goza del gran premio del Cielo.

Junto con el testimonio de Rodri se dio otro de gran valía que, me parece, no debe pasar inadvertido: el de Cuca, su aliada, cómplice, enfermera, nana e incondicional. Durante toda la vida de Rodrigo, Cuca fue su sombra. La mano derecha de sus padres, que se desvivieron por hacer que Rodri fuera feliz. Y lo lograron.

La vida de Rodri hubiera sido otra sin el cariño de sus padres, hermanos y muchos otros familiares que tanto lo quisieron. Y por supuesto, sin los cuidados de su aliada Cuca, que al tratarlo desbordaba una vocación especial.

Hoy que Rodri no está, Karina, su madre, le ofreció a Cuca quedarse en su casa con todas las condiciones que un agradecimiento del tamaño que le tienen merece. A este ofrecimiento Cuca, estoica, respondió: "No señora, estos brazos nacieron para ayudar enfermos y hoy ya no hay enfermos que ayudar en esta casa. Le agradezco su oferta, pero necesito encontrar un enfermo para estos brazos".

¡Vaya claridad de la misión de Cuca! Ya quisiéramos andar por la vida con esa certeza y con la nobleza de vocación de esta gran mujer.

Son este tipo de testimonios de generosidad de Rodri y su familia, y por supuesto de Cuca, los que nos gritan que se pueden sacar adelante situaciones de crisis nivel 10. Claro, esto no sería posible sin un buen manejo, una dosis de madurez y la fortaleza de la fe, los cuales nos recuerdan que nunca recibiremos una prueba más allá de nuestras fuerzas y que estas circunstancias tan duras siempre vienen acompañadas de la gracia para sacarlas adelante.

Recuerdo una fotografía que les tomé a Rodri, Cuca y a mi hermano Fernando en año nuevo. Se me pone la piel de gallina al ver las sonrisas de todos. Sonrisas plenas que parecían carcajadas. Evidentemente, sus condiciones físicas están muy lejos de ser óptimas, pero esas sonrisas al verlas se te meten por los poros y parecen gritarte: "¡Sé feliz y no te quejes por tonterías!".

Y si de hermanarse en el dolor y la fragilidad se trata, me parece que esa foto puede convertirse en un himno a la hermandad y la empatía que engendra una crisis de salud grave bien manejada.

Fernando, Cuca y Rodrigo: el problema del dolor

Un día leí que al dolor y al sufrimiento ajeno conviene acercarse de puntitas. Las crisis personales nos hacen más humanos y las ajenas nos dan perspectiva para intentar comprender lo que está pasando su protagonista. Al presenciar crisis ajenas graves, un buen ejercicio es compararlas con las nuestras, que muchas veces son de un nivel muy inferior. Aun las que nos parecían serias, ya sea en el trabajo, los negocios o la familia, palidecen y pierden intensidad: podemos bajarlas de nivel en el "problemómetro" de 8 a 4, o de 6 a 2. Al reubicar los problemas en su dimensión real nos es más sencillo enfrentarlos y solucionarlos con la cabeza clara y sin dramatizar.

En general, es bueno aprender a desconfiar de nuestras propias percepciones acerca de la gravedad de nuestros problemas. Lo que nos sucede no siempre tiene la importancia que le concedemos. Nos cuesta ser objetivos y casi siempre exageramos.

Ahora bien: si es verdad que algunas veces exageramos, también lo es que el dolor y el mal existen; y que en el mundo hay calamidades, injusticias y aberraciones que superan nuestro entendimiento. Basta abrir el periódico, encender las noticias o navegar por Twitter para recibir en el estómago el golpe duro de la desolación, la pobreza y, sobre todo, el odio que se ha desatado en el mundo: guerras, accidentes, crímenes, terremotos, enfermedades, violencia y muchos otros tipos de males que sólo el hombre es capaz de generar.

Ser empáticos u optimistas no significa ser ingenuos ni ignorar la realidad, que ahí está y nos reclama una respuesta humana y proactiva. Para enfrentar una crisis no hay que cerrar los ojos, sino más bien ver el mundo *con* ojos nuevos.

Esta nueva mirada nos permite observar lo que, entre los escombros del dolor y el ruido incesante de las malas noticias, no podíamos ver antes: a las personas que en medio de la tormenta muestran serenidad, compasión y empatía. Las almas que han sufrido y crecido son, la mayoría de las veces, aquéllas que responden a sus crisis con la madurez y humanidad necesarias. Quienes no han sentido dolor es difícil que compartan el de los demás.

El dolor forma parte esencial, natural y necesaria de la realidad y, en específico, de la experiencia humana. Pero el tema no termina ahí, pues el dolor no es sólo una realidad que debamos soportar, como la ley de gravedad, sino que, además, es una realidad cargada de sentido y propósito.

C. S. Lewis analiza y explora la naturaleza del sufrimiento en su brillante libro *El problema del dolor*. El argumento central fue recogido después en la película *Tierra de sombras*, parcialmente biográfica, en la que sir Anthony Hopkins encarna al afamado autor de Oxford. En una de sus conferencias, Lewis lo explica de la siguiente manera:

Ayer recibí una carta que se refería a un hecho que tuvo lugar hace casi un año, en diciembre. Mi corresponsal no lo había olvidado. Dudo que alguno de nosotros lo haya hecho. Aquélla fue la noche en la que un autobús colisionó con una columna de jóvenes cadetes de la Marina Real en Chatham y mató a muchos de ellos. ¿Lo recuerdan? La carta plantea algunas preguntas simples, pero fundamentales. "¿Dónde estaba Dios esa noche de diciembre? ¿Por qué no lo detuvo? ¿No se supone que Dios es bueno? ¿No se supone que Él nos ama? ¿Dios quiere que suframos?". ¿Y si la respuesta a esa pregunta… es "sí"? Mira, no estoy seguro de que Dios particularmente quiera que vivamos cómodos. Creo que Él quiere que podamos amar y ser amados. Quiere que crezcamos. Yo sugiero que es precisamente porque Dios nos ama que nos da el don del sufrimiento. Para decirlo de otra manera, el dolor es el megáfono de Dios para despertar a un mundo sordo. Verán, somos como bloques de piedra de los cuales el escultor talla las formas de los hombres. Los golpes de su cincel, que tanto nos duelen, son los que nos hacen perfectos […].

Los metales preciosos casi nunca aparecen puros en la naturaleza, sino mezclados con rocas y otros minerales. Para lograr extraerlos, primero hay que golpear las rocas hasta pulverizarlas. Después, someterlos al calor abrazador de un horno. Ahí, en el crisol, se ven por fin liberados de impurezas. Sólo entonces pueden convertirse en piedras preciosas. Podría decirse que el sufrimiento es un crisol en el que nos purificamos y nos hacemos mejores.

Las personas que han ido por la vida mimadas, sin problemas graves y ajenas a crisis existenciales, son generalmente más impacientes, intolerantes, distantes y tienden con mayor facilidad a juzgar a quienes viven y piensan de forma diferente a ellas. Son menos resilientes y empáticas. No toman en cuenta que cada uno trae cargando su propia historia y que sólo cada cual sabe lo que pesa el saco en el que va metida su historia de vida que lleva a cuestas.

El dolor, pues, tiene un sentido. Pero nosotros no somos rocas o metales inertes: somos seres humanos libres. Por ello, para el logro de su propósito, el dolor requiere de nuestra participación, decisión y gestión. Sólo así podemos crecer. Las personas que no saben gestionar sus molestias pequeñas y sus grandes dolores —estoy seguro de que conoces a alguna— se tornan malhumoradas, malencaradas, egoístas y amargadas. No por las cosas que les han pasado, sino por lo que han hecho con tales cosas. Tornan un dolor nivel 1 en una crisis nivel 10 y, poco a poco, ese hábito se convierte en su carácter y éste en su forma de vivir.

Tú tienes otra opción.

2.8. RESILIENCIA: VOLVER A LEVANTARSE

Esta palabra proviene del latín *resalire* que significa "volver a saltar", es un concepto que se utiliza para definir la capacidad de un material para recobrar la forma original después de una presión deformadora.

Al leer esta definición, no extraña que la palabra *resiliencia* se utilice con tanta frecuencia para describir lo que se necesita después de una crisis. Incluso en mi opinión, lo que nos ocurre tras pasar por una crisis bien manejada, va más allá de la propia resiliencia y de volver a la misma forma que teníamos antes de la crisis. He visto a muchas personas que después de una dificultad no sólo recuperan la estabilidad psicológica y emocional, sino que salen fortalecidas: más maduras, más humanas, más empáticas, más fuertes.

Pareciera que el ser humano tiene una capacidad especial que, no me sorprende, va más allá de la de los materiales al ser sometidos a presiones extremas y que solamente aspiran a recobrar su forma original. El hombre, que apela a su inteligencia, fuerza de voluntad y capacidad de amar el bien y la belleza, después de una crisis y sin importar su gravedad, puede aspirar a ser, ontológicamente hablando, una mejor persona.

Por eso decía al principio de este capítulo que no sabía si compadecer a las personas que no han enfrentado crisis existenciales. Si bien reconozco que éstas son durísimas, que pueden desgarrar nuestro interior y que es muy difícil gestionarlas adecuadamente, al mismo tiempo nos presentan la valiosa oportunidad de utilizarlas para —como dice la definición de resiliencia— volver a saltar: saltar hacia una mejor versión de nosotros mismos y recuperar la alegría de vivir.

Este sentido de la capacidad humana de ir más allá de la propia resiliencia, y enfrentarla como una oportunidad de crecimiento, es un giro enorme en la concepción y manejo de la crisis. Por eso es necesario desarrollar y fortalecer la herramienta de la resiliencia en la persona. En primer lugar, para aumentar su resistencia ante la capacidad de destrucción que tienen las crisis, y otra para reconstruir su vida, una vez que aquélla haya pasado.

Esto puede explicar la diferencia que vemos en distintas personas en los manejos de sus crisis. Algunos salen renovados o *reloaded* y otros se hunden en la pena, independientemente de que objetivamente la materia de la crisis en cuestión pueda o no ser grave.

Los psicólogos afirman que un entorno sano —especialmente durante la niñez—, así como una relación saludable con las personas cercanas, favorece un "yo" fuerte que facilita no sólo soportar los golpes de la vida, sino aprovecharlos en nuestro favor.

2.9. *LA CRISIS DE LA MITAD DE LA VIDA*. UNA CRISIS EXISTENCIAL

Me parece relevante incluir en este capítulo una descripción de la crisis de la mediana edad, ya que el deseo de conocer a detalle sus orígenes, sus causas, sus consecuencias y su manejo adecuado me ha llevado a leer mucho de lo poco que se ha escrito al respecto, y a dialogar a fondo con psicólogos, psiquiatras, sacerdotes, *coaches* y, sobre todo, con muchísimas personas que, a través de mis publicaciones y conferencias sobre este tema, han tenido la confianza de compartirme sus experiencias de vida.

A partir de la publicación de mi libro anterior, *La crisis de la mitad de la vida. Haz un alto en el camino*, he recibido comentarios de personas de varios países de habla hispana que han conectado de inmediato con el concepto y con la forma vivencial de abordarlo. También he recibido de ávidos lectores recomendaciones de algunos libros con esta temática que antes no había descubierto y ha sido un placer encontrarme con libros escritos por personas de distintos antecedentes, profesiones, visiones y filosofías de vida que abordan el riquísimo concepto de la crisis de la mitad de la vida desde sus propias ópticas.

Como ya había mencionado en el capítulo pasado, entre los hallazgos más importantes de autores respecto a esta temática, destacan los de Françoise Millet-Bartoli (*La Crise du milleu de la vie*), psiquiatra, psicoterapeuta y maestra de medicina en la Universidad de Toulouse, con quien sostuve una larga llamada para debatir este tema y a quien prometí visitar tan pronto la pandemia lo permita. Tanto el libro del monje benedictino Anselm Grün (*La mitad de la vida como tarea espiritual*) como un gran capítulo en el libro de *Crecer en la crisis* de Alejandro Rocamora fueron también importantes adiciones a mi biblioteca.

Cada autor aborda este apasionante tema desde su propia perspectiva. Algunos desde el aspecto psicológico y psiquiátrico, y otros desde la óptica espiritual y religiosa. Ahora caigo en la cuenta de que el haber elegido escribir mi último libro con ese título desde la óptica estrictamente personal y vivencial fue un acierto. Si te interesa el tema, te recomiendo la lectura de estos libros, que te ayudarán a encontrar tus propias respuestas.

Para darnos una idea de la riqueza de ideas de los volúmenes referidos, cito el inicio de la obra de Millet-Bartoli, quien desde su primera página nos pinta un panorama muy certero de este proceso:

> Llega un periodo de la vida del que se habla poco, contrariamente a la infancia o adolescencia, pero igualmente rico en cambios. Se trata de esta fase particular de la edad adulta, que se encuentra lejos aún de la vejez, pero más aún de la juventud. Para algunos evoca un nuevo inicio, para otros el declive. Se acompaña de transformaciones personales internas o de cambios espectaculares de vida. Hablamos entonces de la crisis de la mitad de la vida.

Me parece muy atinada la descripción de Millet, y creo que aplica para cualquier tipo de crisis. Para algunos, una crisis representa un nuevo inicio, y para otros, el declive. Te comparto que he visto de primera mano estas dos actitudes diametralmente opuestas entre las muchas personas con quienes he hablado a fondo de sus respectivas crisis de mitad de la vida. Algunos han tomado decisiones que los alejan de su proyecto y están sufriendo las consecuencias, y otros han salido fortalecidos, reconectados con sus pasiones, con un proyecto de vida sólido. Estos últimos han recobrado, tras su crisis, la alegría de vivir.

He visto que algunos invierten su tiempo en planear nuevas actividades y proyectos, mientras otros regresan al pasado a encontrar refugio en los recuerdos de lo que fueron años atrás. También he escuchado a otros tantos defender la postura de que en esta etapa de la vida lo que corresponde es el retiro y los he visto renunciar a lo que les falta por hacer. Otros, por el contrario, defienden enérgicamente la postura de que no hay tiempo que perder para lanzar nuevos proyectos en su nueva etapa de vida.

Algunos han aprendido a reír frente a sus crecientes dolencias físicas y la pérdida de memoria que acompañan esta etapa y en otros ha sido sorprendente la capacidad de elaborar nuevos proyectos y reconectar con los sueños de su juventud. Aun sabiendo que su realización no será fácil, lo valioso es verlos atreverse a volver a soñar.

Los pesimistas dirán: "Ya pierdo la memoria. Siento achaques todas las mañanas. No tengo la misma energía. Ya no aguanto el día sin una siesta, ni el ritmo de los chavos del trabajo"; mientras que los entusiastas dicen: "¡Nunca me había sentido tan bien! ¡Es hasta ahora que tengo la impresión de vivir! ¡Finalmente me siento yo mismo! Físicamente soy más lento, ¡pero me siento en plena madurez!". La realidad es que ninguno logra ocultar que en el fondo de nuestro corazón se debaten varios sentimientos preponderantes: la cercanía de la muerte, el peso de la inutilidad existencial y la sensación de urgencia de apresurarnos a hacer lo que nos falta por concretar.

Al escribir estas líneas yo me pregunto internamente con toda sinceridad a qué grupo pertenezco. Y me sorprende que, para ser un tipo poco optimista, tal vez esta misma crisis me ha llevado a cambiar el enfoque a un "optimalismo" que me pone a reconocer con toda sinceridad que, si bien algunas de mis facultades físicas han mermado, a veces olvido algunas cosas, la energía me falla por las tardes y me cuesta no echar una siesta al subirme a un avión, aún me siento lleno de energía para otras actividades y tengo la sensación de que en muchos sentidos estoy en la mejor etapa de mi vida.

Independientemente de que tengo la sensación de que mi mundo mental y espiritual es hoy mucho más interesante, acogedor y habitable que hace años, hay aún muchas actividades físicas que disfruto y en las que me siento plenamente vigente. Pienso en, por ejemplo, la caminata (camino más lentamente, pero llego más lejos), la motocicleta (en la que he aprendido a mirar el paisaje y no el velocímetro), el golf (en el que mantengo un buen nivel), la batería (en la que sigo siendo un claro *amateur*), etcétera. Y muchas otras en las que me siento en plenitud con una combinación patente de experiencia y energía. Seguramente a ti, con la edad, debe pasarte lo mismo.

En el aspecto profesional de la práctica del derecho, estoy volcado en aprovechar mi experiencia y eso se refleja en que hoy hago en seis horas lo que antes hacía en nueve. Eso seguramente te pasa a ti también después de tantos años dedicados a tu oficio. Dirijo un equipo de grandes abogados a quienes he visto crecer y de los que estoy cada vez más orgulloso. Hoy reviso un contrato en la mitad de tiempo que antes, e identifico con facilidad los puntos importantes, negocio con mayor soltura, proyecto confianza ante los clientes y la experiencia me permite anticipar sus necesidades.

Por supuesto que en mi historia siguen apareciendo muchas complicaciones, errores, remordimientos, dudas existenciales sin resolver, miedos al sufrimiento y al futuro. También reconozco claros fracasos y retrocesos en mi proyecto de vida, pero la certeza de andar por el camino y la dirección correctos me confiere una sensación de serenidad difícil de explicar. Tal vez esta sensación sea el resultado de tener un proyecto de vida que marca mi rumbo. He aprendido que, sin importar el camino que hayamos elegido, es crucial que éste sea el fruto de una elección personal y no la consecuencia de una imposición de la voluntad los demás, o debido a las "circunstancias" o por los modelos de éxito que definen los medios o las redes sociales.

¿Qué más puedo pedir? A veces me pregunto si me gustaría retrasar el reloj y tener otra vez 20 o 30 años y mi respuesta inmediata me salta del corazón. ¡Por supuesto que no! Ya he vivido esa época de mi vida con toda intensidad y los aciertos y errores que hoy componen mi historia personal me hacer ser quien soy.

Ésta es mi experiencia personal después de vivir tres años una intensa, dolorosa y riquísima crisis de la mitad de la vida, y hoy puedo asegurar que, después de tantas conversaciones de este tipo con personas de varios perfiles, condiciones, circunstancias y edades, he identificado a muchos que atraviesan este periodo con un sentimiento de plenitud. "Es la edad de la plenitud y la serenidad", me dicen cuando les pregunto su secreto.

2.10. ¿A QUÉ GRUPO PERTENECES?

Independientemente de que, al llegar a esta etapa, puedas encontrarte en una posición sólida en los ámbitos social, familiar, profesional y económico, a este periodo se le reconoce por la incertidumbre, las dudas y una cierta insatisfacción difícil de explicar. Con estas crisis existenciales normalmente llegan los cuestionamientos y las interrogantes internas sobre si hemos gestionado adecuadamente nuestra vida y si nos encontramos en el lugar en el que queríamos estar. La incertidumbre enturbia lo ya conseguido.

Si eres como la mayoría de las personas que conozco que se encuentran en esta etapa, seguramente en el primer tiempo de tu vida te has volcado en el mundo exterior. En el hacer y el tener. Es precisamente por eso por lo que el llamado de la mitad de la vida se percibe con mayor urgencia, porque se trata de una convocatoria, una invitación a migrar nuestra atención de lo externo, superficial y pasajero, a nuestra intimidad profunda. Y sobre todo a revalorar esa vida interior que hemos perdido de vista por volcarnos en lo exterior en la primera parte de la vida.

Ahí, en esa intimidad, es donde anidan nuestras dudas e incertidumbres, nuestras pasiones y nuestros miedos y, por lo tanto, es desde ahí donde hemos de descubrir las respuestas a las dudas existenciales que permean esta etapa.

¿En qué grupo estás tú? ¿En el de los pesimistas, el de los optimistas o el de los cansados? Como en todo lo demás, la libertad es la pieza clave: tienes la facultad de decidir lo que quieres ser, a dónde quieres llegar y recurrir a los medios para lograrlo.

2.11. El hombre otoñal: redefinición de prioridades

Sin que sea el caso de muchos hogares, el estereotipo del rol del hombre en nuestra sociedad sigue siendo el de proveedor. El apoyo económico a la familia, es decir, el trabajo, es su misión principal. Al menos en la primera etapa de su vida lo acompañaban la juventud y la salud. Pero ¿qué ocurre cuando se acumulan los años y se ve obligado a bajar el ritmo de sus labores? Normalmente es entonces cuando redescubre que tiene una familia y enfrenta lo que esto supone.

Muchas veces, después de años de ausencia por motivos laborales, en los que se ha escondido detrás de los típicos clichés que ni él mismo se cree ("Lo hago por ustedes") se encuentra en casa con unos verdaderos extraños, que han crecido, madurado, logrado y fracasado en su vida; ellos denotan los rasgos de la ausencia del padre y hoy lo miran de soslayo con cierto reproche. A ese hombre le duele en el alma darse cuenta de que, después de años de tener vidas paralelas, apenas los conoce y lo único que los une es el apellido, y tal vez alguna tarjeta de crédito adicional vinculada.

Rocamora describe esta etapa del varón de la siguiente manera:

> La insatisfacción define con precisión esta época del varón. El trabajo donde había puesto todas sus ilusiones se derrumba y con éste su propia existencia y estabilidad familiar. En caso de haber conseguido éxito profesional, es el síndrome del triunfador que a pesar de los logros se siente vacío y lo carcome la duda porque no sabe si tomó el camino correcto.

Muchos ejemplos, vivencias y anécdotas de esta crisis fueron publicados en mi libro anterior. Una muy reveladora que recuerdo es la de un reconocido empresario de la Ciudad de México que, al terminar una de las presentaciones, se acercó con el director del programa y le dijo: "Soy un empresario exitoso, tengo familia y amigos, soy reconocido en la comunidad empresarial y presido varios consejos de asociaciones civiles. Te puedo decir que en la vida he conquistado todo; todo menos a mi mujer. ¿Qué me recomiendan hacer?". Como este caso, he escuchado varios de empresarios que, volcados en su afán empresarial, han descuidado hasta tal punto a su familia, que les cuesta mucho trabajo reconectar con ellos. He recibido muchas confidencias de este tipo y admito que cada que ocurre me conmuevo al escucharlas, pues he notado que estas confesiones —de anhelo de una relación familiar sólida— normalmente vienen acompañadas de una mezcla genuina de desesperación, frustración y nostalgia.

Es arriesgado aconsejar en temas tan delicados, pero las circunstancias, por alguna razón, me han puesto ahí. Casi siempre mis respuestas al escuchar estos cuestionamientos van en el sentido de agradecer la confianza de compartir estos temas conmigo, y la aclaración de que mi respuesta es sólo un punto de vista personal.

Recuerdo una opinión que le di a una persona que me compartió una experiencia similar de vida: "Como amigo te diría que no sé qué tan lejano estés de tu esposa, ni qué tan recuperable sea tu relación, pero te digo con convicción que, si dedicas todo tu segundo tiempo a reconquistar a tu mujer y lo logras, me parece que no habrás perdido el tiempo".

2.12. La mujer otoñal, redefinición de sí misma

¿Es esta crisis tan relevante en las mujeres como en los hombres? Es una pregunta válida y que, además, he recibido con frecuencia en mis charlas y entrevistas. Como me ocurrió al escribir el libro anterior, en que abordo la crisis desde una óptica totalmente vivencial, aún admito la dificultad que me representa interpretar esta crisis en un entorno femenino, ya que, al tratarse de una crisis interna, me declaro incapaz de conocer la intimidad de la mujer con la misma nitidez que conozco la crisis que enfrenta el hombre. Por ello, estas páginas van precedidas de múltiples consultas y conversaciones con las mujeres más cercanas que tengo en la vida, como mi mujer, mis hermanas y mi madre. Mis otras fuentes de información al respecto han sido la lectura de destacados autores y largas conversaciones con distintas psicólogas y psiquiatras con quienes he discutido el tema a profundidad.

Uno de los autores que más parece entender esta situación en la mujer es el psicólogo Alejandro Rocamora, quien, en su libro *Crecer en la crisis*, nos dice que:

[...] es evidente que el sentimiento más frecuente en esta etapa de la vida de la mujer al llegar a esta crisis es que enfrenta una sensación de pérdida de belleza, de juventud y de maternidad, así como la sensación de un deterioro sin retorno. Incluso se puede producir un desfase profesional, si por motivo de la crianza de los hijos se ha abandonado durante años la actividad laboral [...] Se encuentran en la difícil encrucijada de reiniciar nuevamente una profesión, pero sin la actualización precisa. En ocasiones, esta decisión es aplazada, pues su tarea de *maternaje* se prolonga con los nietos.

[...] Los hijos han crecido y ya no la necesitan; ha cumplido como madre, pero está vacía, aburrida sin alicientes para vivir, a la mitad de su vida debe replantearse toda su existencia: ¿qué hacer? ¿A qué dedicar su tiempo? Es como una segunda adolescencia en que debe redescubrirse. Ahora en el otoño de su existencia, el centro de sus aspiraciones debe ser ella misma. [...] No les importa jugar un papel pasivo en la familia siempre que se les reconozca su valía y sus méritos. Dan, pero requieren que otros reconozcan su ofrenda. Sin esto, se sienten frustradas y hastiadas con la vida. [...] Esto se complica más en las mujeres trabajadoras. Ahí su angustia es doble: insatisfacción por no haber cumplido expectativas familiares y cansancio por su actividad profesional. En cualquier caso, se siente atrapada por la incomprensión en el hogar y el trabajo.

En lo personal, estoy convencido de que las mujeres tienen de forma natural muchas más herramientas que el hombre para abordar esta crisis de manera eficiente. Su facilidad para mostrarse vulnerables, su conversación abierta y sincera con las amigas, su apertura para pedir ayuda cuando lo necesitan y su predisposición a entregarse sin reservas a las personas que aman son ingredientes de los que normalmente carecemos los hombres al enfrentar esta crisis y que son fundamentales para su adecuada gestión.

En las conferencias que imparto con este tema utilizo el siguiente cuadro, un recurso útil para entender las diferencias de percepción de esta crisis entre el hombre y la mujer.

DISTINTAS REACCIONES ANTE LA CRISIS	
HOMBRE	**MUJER**
Ve la crisis como amenaza. Se "desarma" el rompecabezas de su vida.	Ve la crisis como oportunidad para rearmar su propio rompecabezas.
Miedo de salir de su zona de confort y perder poder.	Aprende cosas nuevas y se abre a nuevas posibilidades.
Reafirma roles. Hace más de lo mismo, pero mejor.	Mayor flexibilidad y resiliencia.
Tiende a querer resolver la crisis sin ayuda.	Abierta a admitir y compartir crisis. Sabe pedir ayuda.
Miedo a mostrarse vulnerable, guarda para sí sus problemas.	Dispuesta a mostrarse vulnerable.
Necesita recibir amor y comprensión (aunque no lo reconozca).	Se refugia en dar amor a los suyos.

Este cuadro muestra con claridad cómo cada uno tiene percepciones, retos e incentivos distintos ante esta crisis. Esta diferencia es importantísima y hay que tenerla en cuenta para entender cómo se siente nuestro cónyuge ante esta situación.

2.13. EL ASPECTO ESPIRITUAL

En su gran libro *La mitad de la vida como tarea espiritual*, Anselm Grün nos dice que esta crisis es crucial en la vida del ser humano. Él define esta crisis como "el paso de la autoafirmación confiando únicamente en las propias fuerzas, a la madurez espiritual que se caracteriza por el abandono y la confianza en la fuerza de Dios". Refiere que es una situación límite de nuestra existencia y que esta crisis es el modelo de toda crisis existencial, que implica un cambio profundo, que incluso se compara con una muerte y renacimiento; Grün no es el único con esa opinión. Nietzsche, en *Así habló Zaratustra*, dice algo parecido: "Debes consumirte en tus propias llamas; ¡¿Cómo pretendes renovarte sin haber sido antes ceniza?!".

Grün abunda: "La mitad de la vida es un trance tremebundo e impreparado. Es una lucha con nuestras fuerzas internas que están presentes y de las que no nos habíamos percatado de su existencia. Esto les pasa a todas las personas, aunque no lo sepan".

Para darnos una idea de que el concepto de esta crisis está muy lejos de ser nuevo, ya en el siglo xiv hay constancia de los escritos de Johannes Tauler, sacerdote católico, dominico y teólogo, en los cuales nos dice que "desde el plano psicológico, la mitad de la vida pide una madurez que conduce a la salud mental, y desde el plano religioso pide una purificación y una profundización que conduce a un nuevo estadio espiritual".

Tauler va más allá y dice que "esta crisis es obra de Dios, ya que Dios mismo conduce a la crisis y Él se propone algo con esto, porque quiere conducir al hombre a la verdad, y al fondo de su alma" y usa la imagen de Dios que desordena la casa del hombre para forzarlo a encontrar la dracma perdida, que según comenta, se encuentra en el fondo del alma.

Por eso nos dice que, en esta crisis, es necesario dar el paso a dejarse llevar por Dios en lugar de atacarla con las propias fuerzas, ya que, si lo hace, llegará infinitamente más lejos que confiando sólo en sí mismo. "Sin embargo, frecuentemente, el hombre reacciona mal ante la crisis a la que Dios le ha llevado y son pocos los que de verdad dejan a Dios actuar en ellos."

Tauler nos dice que hay tres formas (erróneas) de reaccionar ante este tipo de crisis existenciales. Todas privilegiando lo externo y evitando la interiorización:

La primera: la huida, y esto lo puede hacer negándose a dirigir su mirada al interior de sí mismo, y situar la inquietud y desasosiego fuera y en los demás, pero no en su corazón donde debería hacerlo; la segunda, aferrarse a lo externo abocándose a las actividades exteriores cada vez más intensas; y la tercera, que es buscar afanosamente nuevas formas de vida que desde el exterior le aporten la cuota de plenitud que busca.

Llama la atención la similitud de estas tres reacciones a lo que comentaba anteriormente en el caso de las tres "efes" o reacciones instintivas de miedo animal: *flight, freeze or fight* (la huida, la parálisis o la violencia).

Claramente este comparativo nos indica que estas reacciones provienen de su instinto y que, para gestionar adecuadamente esta crisis, se requiere recurrir a las herramientas que pasan por la inteligencia, la voluntad y la espiritualidad, que nos permitan abordarla desde las tres dimensiones de la persona: mente, cuerpo y espíritu.

Las posturas de autores que conocen a fondo este tipo de crisis me han cautivado, porque son pocos quienes realmente comprenden la profundidad de la dimensión y la función positiva de una crisis existencial de esta naturaleza.

He visto que, aunque no lo reconozcan, la mayoría de quienes transitan por esta etapa, se sienten inseguros y reaccionan a su manera, la cual no siempre es la mejor. No comprenden la necesidad de esta crisis para acomodarse en el otoño de la vida, para reorientarse hacia su proyecto de vida (la mayoría todavía no ha hecho el suyo) y acomodar lo que hemos desacomodado en el primer tiempo de la vida, cuando nos encontramos volcados en el hacer y en el tener.

Por eso resulta tan valioso el postulado que nos presenta Tauler, que consiste en comprender el carácter escalonado de la vida. Las crisis son un escalón doloroso que muchos evaden. "La actividad incontenible típica de muchos hombres y mujeres de esa edad, es una huida inconsciente ante la crisis interior".

En palabras de Françoise Millet-Bartoli, "una crisis bien manejada, nos permite pasar de la resignación al optimismo; de la desesperanza a la serenidad, y hacer un maridaje con los sueños antiguos y nuevos, entendiendo que el ideal es la realidad presente".

La crisis de la mitad de la vida es también una de nivel 10: una crisis existencial que todos atravesamos, aunque no nos demos cuenta. Bien gestionada, genera crecimiento exponencial; mal gestionada, desolación y pérdida de rumbo.

2.14. EL AUTOCONOCIMIENTO EN LAS CRISIS

Las crisis nos colocan ante la exigencia de conocernos a nosotros mismos. De verdad, sin máscaras, sin actitudes ni posturas falsas, sin maquillaje. Nos exigen reconocernos como realmente somos.

El conocimiento de nosotros mismos no es una tarea nueva ni mucho menos fácil. El referente más antiguo en que puedo pensar de la importancia de esta tarea viene del aforismo griego "Conócete a ti mismo" que estaba inscrito en el templo de Apolo en Delfos y que se atribuye a varios sabios antiguos, aunque es probable que su autor fuera el mismo Sócrates.

Ésta, pues, en mi opinión, es la gran tarea de toda crisis existencial: conocernos a nosotros mismos.

Esto, lamentablemente, no siempre es fácil. Es evidente que inmersos en nuestros afectos, seguridades y autoestima, el ejercicio del autoconocimiento nos resulte particularmente desagradable.

Anselm Grün nos dice que en la crisis de la mitad de la vida es "Dios mismo quien toma la iniciativa y lleva al hombre al conocimiento de sí mismo". Tauler apoya esta teoría y nos dice que el Espíritu Santo ayuda a descubrir lo que hay en el hombre de falsedades: "Debido a este paso del Espíritu, se da en el hombre una gran conmoción. Tan pronto como un hombre toca su fondo, vive terribles sorpresas".

¿Será por eso por lo que nos cuesta tanto trabajo interiorizar? ¿Será que intuimos que, al entrar a las cámaras ocultas de nuestro corazón, nos enfrentaremos con los aspectos de nuestra personalidad que nos hemos empeñado en esconder? Pero esconder... ¿hasta de nosotros mismos? ¿Será que no queremos reconocer nuestros defectos dominantes y enfrentar los dragones que los alimentan?

No me atrevo a especular respecto a las razones por las que evitamos a toda costa entrar al fondo de nuestro corazón para mirar de frente a la persona en que nos hemos convertido. Cada uno tendremos nuestras propias razones. ¿Tú conoces las tuyas?

Estoy convencido de que las crisis existenciales son momentos de definición. Por eso es necesario reconocernos como realmente somos: frágiles, débiles, orgullosos y muchas veces mezquinos, y al mismo tiempo sublimes, nobles, magnánimos, únicos e irrepetibles, hechos a imagen y semejanza de Dios. ¡Vaya paradoja que es el hombre!

Después de leer a estos autores para tratar de interpretar y entender las muchas conversaciones que respecto a estos temas he tenido con tantas personas, me quedo con el concepto de que la interiorización y el conocimiento personal pueden por sí mismos detonar una crisis existencial que plante a la persona ante su dura realidad. Una realidad que ha escondido hasta de sí misma y que ha aprendido a ignorar como forma de vida. Lo interesante de este tipo de crisis es que su detonante no necesariamente requiere de un evento traumático exterior como la mayoría de las crisis, sino de un descubrimiento personal, que puede resultar incluso más aterrador.

2.15. LA CRISIS DE LA MITAD DE LA VIDA EN LA FAMILIA

En la familia, con las crisis de los padres, se presentan situaciones determinantes que la llevan a la salud o a la enfermedad emocional. Entre las posibles falsas salidas del momento crítico, las más frecuentes incluyen buscar nuevas opciones laborales. Esto puede ser una trampa para ella y un nuevo motivo de desilusión. Ya que frecuentemente tampoco la mujer encuentra en esas opciones la cuota de propósito y reconocimiento que siente haber perdido en casa.

En el hombre, por su parte, no es extraño que llegue a plantearse un cambio de trabajo que le suponga estar más ocupado y fuera de casa, con lo que se multiplican los problemas familiares. El problema de fondo en ambos casos es que se busca la solución en lo externo y no dentro de los propios protagonistas de sus crisis personales.

Otra opción que se presenta en esta etapa es la disyuntiva de seguir omnipresente en las vidas de los hijos ahora a través de los nietos. "Nos necesitan", dicen los abuelos sin tener plena consciencia de quién necesita más a quién.

Una opción más, lamentablemente popular, aunque gravemente nociva, es la separación o divorcio. Aunque ésta es una tentación frecuente en esta etapa de la vida familiar, esta puerta sigue siendo un error en sí mismo porque en lugar de reconocer que quien en realidad debe de afrontar y resolver problemas internos es uno mismo, se sigue pensando que el origen de sus males es su cónyuge.

He visto a muchas personas que ante esta crisis optan por buscar una aventura, "con una mujer u hombre 'de un modelo más reciente'", me comentan entre risas con un cierto tinte de orgullo de conquistadores. Lo que he visto, en la mayoría de los casos de quienes han apostado por esta alternativa, es que con esas aventuras ocurre como con los viajes al extranjero: al principio cautivan, pero luego aburren. Y muchas veces, cuando estas relaciones se hacen permanentes, es cuestión de tiempo para que descubran los defectos que ese "modelo más reciente" trae consigo y que internamente los aventureros empiecen a darse cuenta de que muchos de los defectos y dificultades que enfrentaban en su matrimonio los acompañan ahora en su nueva relación; y, sobre todo, que pudieron haber rescatado su matrimonio porque esas dificultades ¡eran superables!

Cuando me presumen orgullosos las fotos de sus viernes y sábados por la noche con sus "modelos más recientes", yo les digo: "Se ve que la pasaste muy bien, ahora muéstrame las fotos de tus domingos en la tarde. Cuéntame qué opinan tus hijos de esa relación y cómo te ves en tu vejez. Este modelo reciente, ¿te va a cuidar cuando se te acabe la energía que te queda o el saldo para seguir viajando?". Me miran entonces sorprendidos y con ojos de plato cuando les digo: "Obviamente tú puedes hacer lo que quieras con tu vida; sólo te digo una cosa más: si al llegar el final de tu vida, y en tu lecho de muerte, no se acercan contigo tu esposa(o) y tus hijos y te dicen: 'Mi amor, papá o mamá estoy orgulloso de haberte tenido como esposo(a), padre o madre"; si en lugar de eso ves en sus miradas reproche y distancia... algo hiciste mal". Después de este tipo de conversaciones algunas amistades se han distanciado, pero confío en que regresen al darse cuenta de que se los digo por cariño, impulsado por un genuino interés por su bienestar personal y familiar.

Obviamente hay situaciones y relaciones que son insalvables por distintas razones: la patología incurable de alguno de los cónyuges, su incapacidad para asumir un compromiso de vida, alguna enfermedad de la voluntad que imposibilite una convivencia sana, la aparición de "otra familia" que el cónyuge se niegue a dejar, la incapacidad de alguno de los dos de cumplir con las obligaciones propias de un matrimonio, etcétera. Cada caso y circunstancia es diferente, y lo recomendable es acudir a expertos con quienes se comparta la misma visión de matrimonio y familia, para identificar en cada caso la postura y la reacción adecuadas.

Recientemente, he vivido de cerca el caso de un amigo de 54 años que vive en Monterrey, quien después de 20 años de casado afirma: "nuestro matrimonio se cansó y mi esposa ya no me da cariño, ni le interesan mis planes, se quiere quedar encerrada en la casa, mientras que, a mi nueva novia de 30, con quien vengo saliendo desde hace tiempo, todo le parece bien, todo quiere hacer y a todos los planes que le propongo, me acompaña".

Después de tener el privilegio de que me abriera su intimidad, le digo que no hay que confundir ni comparar roles, porque debe ser mucho más fácil ser amante que esposa. Mantener la emoción de la relación al verse cada 15 días en una playa o un destino atractivo, con la sensación de estar en una aventura, debe generar mucha más adrenalina que una relación permanente de convivencia diaria desde hace más de 20 años.

La recomendación que hacen los terapeutas expertos para los matrimonios tras más de dos décadas juntos es hacer un alto en el camino y reformular los objetivos y proyectos con los que soñaban de jóvenes. No es momento de reproches, sino de rediseñar y concretar las metas conseguidas y las que faltan. Cuando se abre esa comunicación honesta y sincera en la pareja, con frecuencia surgen nuevos motivos para seguir juntos.

Recomiendan que la mujer redefina su vida poniendo énfasis en ella y en entender que su proyecto existencial debe girar en torno a sí misma, es decir, no debe quedarse anclada en lo que ha perdido, atributos como la belleza y la juventud, o su rol materno, sino en lo que gana: tiempo libre y posibilidad de dedicarse a ella y a compartir muchas más vivencias con su pareja.

Los terapeutas también sugieren que el hombre reajuste su rompecabezas familiar y social en el lugar adecuado: la esposa, los hijos, los hermanos, el trabajo y los amigos son piezas que necesitan una reubicación acorde a su etapa de vida.

Ambos deben seguir un proceso de búsqueda de sí mismos y de la propia familia, revivir su capacidad de sorpresa y sorprender al otro para que la llama de la convivencia siga viva; renovar las viejas ilusiones y proyectos y reinventarse como si de una segunda adolescencia se tratara.

2.16. LAS SALIDAS DE LAS CRISIS

Las crisis se originan a partir de un hecho objetivo que aparentemente es igual para todos los que lo sufren. La pérdida de un empleo, la muerte de un ser querido, la traición de un amigo, etcétera, son objetivamente el mismo hecho exterior para todas las personas que viven estas situaciones. Sin embargo, la interpretación, la gestión y la capacidad de ajustarse y cambiar ante la nueva realidad es tan diferente en cada persona que me atrevería a decir que las crisis son tan únicas como la persona que las enfrenta.

En el impacto y percepción interior de un hecho exterior objetivo se dan tantos matices, tantas variables y tantos enfoques, que me parece que no existen recetas generales respecto a la forma de salir airosos de las crisis. Cada uno de nosotros debe tejer la salida que se ajuste a su situación particular, sus circunstancias, su personalidad y escala de valores. Pero siempre ayuda tener referentes o guías que nos puedan indicar la salida.

Esta conjetura surge de haber leído a muchos autores expertos en estos temas, de haber conversado a fondo con distintos consultores que manejan el aspecto psicológico y emocional de las personas, con distintos psiquiatras que han tratado cientos de patologías y adicciones con muy diversos pacientes, con sacerdotes que acompañan a las personas en su vida interior, pero, sobre todo, lo más importante por mucho, son la cantidad de conversaciones que he tenido con personas que me han entregado su confianza y me han abierto la puerta de su corazón para entablar un diálogo profundo sobre los efectos que en su persona, entorno, familia y empresa han tenido las crisis existenciales con las que la vida los ha retado.

De estas lecturas y largas conversaciones se ha formado en mi mente una conclusión tremendamente práctica. Esta conclusión es tan obvia, que no se necesita ninguna ciencia para llegar a ella. Pero, tal vez por evidente, la pasamos por alto.

La conclusión es que la actitud de las personas al enfrentar las crisis juega un papel determinante en la forma cómo las gestionan y las huellas que éstas dejan en sus vidas. Esa actitud se alimenta de la filosofía de vida que cada uno haya construido a lo largo de su historia personal.

Pienso en la actitud de quien viaja y se ha propuesto a toda costa disfrutar la travesía, independientemente del clima, los contratiempos, la compañía, la calidad de la comida, etcétera. Hay personas que van por la vida gestionando las crisis con una actitud envidiable, en la que pareciera que tienen claro que la felicidad y el éxito no consisten en lograr lo que soñaban (en este caso, el viaje perfecto), sino en disfrutar lo que tenían (en este caso, el viaje que están viviendo). Podría parecer un cliché, pero José María Napoleón nos lo dice cuando canta: "Trata de ser feliz con lo que tienes...".

Si extrapolamos este ejemplo al viaje de la vida, me atrevería a decir que, a pesar de las crisis, lo que marca el disfrute y la felicidad del viajero es su propia actitud ante el viaje. Sobre todo, cuando el viajero entiende que disfrutar lo que se tiene incluye precisamente las crisis con que la vida nos prueba, porque éstas son parte de la normalidad.

La actitud apropiada es una herramienta que es necesario desarrollar. Incluso cuando la persona no cuenta con las herramientas para recuperarse del golpe que toda crisis implica, y en los casos en que esa insuficiencia venga de una infancia complicada, he visto muchos casos en los que, con un adecuado seguimiento psicoterapéutico, se puede recorrer la vida del sujeto, abordar la problemática de su entorno en su niñez y sanar a la persona para dotarla de las herramientas para enfrentar las crisis futuras adecuadamente.

Por eso comento que, ante cada crisis, cada persona debe encontrar su propia salida. Las experiencias de otros ante las mismas crisis nos pueden servir como guía, como parámetro para tratar de encontrar nuestras propias soluciones y respuestas.

Lo que hagan los demás es respetable y sirve de parámetro, pero no siempre puede replicarse en uno mismo. Cada persona debe aprender a gestionar la encrucijada de emociones que las crisis le plantean a nivel personal.

2.17. DE LA CRISIS AL SENTIDO

En muchas de las conversaciones que he tenido con amigos, conocidos, lectores y asistentes a mis conferencias hay un tema recurrente que es más común de lo que pudiera pensarse. Son conversaciones en las que tengo el privilegio de que las personas me permitan asomarme un poco a su corazón. Ahí dentro se percibe frustración, incomprensión y hastío por la vida. Su interioridad grita que están *llenos de vacío*, que a su vida le falta sentido y que a pesar de que puedan haber logrado aparente éxito en lo material, empresarial y social, se perciben como personas sin ilusión. Su vida transcurre sin pasión y, peor aún, carente de sentido.

Al terminar una videoconferencia organizada por el IPADE con el título "2020: ¿Año perdido o relanzamiento de tu proyecto de vida?" (disponible en YouTube), y ya en mi cama casi a la una de la mañana, recibí un mensaje de voz por WhatsApp de una persona que había conocido en algunos de los viajes a Washington durante las negociaciones del T-MEC. Era también miembro del equipo negociador mexicano en el Cuarto de Junto. Me llamó la atención la hora de su comunicación, y pensé que era urgente, por lo que decidí escucharlo en ese momento. Lo que recuerdo del mensaje fue escuchar su voz entrecortada. Obviamente tenía dificultades para respirar:

Estoy en el hospital —empezaba su mensaje—. Tengo covid, acabo de escuchar tu conferencia y estoy conmovido. No estoy grave, tengo tres días internado y de hecho creo que mañana

96

me darán de alta. Leí tu libro *La crisis de la mitad de la vida* y el escuchar hoy tu conferencia respecto a la importancia de tener una misión y un proyecto de vida me pegó muy fuerte. Como sabes, soy empresario exitoso y presido la cámara de mi industria. En los viajes en que hemos coincidido no he encontrado el momento de preguntarte una cosa, una duda que traigo arrastrando desde hace años y que hizo crisis ahora que estoy en el hospital, y no me deja dormir. Hugo, no tengo claro para qué nací. No sé para qué estoy aquí. Ahora que estoy en el hospital, me doy cuenta de que es una respuesta que tengo que encontrar cuanto antes. Humanamente lo tengo todo, empresa, familia, matrimonio, amigos, viajes, pero tengo una sensación de vacío a pesar de tener todo con lo que soñaba. Pareciera que lo que he logrado ha perdido importancia. Sí, es cierto que he estado alejado de Dios, pero soy buen amigo, buen esposo y me porto más o menos bien. Trato bien a mis empleados y no tengo otras familias. Tengo muy claro que me falta algo, pero no tengo idea de qué es. Algunos amigos están igual y nos gustaría que nos dieras una plática. Necesito hablar contigo o con quien me recomiendes. Es urgente.

"Es urgente", terminaba el mensaje. Le di un par de vueltas al tema y pensé que una vez que se recuperara sería una buena idea ir a tomar un café y platicar con él. Tengo la costumbre de dedicar los primeros 45 minutos del día a leer, pensar, rezar y planear la jornada para asegurarme de completar las tareas importantes sin que me acosen las urgencias. En ese paréntesis de tranquilidad matutina pensé en el mensaje de la noche anterior y decidí volver a escucharlo. Al querer hacerlo me di cuenta de que ya había sido eliminado por quien lo había enviado.

¿Por qué lo habrá borrado? Pensé que podía haber muchas razones. ¿Se avergonzó de mostrarse vulnerable? ¿Le pasó la urgencia cuando se recuperó? ¿Resolvió sus dudas con ayuda externa? Pero decidí no especular y mandarle un mensaje al día siguiente para proponerle tomarnos un café.

Casi al terminar de enviarlo, me aparecieron en el mensaje las dos "palomitas azules" que confirmaban que lo había visto, pero pasaron tres días sin que yo recibiera respuesta. Lo volví a intentar y le mandé otro mensaje. Tampoco contestó.

"Es urgente", decía el mensaje que luego desapareció. Pensé lo peor, pero al preguntar por él me dijeron que ya estaba recuperándose y que estaba descansando en su casa de Valle de Bravo. "Ya me contestará más tarde", fue lo que pensé.

Nunca volví a escuchar de él. Supe que dejó la presidencia de la cámara de su industria, por lo que ya no participaba en las reuniones del Cuarto de Junto. Me consumía la duda de qué había pasado con él. Pero al mismo tiempo debía respetar su intimidad y si él no me buscaba, sus razones tendría para no hacerlo. Mi último intento por contactarlo fue enviarle un mensaje diciendo que tenía dos amigos que lo querían conocer; y además le mandé los contactos de un psicólogo de Family Consultoría, experto en manejo de crisis. No he vuelto a saber de él. Al final, cada quien es dueño de su viaje y de las decisiones ante sus propias crisis.

La realidad es que no es la única experiencia que me han compartido respecto al vacío existencial y la falta de sentido de vida de algunas personas con quienes he tenido el privilegio de llegar a la conversación profunda. Me llama la atención que son personas de todas las edades y condiciones, pero que comparten la sensación de sentirse atrapados, frustrados e insatisfechos; incluso inútiles.

¿A qué se puede deber esa sensación de vacío? Le he dado muchas vueltas al tema, lo he consultado con distintos psicólogos, psiquiatras, sacerdotes, consultores, asesores, profesionistas, filósofos y madres de familia. Obviamente, cada quien aborda el tema desde la óptica de su especialidad; desde su propia perspectiva y su encuadre particular. En mi caso, como las experiencias que comparto son totalmente vivenciales y recogen las conversaciones con muchas personas, lo que puedo hacer es una compilación de opiniones de expertos, y aunque estoy lejos de llegar a conclusiones definitivas, me inclino a pensar que esta sensación de vaciedad y falta de sentido tiene que ver con varios aspectos de la posmodernidad en la que vivimos. Entre ellos, me parece que destacan los siguientes:

1. *Hoy la modernidad nos impulsa a vivir volcados hacia el exterior*; en la hiperactividad, entregados hacia el hacer y el tener, atendiendo indiscriminadamente las convocatorias urgentes que recibimos por todos los frentes: llamados que parecen imprescindibles. Ya sea en lo profesional, social, familiar, deportivo, etcétera. toda actividad es exterior y hay muy poco espacio para la interiorización, el silencio y la reflexión. Esto nos impide conocernos como realmente somos.

2. *Estamos atrapados en una necesidad de inmediatez vertiginosa de respuestas, de satisfactores, de placer.* Los *likes* se obtienen con un clic y la comida se ordena tocando una pantalla. Por lo que todo lo que implique esperar, madurar, ponderar es poco popular y se evade de manera casi inconsciente. Hemos optado por la ley del menor esfuerzo, y la impaciencia entre el deseo y el satisfactor nos impide valorar lo que tenemos.

3. *Vivimos persiguiendo modelos de vida inalcanzables y vacíos, que son una trampa.* Según las redes sociales, la felicidad se esconde tras la juventud, un cuerpo atractivo, un auto deportivo, un viaje exótico, un platillo suculento, un vino de vieja añada, o una fiesta de antología. Pareciera que allá afuera todos son felices y sus vidas son perfectas. Sin embargo, he visto de primera mano que los primeros en aceptar su vacuidad son aquéllos cuyas cuentas de Facebook e Instagram rebosan de seguidores y *likes*. Admiten ser rehenes de lo que se piense de ellos en las redes y alimentan su cuota afectiva de seguidores distantes y anónimos. Esto ha sustituido

de manera importante la interacción cercana y cálida con "los nuestros" en que se basa la estabilidad emocional que necesitamos.

4. *Hemos caído en un egoísmo generalizado,* en el que lo único que importa "es lo que ocurre dentro de mi metro cuadrado". Por lo tanto, muchísimas personas se sienten solas porque cada uno atiende solamente lo propio. Vivimos una falta absoluta de solidaridad y preocupación por los demás, a quienes utilizamos como herramientas para nuestro propio éxito y bienestar.

5. *Volcados en la hiperactividad y lo externo, le damos poca o nula importancia a la vida interior,* a una visión trascendente de la vida que nos recuerde que estamos aquí de paso y que lo verdaderamente importante es ganar la vida eterna. Hemos sacado a Dios y el concepto de eternidad de nuestras vidas y vivimos conjugando la existencia con una filosofía de inmediatez cortoplacista que nos impide levantar la mirada hacia la plenitud y trascendencia.

6. Finalmente, y tal vez lo más importante, es que *pareciera que vivimos a la deriva sin referentes claros.* Que no hemos sido capaces de plantearnos con la seriedad necesaria la búsqueda de nuestra misión de vida, y carecemos de un proyecto para descubrirla y vivirla.

En resumen: no tenemos claro el sentido de nuestra vida. No hemos dado respuesta a los cuestionamientos que genera toda crisis existencial.

¿Qué son las crisis, pues, sino un megáfono? ¿Qué, sino un llamado a hacer una pausa para replantearnos el sentido y el propósito de nuestra existencia? Las crisis nos revelan lo que somos y nos impulsan a buscar lo que podemos llegar a ser.

La pregunta sigue en el aire y punza el alma: ¿Para qué estoy aquí? ¿Cuál es el sentido de todo esto: dolor, placer, trabajo, descanso, dudas, certezas y tribulaciones? ¿Cuál es mi propósito en la vida y cuál es mi misión particular? Y, sobre todo, ¿cómo puedo encontrarla?

3. La búsqueda de tu misión

Hay dos días verdaderamente importantes en la vida del hombre.
El día en que nace... y el día en que descubre para qué.

MARK TWAIN

3.1. UNA PREGUNTA INCÓMODA

"¿Para qué estás aquí?"

¡Vaya pregunta! Una para la que existen millones de respuestas. Tantas como habitantes en el mundo.

Cuando alguien nos encuentra en algún lugar inusual y nos pregunta: "¿Qué haces aquí?", casi siempre tenemos una respuesta lógica que justifica nuestra presencia en ese lugar y momento. "Me invitó fulano", decimos. "Busco a tal o cual persona." "Vine a recoger un documento."

Lamentablemente no ocurre lo mismo cuando escuchamos este cuestionamiento respecto a nuestra vida. "¿Qué haces aquí? ¿Para qué naciste? ¿Cuál es el sentido de tu vida?" Enfrentar esta pregunta provoca que el piso se hunda bajo nuestros pies. Nos quedamos paralizados: no tenemos una respuesta clara, concreta y pensada.

No es una pregunta menor ni, mucho menos, nueva. Es, de hecho, la *gran* pregunta: una que filósofos, pensadores, líderes y gente ordinaria se han hecho desde hace siglos. En términos filosóficos esta pregunta se podría formular así: ¿Cuál es el sentido de tu vida? ¿Cuál es tu misión? ¿Cuál tu razón de ser?

No pretendo darte aquí una respuesta. Yo ignoro cuál es tu misión. Sólo hay alguien que puede descubrirla y esa persona eres tú. A lo único que yo puedo aspirar (y aspiro) es a darte algunas pistas, algunas guías e ideas para que te atrevas a buscar tu propia misión, y encuentres razones para vivirla.

Y si de dar respuesta a esta demoledora pregunta se trata, una referencia obligada es Viktor Frankl, famosísimo psiquiatra vienés, fundador de la logoterapia y autor de obras fundamentales en relación con el propósito de la vida, entre las que destaca, precisamente, *El hombre en busca de sentido*. Ya desde su época, en 1955, Frankl advertía que el deseo de significado en la vida del hombre se ve frustrado a nivel mundial. "Cada vez hay más personas obsesionadas por un sentimiento de falta de sentido en sus vidas, que a menudo viene acompañado de una fuerte sensación de vacío."

Este fenómeno, al que Frankl llama "vacío existencial", está muy lejos de ser una enfermedad. En realidad, lo consideraba como un derecho del hombre, el privilegio de tener la capacidad de buscar el sentido de su vida, ya que "ningún otro animal es capaz de hacerse esa pregunta".

Para agravar su sentencia, nota Frankl que "nuestra sociedad no puede llegar a satisfacer todas sus necesidades humanas y no hace más que crear nuevas. Pero la necesidad más humana —la de encontrar y dar un sentido a nuestras vidas—, no halla sitio en nuestra sociedad". Como ejemplo, compartió con sus alumnos que de los últimos cuarenta pacientes que había visto esos días en el hospital psiquiátrico, más del treinta por ciento presentaban problemas graves que tenían que ver, precisamente, con la falta de significado en sus vidas.

Yo no podría comparar la sociedad en que vivió Frankl con la nuestra, pero lo que sí tengo claro es que el vacío existencial (aunque no se reconozca) es uno de los principales retos que enfrentamos en nuestro tiempo.

En una época marcada por la velocidad, la tecnología, la inmediatez, la superficialidad, y la confusión de conceptos, es cada vez más difícil reconocer la diferencia entre lo esencial y lo superficial, entre lo social y el valor de la intimidad de la persona en un mundo volcado al exterior. Un proceso de búsqueda de sentido de vida requiere de la persona la capacidad de reconocer lo esencial y la determinación de buscar respuestas en la intimidad de su corazón, a pesar de que los parámetros externos indiquen que "todo va bien".

Y todo iba bien para el actor de Hollywood Jim Caviezel, que en el año 2001 estaba en los cuernos de la luna tras protagonizar *La delgada línea roja*, de Terrence Malick, película que recibió distintas nominaciones, entre ellas, la de mejor película. Los bonos de Caviezel subieron como la espuma y pronto comenzó a recibir invitaciones de los mejores directores y productores. Todo pintaba de maravilla.

Su siguiente gran proyecto fue *El conde de Montecristo*, en la que el joven actor representaría al protagonista, Edmond Dantès: una versión de época del gran clásico de Dumas, con un nuevo ensamble plagado de actores y actrices de primera línea. Su carrera iba en claro ascenso y, a sus 33 años, podía considerarse exitoso, y su vida envidiable. Ya antes había "visto" el llamado de su misión a los 19 años cuando sintió en su corazón que debía ser actor. A pesar de no tener experiencia ni poder memorizar más que algunas pocas líneas, su convicción lo empujó a través de años de aprendizaje y fallidas audiciones.

Cuando recibió el llamado para *El conde de Montecristo*, no fue el reparto, ni el potencial de la película lo que atrajo su atención, sino el personaje: un hombre condenado injustamente que llega al extremo de querer quitarse la vida, hasta que encuentra a un sacerdote —también injustamente preso—, quien le da un nuevo propósito.

Jim enfrentó el reto de esta producción y la fama que la acompañaba. Y, sin embargo, como ha revelado en distintas entrevistas, se sentía incompleto. La trepidante ascensión de su carrera y sus intensas jornadas de trabajo no le permitían estar con su esposa, con quien estaba casado desde hacía cinco años. Pasaba siete días de la semana en Irlanda, Escocia, Inglaterra. Su vida eran aviones, yates, cenas, grandes cheques y millones de fanáticos, ¿qué más le podía faltar?

Y es que, como afirma Frankl, la necesidad más humana —el sentido— no se encuentra en las cosas que la sociedad actual nos presenta como ingredientes esenciales para conseguir el éxito y la felicidad. Si no, ¿cómo explicar que aun los que tienen "todo": trabajo, dinero, casas, viajes, fama, aviones y yates, enfrentan un vacío existencial? Jim Caviezel tuvo que viajar lejos y encontrarse de nuevo con una fe que mantenía dormida, igual que hiciera su personaje Edmund Dantès al manifestar su desesperación con el sacerdote que conoció en la prisión, a quien, lleno de ira, grita: "¡Pero si yo no creo en Dios!". A ello, el sacerdote responde: "Eso no importa. Él sí cree en ti".

Tal vez esa parte del guion en *El conde de Montecristo* despertó en él la disposición que necesitaba —según lo relata en una entrevista reciente— cuando de pronto, sin esperarlo, recibió una llamada del famoso director Mel Gibson —a quien no conocía— para proponerle el papel principal en la película de *La pasión de Cristo*: ni más de menos que del propio Jesús de Nazaret. En esa entrevista revela cómo representar ese papel fue una experiencia de vida que lo transformó por completo. Sólo Gibson sabe por qué llamó a Jim Caviezel, un actor que lleva las mismas iniciales que Jesucristo (J.C.) justo cuando tenía 33 años, que era la edad de Jesús al morir en la Cruz. ¿Coincidencia? Nunca lo sabremos. Tal vez lo llamaría *diosidencia*. El hecho es que hoy Jim reconoce ser un hombre distinto, con una perspectiva sobrenatural de la vida que nunca hubiera imaginado.

Todo empezó con un llamado que percibió a los 19 años para ser actor. Hoy reconoce públicamente que hacer esta película era parte de su misión.

Es una gran paradoja. ¿Cómo podemos sentirnos tan vacíos teniendo tanto? Las palabras de Frankl, sobreviviente de los campos de Auschwitz, escritas en 1955, siguen tan actuales como hoy. Digo actuales, porque estoy seguro de que, si tienes esta conversación con tus seres queridos o con aquéllos a quienes les tengas la confianza para entrar en un tema tan espinoso, te darás cuenta de que la gran mayoría de las personas con quienes tratamos no han dado respuesta a la dura pregunta ¿para qué estoy aquí?, y aún no tienen claro el sentido de su vida. De hecho, es muy probable que —aunque nos duela reconocerlo— nosotros mismos estemos en esa situación.

No sabemos la respuesta y a fuerza de ignorarla hemos aprendido a vivir con esa incertidumbre y a sacarle la vuelta a esa pregunta que nos acompaña desde nuestra llegada a este mundo, una que llevamos impresa en el corazón y que nos acompañará hasta nuestro último aliento.

3.2. EL *DESPUÉS* QUE NUNCA LLEGA

Las razones para no enfrentarnos al para qué estoy aquí son muchas y aparentemente muy válidas. Por distintas conversaciones al respecto con muchas personas en los últimos años, me parece que existen varias razones para rehuir a esta pregunta.

La primera es, sencillamente, el miedo. No el miedo a la pregunta, sino el miedo *a equivocarnos* en la respuesta y errar así en una cuestión fundamental de la vida. Aunque no todos lo llevan al plano consciente, la mayoría intuimos que, de errar en la búsqueda de nuestra misión, podríamos estar condenados a una vida mediocre, intrascendente y llena de frustraciones. Intuimos que podríamos desperdiciar la única oportunidad que tenemos al no encontrar un porqué para vivirla y fracasar en nuestro principal objetivo de existencia terrena.

Por otra parte, te digo con certeza: el no intentar encontrarle sentido a la vida por miedo al error, es precisamente la receta perfecta para una vida mediocre, intrascendente y llena de frustración, ya que eso es garantía de vivir una vida sin sentido. Por lo que evitar esa búsqueda por miedo es, en sí mismo, el mayor error.

Otra razón importante es la falta de conciencia de la relevancia que tiene resolver este cuestionamiento vital para aspirar a la felicidad que todos buscamos. Estoy convencido de que la felicidad es una consecuencia de la plenitud, y ésta, a su vez, de encontrar el sentido de nuestra vida y vivirlo. Sin embargo, el mundo actual se encarga no sólo de confundirnos con *fake news*, sino de seducirnos con *fake promises* que nos aseguran felicidad detrás de puertas como el placer, el dinero y la fama, puertas que al cruzarlas sólo entregan un destello de satisfacción que pronto se extingue para revelar su verdadera piel: la de la decepción.

Esta misma idea comparte la reconocida psiquiatra española Marian Rojas, autora de grandes libros como *Encuentra tu persona vitamina* y *Cómo hacer que te pasen cosas buenas*, y con quien tuve el gusto de compartir, con otros conferencistas, el programa de los festejos del 50° aniversario del IPADE. Durante su conferencia, sobre la felicidad, Marian hizo una afirmación contundente que resume mucho de lo que hemos escrito: "La felicidad de las personas depende fundamentalmente del sentido que den a su vida".

La tercera razón con la que más frecuentemente me he topado, es la confusión respecto a dónde y cómo buscar el sentido de nuestra vida y la cantidad de opciones aparentes que se nos presentan y entre las cuales tenemos que elegir las nuestras. Especialmente en un entorno que pareciera conspirar para no permitirnos encontrar nuestras propias respuestas en lo más profundo de nuestro ser. En un mundo posmoderno en que los poderosos han pretendido secuestrar la verdad y someterla a sus intereses e ideologías globalizantes, al punto de "crear" una "posverdad" que nos presentan como auténtica. Un mundo que somete la verdad y la belleza a la opinión de las mayorías y trata la búsqueda genuina de verdades absolutas como si fueran encuestas o concursos de popularidad.

A fuerza de evitar esta pregunta de fondo, eventualmente dejamos de buscarla y nos acostumbramos a ignorar las señales que nos da la vida, que son las pistas para descubrir quiénes somos y para qué estamos aquí. Al pasar por alto estas señales, con los años se va sintiendo con más claridad un hueco en el corazón que cada vez es más difícil de llenar. Lo vemos con frecuencia en personas que, sin estar plenamente conscientes del porqué, van por la vida entregadas al activismo, sin un minuto libre, siempre corriendo, escapando a la voz de su conciencia, creando más y más necesidades. Más trabajo, más tecnología, más redes sociales y más velocidad. Corren sin saber a dónde y escalan una montaña que no tiene cima. Autómatas, workahólicos, ávidos de adrenalina y endorfinas. Todo por evitar enfrentarse a sí mismos y a las grandes preguntas de la vida.

Es la vía de escape que han elegido muchos hombres y mujeres en el mundo. Lamentablemente, muchos que yo conozco y que tú también. Tal vez uno de ellos se pare frente a tu espejo todas las mañanas.

También conozco personas que tienen clara su misión y su propósito. No siempre se distinguen a primera vista, pero al observarlas con más detenimiento se percibe que caminan por un carril distinto a los autómatas. Viven con una clara intención y bajo los parámetros de su propio proyecto de vida. Viven sosegadamente y disfrutan lo que tienen y lo que hacen. Miden su riqueza con la mira en lo realmente importante y bajo parámetros distintos, incomprensibles para los que quieren llenar su vacío con cosas y adrenalina. Saben que no están en una carrera, sino en un camino en el que cada uno lleva su ritmo, su paso y su destino.

Ese "pequeño" detalle —tener clara su misión— hace toda la diferencia.

Quizá has escuchado la fábula del viajero que encontró a lo largo del camino a tres hombres que hacían el mismo trabajo: construir una pared con rocas. A los tres les preguntó: "¿Qué estás haciendo?".

El primero, enojado, respondió: "Construyo esta pared de porquería para que no me despidan".

El segundo, abnegado, respondió: "Construyo esta pared para alimentar a mis hijos".

El tercero, orgulloso, se puso de pie y dijo: "Estoy construyendo la mejor catedral de Europa".

En nuestro trabajo, como en casi todo lo que hacemos —afirma Simon Sinek, autor de *El juego infinito*— hay algo más importante que el "qué", e incluso que el "cómo". Lo que importa de fondo es el "para qué". El propósito lo cambia todo.

Es difícil pensar en personas exitosas y con propósito sin llegar a Paul David Hewson. Seguramente tú lo conoces simplemente como Bono, el líder del grupo musical irlandés U2, quien después de alcanzar el éxito y la fama internacional a sus veintitantos, y tras decidir abandonar por completo las drogas, se encontró en una situación similar a la de Jim Caviezel: se sentía vacío. La siguiente, terrible pregunta abordó su corazón "¿Esto es todo? ¿Hacia dónde voy ahora?". La inspiración le llegó, como muchas veces lo hace, en un lugar inesperado: un programa cómico de nombre "El baile de graduación de la policía" (*The Secret Policeman's Ball*), con Rowan Atkinson y John Cleese.

Algo hizo clic en su mente y esto le sirvió de inspiración para incluir un nuevo ingrediente en su vida. Desde entonces, además de componer, cantar y viajar en sus giras que abarrotan estadios en todo el mundo —lo cual claramente sigue siendo su pasión y su talento—, se convirtió en uno de los filántropos más dedicados del planeta; es el rostro e inspiración para muchos y ha liderado esfuerzos por atacar la pobreza y el azote del sida en África. En 2005 fue nombrado el hombre del año por la revista *Times* y en 2007, caballero de la Orden del Imperio Británico por la reina Isabel II.

Bono no se ha librado de las críticas. Siempre hay personas que tienen su opinión y que encuentran imperfecciones y fallas en todas las personas y en todas las grandes empresas. En efecto, Bono está lejos de ser perfecto. ¿Y quién lo es? La vida no se trata de ser perfectos, sino de encontrar nuestra misión y seguirla con valentía, aprendiendo en el camino, también, a construirnos a nosotros mismos.

Nunca dejó de cantar. Cantar es su talento, su pasión y su trabajo. Ése es el "qué". Pero el "para qué" es muy diferente hoy de lo que fue en sus inicios. Bono incorporó a su visión de vida un nuevo ingrediente: lo que Frankl llama la autotrascendencia. Ésa es la diferencia entre construir una pared por obligación y construirla con una misión. Y todos tenemos nuestra propia misión: única y específica. El camino a su descubrimiento es la aventura principal de nuestra existencia, pues de ella todo lo demás depende.

Tratar este tema con alguien es siempre una conversación delicada. Muchas personas se sienten agredidas o cuestionadas cuando les haces esa pregunta. La realidad es que casi siempre su incomodidad procede del reconocer que no se la han planteado seriamente; a pesar de que su conciencia les interpela a hallar respuesta antes de morir.

Es obvio que no se puede forzar a nadie para que se embarque en la búsqueda de respuestas en su intimidad. A final de cuentas ¡viva la libertad! Pero mentiría si no reconociera que ése es uno de los propósitos centrales de este libro: tocar algunas fibras en ti para que te atrevas a aventurarte en la búsqueda de tu misión y encuentres así el sentido de tu propia vida.

Reconozco que no es una tarea fácil y que, si no cuentas con una disposición interior —si no pones de tu parte—, nadie te puede forzar en esta búsqueda. Frankl nuevamente pone la muestra de esta postura, cuando con humildad personal y profesional reconoce que los psiquiatras no son nadie para decirle a un paciente que debe encontrar el sentido a su vida, pero "sí que podemos mostrarle que la vida no deja de ofrecernos un sentido, hasta el último momento, hasta el último aliento".

Sé que, con las primeras líneas de este capítulo, tal vez sólo esté abonando a tu angustia al darte cuenta de que, quizá tú tampoco tienes claro el sentido de tu vida; que no has descubierto tu misión.

Por lo tanto, más que seguir insistiendo sobre la importancia de descubrir tu misión, quisiera empezar a compartir algunas ideas que te puedan ayudar a resolver el gran acertijo de la vida. Pero ¿por dónde empezar?

3.3. Descubrir tu misión… ¿imposible?

Cuando abordo el tema de la importancia del descubrimiento del sentido de vida y de la misión personal, ya sea en pláticas informales con amigos, o después de alguna conferencia sobre el tema, las reacciones son más o menos las mismas; muchas de ellas se reflejan en el comentario de un reconocido banquero de 67 años que me abordó al terminar una conferencia: "Okey, de acuerdo, aunque siempre lo había intuido, ahora veo con más claridad la relevancia —y ahora urgencia— de descubrir mi misión… ¡Pero descubrirla suena a una misión imposible! ¿Eso cómo se hace?".

¡Vaya que coincido con esa reacción! Sabemos que cuando se nos presenta la encrucijada de tomar una decisión importante en la vida: ¿qué carrera estudiar?, ¿qué trabajo aceptar?, y, ni se diga, la más importante: ¿con quién me voy a casar?, sentimos escalofríos en la nuca y le damos mil vueltas al tema antes de tomar una decisión. Intuimos que la que tomemos tendrá importantes repercusiones en nuestra vida (buenas si acertamos y malas si erramos). Y entonces… nos pasmamos en una indecisión perpetua, y desarrollamos el hábito de evitar el tema y cada que merodea nuestra mente lo evadimos con mil excusas. Y como siempre, lo urgente le cierra el paso a lo importante.

¡Esto mismo pasa en la búsqueda de nuestra misión!, pues no queremos equivocarnos en ese descubrimiento que es, ni más ni menos, el que define gran parte de nuestra existencia. Intuimos la enorme relevancia de esta búsqueda y la trascendencia que tiene, por lo que es lógico que nos cause angustia, desasosiego y que nos quite el sueño. Esa duda y ese miedo son totalmente normales, precisamente porque sabemos que esta búsqueda es tan importante, y que la respuesta a la pregunta "¿para qué estoy aquí?" será determinante en nuestra existencia.

Si nos plantamos frente a esta encrucijada de vida sin estar preparados, o sin un plan, podemos sentirnos abrumados ante la enormidad de la tarea. Podemos caer víctimas de pánico y en la "parálisis por análisis".

Ésta es la razón por la que mucha gente vive posponiendo esta búsqueda y elige —muchas veces sin darse cuenta— vivir con el "piloto automático", que lo mantiene en su zona de confort y aplazando indefinidamente la búsqueda de su propia misión, o en el hiperactivismo que no es sino otra forma de evasión.

¿Cómo empezar, entonces? A quienes me han preguntado cómo abordar esta búsqueda les recomiendo que, en primer lugar, no se agobien excesivamente con el proceso, ya que el miedo, más que ayudar, paraliza. Aconsejo empezar desde un lugar en el que te sientas tranquilo y que evite el pánico que este planteamiento de vida genera.

En segundo lugar, les recomiendo algo que podría resultar extraño: que no busquen su misión. Por lo menos, no directamente. Tal como la felicidad, la misión, al buscarla de frente, se escabulle. Ambas son una consecuencia y no un punto de partida. Estoy convencido de que nuestra misión se encuentra detrás de nuestras pasiones y nuestros talentos, y que es a través de ellos por donde se facilita iniciar esta búsqueda.

Por lo tanto, la pesquisa que propongo no comienza con la búsqueda de la misión y el sentido de la vida en sí mismos, sino de las pistas más concretas que tenemos a la mano: nuestras pasiones y talentos.

3.4. DIME QUÉ AMAS... Y TE DIRÉ QUIÉN ERES

Hace algunos años participé en un programa de una universidad en Texas para tratar de aclarar mis dudas existenciales de fondo. El primer ejercicio que nos pidieron realizar fue una lista de las actividades que disfrutábamos. Por absurdo que parezca, durante los primeros cinco minutos del ejercicio, los participantes —de varios países— nos mirábamos con sorpresa porque nos dimos cuenta de que muchos ¡no recordábamos lo que realmente nos gustaba hacer! La lista se fue llenando después, poco a poco, con los típicos ejemplos: viajar, hacer deporte, comer y beber, la música, el arte, el cine, la literatura, etcétera.

Después de 30 minutos, el moderador nos pidió dejar en la lista solamente las actividades por las que sintiéramos verdadera atracción: aquéllas que nos definieran como personas y que las haríamos sin ninguna remuneración; aquéllas que nos hacen perder la noción del tiempo. Que nos transportan y nos permiten sentir un placer difícil de explicar, que nos hacen sentir vivos. Con las que nos vemos plenos, realizados y que simplemente al pensar en ellas nos sudan las manos de emoción y que al realizarlas nos cambian el humor, el estado de ánimo y nos producen un cosquilleo en el estómago difícil de explicar. Aquéllas sin las que, sencillamente, no concebimos la vida.

"¡Esas son tus pasiones!", nos gritó al terminar de dar la explicación.

Después nos tranquilizó diciendo que era normal que en ese momento no las tuviéramos claras. "¡Has pasado tanto tiempo sin que te preguntes qué es lo que te gusta hacer!", nos dijo como si conociera nuestras vidas. "Tu tarea en los próximos días es que programes en tu agenda el tiempo que necesites para identificarlas y regresar la siguiente semana con tus pasiones en claro. Tú sabrás el tiempo y la seriedad que le dediques a esta introspección, pero te anticipo que, si no regresas con al menos una o dos actividades o proyectos sin los que verdaderamente no concibas la vida, va a ser muy difícil que encuentres tu misión".

Admito que no me fue fácil identificarlas, sobre todo porque he vivido los últimos años volcado en realidad en aquello que "debo" hacer, mucho más que en aquello que "quiero" hacer. Tal vez ese operar desde el "deber ser" te resulte a ti también familiar.

Al regresar al aula días después me di cuenta de que no fui el único al que le costó trabajo el ejercicio, pero al final valió mucho la pena. Te recomiendo darte el tiempo y el espacio para seguir este proceso, que te ayudará a identificar tus pasiones. "Haz lo que amas" es un consejo que constantemente se da a las personas en busca de una carrera. Si bien —como veremos— ésta no es toda la ecuación, sí es una pista importante sobre nuestra propia misión.

Muchas de las personas con quienes he hablado de este tema, encuentran muy complicado descubrir lo que verdaderamente les gusta, aquello que las enloquece. Para facilitar aún más este proceso, a muchos de ellos les ha servido empezar con una versión *light* de esta búsqueda, una que nos es natural y que no genera angustia, que es mucho más simple y sencilla: les sugiero que empiecen explorando aquello que les despierta curiosidad.

Ya lo decía Edmund Burke, filósofo irlandés: "La primera y la más simple emoción que descubrimos en la mente humana es la curiosidad". Observar aquello que nos despierta curiosidad es una forma muy amigable de conectar con tus pasiones. Esto es relativamente sencillo, poniendo atención en aquellas cosas que despiertan nuestro interés natural. La curiosidad es más fácil de identificar y nos topamos con ella a diario. Se presenta como un "cosquilleo" que nos dice: "¡Mmm, esto parece interesante!".

La curiosidad no requiere de un gran compromiso. No puedes fracasar en algo cuando solamente sientes curiosidad hacia ello. Al final, si no va más allá, no pasa nada. De hecho, la curiosidad no es algo blanco o negro, no exige un todo o nada. La curiosidad es un pequeño paso hacia delante. Podemos tener muchas cosas que despierten nuestra curiosidad para ver cómo evolucionan e identificar si tienen "piernas" para madurar y convertirse en una de nuestras pasiones.

Éste puede ser un punto de partida muy práctico y cercano, poco intimidante, que puede darnos buenas pistas sobre por dónde se encuentran nuestras pasiones, ayude a adentrarnos en nuevos rumbos y a salir de nuestra zona de rutina y confort. Cuando la curiosidad va madurando y dirigiéndose hacia una actividad o proyecto específico, es útil observarnos y ver si las sensaciones que nos provoca se acercan a la descripción que hizo el profesor en el programa que comenté líneas arriba.

La curiosidad nos llevará a probar cosas nuevas. Si al hacerlas sentimos que nos hacen sentir vivos, plenos, realizados; si nos emocionan y nos cambian el estado de ánimo y nos producen un cosquilleo en el estómago difícil de explicar; si al realizarlas perdemos la noción del tiempo, y nos sentimos en la "zona" o en nuestro elemento, entonces es muy probable que estemos descubriendo una pasión, o al menos el indicio de una de ellas. A veces se escucha como un llamado suave; otras como un torbellino que nos envuelve.

Cada persona es distinta, y cada uno encuentra sus pasiones en lugares y de formas diferentes, pero estoy convencido que vivir sin ellas no vale la pena. La vida sin pasión es insulsa y aburrida. Incolora e insípida. Por lo tanto, ésta es un ingrediente indispensable en la búsqueda de nuestra misión, en la que bien vale comprometer nuestra existencia.

3.5. DESCUBRIENDO TUS TALENTOS

El talento, de acuerdo con la Real Academia Española, se relaciona con la inteligencia, que es la capacidad de entender, y con la aptitud física o mental, que es la capacidad para el desempeño de una actividad concreta. Se dice que una persona es talentosa cuando tiene una destreza superior a la mayoría para cierta actividad.

Uno de los mejores ejemplos que he utilizado para abordar este tema, lo he encontrado en la parábola de los talentos del Evangelio. En esta parábola, se nos habla de un hombre que llamó a sus siervos y les dio conforme a sus capacidades: a uno cinco talentos, a otro dos y a otro uno. El primero ganó cinco más, el segundo gano dos más y el tercero cavó un hoyo en tierra y lo escondió. A este último, el amo lo castigó quitándole el talento y se lo dio al que tenía diez.

No es coincidencia que en la actualidad llamemos "talentos" a nuestras capacidades naturales, igual que se llamaba la medida monetaria en la antigüedad. En la época de los evangelios, un talento equivalía aproximadamente a 21 kilogramos de plata. Les llamamos así porque, igual que en la parábola, nuestros talentos son un regalo o un don. Todos tenemos talentos; pero no porque los merezcamos o los hayamos ganado, sino sencillamente porque nos han sido otorgados.

Si ya diste el primer paso en descubrir tus pasiones, ahora sigue dar otro igual de importante: el de descubrir tus talentos. En otras palabras, aquello para lo que eres no sólo bueno, sino realmente extraordinario. Aquello en lo que sobresales de manera natural. Igual que en la parábola, es nuestra tarea hacer rendir nuestros talentos. De éstos se nos pedirán cuentas, a cada uno según sus propias capacidades. Es por eso por lo que el descubrimiento de tus habilidades es parte fundamental de tu misión. Es una pista clara sobre tu lugar y tu propósito en el mundo.

Cada retrato de éxito y felicidad que conocemos tiene su propia historia: una de talento, pasión y propósito. Tal es el caso de Andrea Bocelli, uno de los intérpretes de *bel canto* más famosos del mundo, reconocido por su estilo particular, su tesitura de tenor suave, su carácter universal y su discapacidad visual. Lo que pocos saben es su historia, la de un niño que se salvó de ser abortado por la valentía de su madre; un pequeño que perdió la vista a los 12 años por causa de un golpe, y cuyo talento natural se convirtió en su mejor vehículo. A pesar de su pobreza, de su discapacidad y de su falta de contactos, Andrea tomó lo único que tenía —su talento— y lo convirtió con pasión en una carrera llena de éxitos. Hoy dedica la mayor parte de su tiempo a apoyar causas caritativas, mejorar la vida de miles a través de su fundación y a acompañar a su propia familia. ¡Es prácticamente imposible encontrarlo sin una sonrisa!

Si aprendes a mirar, encontrarás este tipo de historias en muchos sitios. En todas ellas, el talento es parte esencial de cualquier proyecto de vida. Los talentos se distinguen de las pasiones en que aquéllos son medibles y objetivos: es relativamente fácil saber qué tan buenos somos en algo al compararnos con los demás. Mientras que las pasiones al ser internas son subjetivas, y es difícil poner un medidor concreto a qué tanto nos gusta algo.

Puede ser, por ejemplo, que "ames" cantar ópera (pasión); pero si no tienes la cualidad natural en tus cuerdas vocales (talento), entonces seguir esa pasión de forma seria, como una profesión, puede ser una pérdida de tiempo (y una tortura para tus vecinos). Desde luego que puedes cantar en tu casa y en el karaoke, como un pasatiempo, pero es improbable que cantar sea, en sí mismo, tu misión.

Piensa en los millones de niños cuya pasión es jugar futbol. Eso está muy bien. Pero no todos tienen el talento para ser profesionales o pueden aspirar seriamente a vivir de patear el balón.

Aquí es importante evitar el parámetro del juicio azucarado de nuestra familia o amigos. "¡Eres un gran futbolista, campeón!", grita al padre emocionado a su hijo en pleno partido cuando el entrenador lo metió a la cancha sólo "para que jueguen todos". "¡Cantas como un ángel!", escuchamos decir a la madre orgullosa en el concurso de canto de la preparatoria, quien de regreso a casa atribuye a una gran injusticia de los jueces la eliminación en la primera ronda.

¡Son tan burdos estos ejemplos de padres y profesores que pretenden procurar la autoestima en sus discípulos, que los confunden y los lastiman al hacerlos creer que son realmente buenos y que tienen talento, cuando evidentemente no nacieron para eso! Amar también es decir la verdad, especialmente cuando duele hacerlo.

Aunque la cultura popular promueve en películas y canciones el valor de la perseverancia, también es cuestión de sensatez y prudencia el persistir en aquellas cosas que son reales y, en última instancia, posibles. Sobre todo, cuando de buscar nuestra misión se trata, de poco o de nada sirve perseverar en una carrera en donde nuestras posibilidades de éxito son nulas: esto será una pérdida de tiempo, de dinero y de salud física y emocional. Si vamos por el carril equivocado, mientras más pronto corrijamos el rumbo, mejor.

Es por ello por lo que el descubrir nuestros talentos es tan importante en la búsqueda de nuestra misión: éstos son el vehículo que, con el combustible de la pasión, nos permitirá llegar a donde nos dirija nuestro propósito de vida.

Lo opuesto también puede ser cierto: que nuestros talentos no sean parte de nuestras verdaderas pasiones. Son famosos los casos de los tenistas consagrados Andre Agassi y Naomi Osaka (la joven que derrotó a Serena Williams en el abierto de

Estados Unidos del 2020): estos jóvenes, que claramente tenían talento innato para el tenis, lo fueron perfeccionando a través de maratónicas jornadas y sacrificios que, como han revelado en sus biografías, los privaron de muchas de las satisfacciones de los niños "normales" de su edad. Llegó un punto en el que definitivamente ya no disfrutaban del tenis. Aun así, aunque dejaron de disfrutarlo, siguieron desarrollando su talento tenístico hasta convertirse en los mejores del mundo y ganar muchos torneos, fama y fortuna. A pesar de ello, no encontraban pasión en su propia carrera.

Por regla general, en la mayoría de los casos un gusto natural por una actividad puede revelar un talento. Un niño que disfruta con las matemáticas es probable que tenga talento para éstas. Una pequeña a la que le gusta el baile, es probable que tenga también el talento del buen ritmo y, por tanto, valdrá la pena explorarlo. Por eso la búsqueda de los talentos va de la mano con la de las pasiones. La búsqueda de nuestra pasión nos acerca sin saberlo al descubrimiento de nuestros talentos y viceversa. Al final son nuestras pasiones y talentos los que componen nuestra personalidad y carácter, y por eso al encontrarlos los sentimos como parte de nuestro traje a la medida. Tal como nuestra misión que, desde esta óptica, nos debe quedar como anillo al dedo, ser lo más natural y lo más propio de nosotros mismos.

Los talentos son naturales; pero nosotros podemos mejorarlos y perfeccionarlos con la práctica. Es verdad, por ejemplo, que Mozart nació con talento para la música; pero eso no lo eximió de dedicar horas y días enteros a aprender y mejorar. Quien se duerme en sus laureles, pronto pierde habilidad.

La gran ventaja es que, si naciste con un talento innato, nunca lo perderás del todo; y la práctica te será más sencilla y efectiva. Por contraparte, una persona que desea aprender una habilidad sin tener el talento natural deberá nadar contra corriente, dedicarle más horas y más esfuerzo para alcanzar un nivel apenas promedio.

En su gran libro *El Elemento*, el célebre educador sir Ken Robinson habla de la importancia de descubrir el espacio donde confluyen las cosas que te encanta hacer y aquéllas para las que eres muy bueno. Es en esa zona maravillosa donde sucede la magia. Sólo tú sabes lo que sientes cuando estás ahí; cuando haces lo que amas y lo haces bien. Lo notas porque lo haces casi sin esfuerzo, y el resultado produce una sensación de gozo y satisfacción indescriptibles que otros proyectos son incapaces de aportar. Como si se tratara de la receta perfecta que elabora un chef y encuentra el punto mágico donde se reúnen los ingredientes perfectos —el maridaje entre tus pasiones y tus talentos— y se conjuga una explosión de sabor que identifica el paladar cuando lo prueba. Facundo Cabral lo describía muy bien con su frase: "la vida es una fiesta cuando haces lo que amas".

Si pudiera hacer un cronograma sencillo y práctico de la búsqueda de la misión, no se me ocurre un mejor ejemplo que el índice de un libro. Un volumen en el que el prólogo sería la curiosidad, los primeros capítulos se dedicarían a la búsqueda de tus pasiones y talentos, los siguientes a hacer un maridaje entre ellos hasta encontrar tu misión y vivirla a través de un proyecto de vida. Los capítulos intermedios serían el ingrediente de la trascendencia. El final representaría la plenitud, y el epilogo, la felicidad. Ésta puede ser una ruta concreta del proceso que debe darse en tu interior para llegar a buen puerto.

3.6. TERCER INGREDIENTE: TRASCENDENCIA

El hombre, desde que es hombre, siempre ha mirado a las estrellas con asombro, curiosidad y confusión. Intuye, sin necesidad de ciencia, que hay algo más grande que él, algo más allá, que le llama con fuerza. También cada persona puede aprender a ver un universo que le interpela: el hombre es un ser social y trascendente, que no se agota en sí mismo.

Esto lo explica muy bien Frankl: "el fin del ser humano es trascender a su propia persona y por eso se interesa tanto por dar sentido a las cosas más allá de sí mismo".

Frankl asegura que la autocomprensión ontológica del ser humano radica en la medida de que éste sea capaz de olvidarse de sí mismo, es decir, a servir a una causa que esté más allá de sí mismo. Por lo tanto, concluye que la autotrascendencia es "la esencia de la existencia humana".

Para reforzar esta postura, dice: "Lo que realmente mueve a la persona es la búsqueda del sentido de su vida. Y vivirá frustrado o vacío mientras no encuentre una tarea en que valga la pena comprometer su existencia. Mientras no encuentre algo o alguien por quien vivir, por quien sufrir, y por quien morir".

Llama la atención que la mayoría de sus ideas respecto al sentido en la vida del hombre las concibió Frankl en un campo de concentración, en condiciones inhumanas como las que se vivían en Auschwitz. Sin embargo, la claridad de conceptos que ahí concibió ha quedado para la posteridad y nos interpela a quienes pretendemos vivir con un sentido. Yo no conozco a nadie —de primera mano— que haya vivido, ni de cerca, condiciones tan inhumanas comparables a las que relata Frankl en sus escritos, pero sí conozco a muchos que enfrentan la frustración y vacío existencial al no encontrar el sentido de su propia vida. Seguramente tú también.

Si ya desde entonces Frankl percibía en la sociedad de su tiempo este vacío con tal claridad, ni qué decir de lo que ocurre en nuestro siglo XXI. Basta observar un poco alrededor, conversar con nuestros amigos cercanos y mirar con atención lo que presentan los medios y las redes sociales para darnos cuenta de la cantidad de personas que van por la vida sin un sentido concreto. A la deriva, expuestos y entregados a lo que les depare el destino: de pasajeros por el camino de la vida.

Si hubiera una característica más propia de nuestra época, tal vez ésta sería la del individualismo radical: un egoísmo exacerbado que permea el ambiente. Nuestros intereses y prioridades están profundamente marcados por un "yo, mí, me, conmigo". Vivimos una concentración brutal en lo que ocurre en nuestro entorno inmediato y un desinterés enorme de todo lo que esté más allá: los problemas y las vidas de los demás. No me parece que las generaciones de nuestro tiempo estén, para nada, alineadas con el postulado de Frankl como antídoto para la falta de sentido de vida: la autotrascendencia, que consiste precisamente en ir más allá de nosotros mismos.

No quisiera ser pesimista, pero veo hoy en el ambiente, en las prioridades y la forma de vida de nuestra época —permeada por una superficialidad sofocante— un entorno muy poco propicio para buscar respuestas a la falta de sentido de nuestras vidas más allá de nosotros mismos. Percibo, en cambio, un entorno egoísta que no favorece en absoluto la autotrascendencia.

Todos somos, de alguna manera, hijos de nuestra época. Tal vez tú también te hayas enfrentado a la dolorosa sensación del vacío existencial. Yo lo viví al cumplir los 50. Estaba confundido, decepcionado, angustiado, y por primera vez en mi vida, deprimido. Yo era, en muchos sentidos, exitoso. Pero no era feliz.

Me encontraba ante un proceso desconocido de confusión, decepción y duda. Una sensación difícil de explicar con mis propias palabras, por lo que recurro a la profundidad de uno de mis autores favoritos: C.S. Lewis, quien para describir una sensación similar utiliza la palabra alemana *sehnsucht*, que no tiene una traducción precisa en otros idiomas. Quizá las que más se le acercan en español son "añoranza" o "nostalgia". Curiosamente, Lewis utiliza esta palabra para explicar las sensaciones que acompañan a las personas cuando toman conciencia de su vacío existencial. Lewis, con una pluma magistral para plasmar lo indefinible, la concretó como el "inconsolable anhelo del corazón humano de algo que no sabe que es".

Encontrar una frase así fue como tener un espejo en el papel ¡Justo así me sentía! ¡Con un inconsolable anhelo de algo que no tenía ni idea de qué era! Y lo triste era que ese anhelo no había sido satisfecho al lograr algunos de los parámetros de éxito que venía persiguiendo los últimos 25 años.

A veces la vida nos llama a la puerta con golpes fuertes, para ayudarnos a descubrir su sentido. Pasé por una crisis existencial que duró, al menos, tres años y en cuyo centro se encontraba una pregunta: si no es así: trabajando en lo que me gusta, con salud, con prestigio, con una bonita familia, con buenos amigos, y una buena relación con Dios, pues entonces ¿cómo se descubre el sentido de la vida? ¿Cómo entonces se da respuesta a la incómoda pregunta "para qué estoy aquí"?

Ese vacío existencial me empujó a la búsqueda. Tuve que lanzarme de cabeza para enfrentar mis propios dragones y plantarme de frente a las preguntas existenciales que me carcomían por dentro. Este proceso me llevó a pedir muchos consejos, hacer muchas consultas, explorar muchas lecturas, darle cientos de vueltas en la cabeza, abrir mi pecho, voltear al cielo y preguntar qué es lo que se esperaba de mí.

Con el tiempo, muchas de las respuestas fueron aclarándose y ordenándose en mi mente, y aunque sigo inmerso en la búsqueda de la trascendencia, al menos tengo claro que nuestros talentos y pasiones deben alinearse con algo más grande y más valioso: nuestra propia trascendencia, que implica el salir de nosotros mismos y dejar de buscar "nuestra" felicidad y "nuestro" éxito, utilizándonos a nosotros mismos como el único parámetro y empezar a mirar a los demás. Es una revelación simple, pero que cambia todo: comprender que un ingrediente esencial de nuestra misión se encuentra más allá de nosotros mismos. Ahí comprendí el concepto de la autotrascendencia a que se refiere Frankl.

Simplificando este complejo proceso, podemos decir que al hacer lo que nos gusta y en lo que somos buenos estamos realizando lo que nos es dado de manera natural y lo que nos es propio. Con la conjugación de nuestras pasiones y talentos estamos dando ya un gran paso para hacer vida nuestra misión. El siguiente paso es encontrar un motivo superior, más allá de nosotros mismos que cumpla con un sentido noble y trascendente.

3.7. EN BUSCA DE NUESTRA MISIÓN

Nuestra misión es mucho más que trabajo o negocios. Se podría argumentar (y con cierta razón) que nuestro trabajo va más allá de nosotros mismos, porque genera empleos y paga impuestos y los clientes se benefician de nuestro producto o servicio. En efecto, éste puede generar muchos bienes para otros y para nosotros, pero eso no basta. No es sino hasta que alineamos nuestro proyecto con un norte trascendente que podemos llamarlo —al fin— nuestra misión. Y es entonces, como hemos visto, cuando todo cambia.

Richard Branson es un reconocido empresario y da la impresión de ser bastante feliz. Sumamente inquieto y siempre metiéndose en problemas en la persecución de sus pasiones. Un profesor en la preparatoria le auguró: "Richard, eventualmente serás millonario… o terminarás en la cárcel". Antes de terminar de estudiar abandonó la escuela para lanzar su primer negocio: una revista estudiantil. Después fundó Virgin Records, su primera gran empresa. El resto es historia. Hoy, a sus más de 75 años ha fundado o cofundado más de trescientas empresas: desde bancos hasta trenes; desde hoteles hasta cohetes espaciales. En 2021 se convirtió en el primer hombre en la historia en viajar al espacio en su propio vehículo, abriendo con ello una nueva página rumbo al turismo espacial.

Nadie dudaría que este personaje está sumamente ocupado con juntas, proyectos, crisis y decisiones. Pero Branson no es la imagen típica del empresario de traje y corbata, estresado y tomando llamadas, sino todo lo contrario. Desde joven sabía dónde estaban sus talentos (y, casi tan importante, dónde *no* estaban), y cuáles eran sus pasiones: divertirse, tomar riesgos y formar buenos equipos. Para ser uno de los hombres más ricos del mundo, vive una vida que, paradójicamente, parece muy normal: es fiel a su familia y lleva más de 50 años con su esposa; tiene hijos que han decidido seguir sus propios pasos, en los negocios y en otras profesiones. No trabaja los fines de semana y sigue sin tener oficina tradicional (nunca la ha tenido). Trabaja desde una hamaca, en su casa a la orilla de la playa, en las Islas Vírgenes Británicas, cerca de Puerto Rico. Sobre todo, aparece siempre sonriente.

Pasiones y talentos han estado siempre presentes en su vida. Pero ¿y el tercer ingrediente, la trascendencia? Él mismo relata en su último libro cómo, al alcanzar cierta edad y estabilidad, comenzó a atender otros llamados de la vida. Hacer dinero y divertirse está muy bien, pero hasta la fiesta más divertida se acaba en unas horas. Richard decidió emplear su poder económico y su influencia para resolver problemas grandes: guerras y hambrunas, calentamiento global y pobreza en países en desarrollo. Esto a través de sus más de veintisiete fundaciones e intenso trabajo en consejos, asociaciones y organizaciones ciudadanas y de gobierno. De entre todos sus proyectos sociales, su favorito es The Elders (www.theelders.org), un cuerpo consultivo de líderes mundiales que fundó junto con el Nobel de la Paz, Nelson Mandela, y que opera —de forma a veces discreta, a veces visible— en distintos entornos de la política y la economía mundial, buscando soluciones humanitarias a crisis y conflictos que atentan contra la paz y los derechos humanos. Por cierto, que, entre este grupo de notables líderes se encuentra don Ernesto Zedillo, expresidente de México, quien aparentemente decidió, también, apostarle a la trascendencia en este proyecto.

Hacer lo que amas y hacerlo bien te llevará al éxito material. Sumar una visión trascendente te llevará a una vida plena y con sentido, que además te permitirá vivir con intensidad todas las áreas de tu vida: no sólo tu trabajo o negocio, sino también tu familia, tus relaciones y tu realidad espiritual. Esta fórmula desemboca en la plenitud, que es la base de la felicidad.

"Pero", quizá podrías decirme, "todos los casos aquí presentados son de personas millonarias y exitosas. Claro que Bono o Branson, Caviezel o Bocelli pueden darse el lujo de buscar su misión. Son ricos y famosos. Yo no tengo tiempo". Un error lógico hace que confundamos, a veces, las causas y los efectos. Estas personas no acceden a la posibilidad de buscar su misión "porque" sean exitosas, sino que, por el contrario, han alcanzado niveles trascendentes de éxito *porque* antes han encontrado sus pasiones y talentos y sobre todo han incluido el ingrediente de la autotrascendencia. No es la confusión como en el caso del huevo y la gallina, aquí no hay duda alguna: el éxito en su proyecto de vida —en su sentido más amplio— y la felicidad llegan para quienes encuentran y viven su misión con sus tres elementos: talento, pasión y trascendencia. Lo demás son cuentos chinos.

Ni Bono, ni Caviezel ni Bocelli nacieron ricos. Branson nació, en efecto, en una familia de clase media alta, en un país de primer mundo, con muchas ventajas. Aun así, hay otros tantos millones de personas con esas mismas ventajas que no deciden ni logran seguir su propia misión. Los privilegios no garantizan la felicidad. La misión sí.

Para muestra, refiero este ejemplo de alguien de quien seguramente has escuchado. Una joven mujer que nació con todo "en su contra". Para empezar, nació mujer en un país en que serlo es casi un crimen, bajo el régimen Talibán en Afganistán. No era rica, ni exitosa, ni famosa, cuando descubrió su misión, siendo apenas una adolescente. Su nombre es Malala Yousafzai y vio que su misión era ayudar a otras mujeres en su país a seguir sus estudios.

Su biografía, *Yo soy Malala*, es hoy un *best seller*, y su historia la llevó a recibir el premio Nobel de la Paz en 2014. Pero ni ella ni nadie pensaba en estas cosas mientras transportaba un grupo de niñas hacia la escuela de su padre, ni cuando un contingente talibán abrió la puerta para detenerlas. Ella no pensaba en premios ni en la fama cuando se enfrentó a los agresores y recibió tres disparos que casi le cuestan la vida. Malala pensaba en su pasión, en su propósito y en proteger a sus compañeras.

Si ella hubiera *querido* ser famosa y rica nunca lo hubiera logrado. Fue la búsqueda de su misión la que le dio la oportunidad de tener voz y de representar a miles de mujeres oprimidas en el mundo, de llevar educación y esperanza a millones.

Tal vez estos ejemplos te muevan a preguntarte: ¿y dónde estoy yo este día? No importa. Mientras tengas pulso estás a tiempo de encontrar tu propio camino: el camino de tu misión. La cuestión de fondo es: ¿hacia dónde voy?

Para responder a esto debemos ser brutalmente honestos con nosotros mismos y conocernos a fondo. No sólo con nuestra persona, sino también con nuestra verdadera intención al hacer las cosas que hacemos. De ahí que el autoconocimiento sea una condición fundamental para dar respuesta a estas preguntas.

Sólo nosotros podemos conocer nuestra intención al hacer algo, por más bueno que parezca por fuera. Ya desde épocas bíblicas escuchábamos de casos de personas que al dar limosna lo hacían de tal forma que todos se dieran cuenta de su pretendida bondad. En estos casos, aunque el acto de dar donativos a instituciones de beneficencia social es un acto intrínsecamente bueno, si el móvil central es que los otros te reconozcan, la intención torcida rompe con el requisito de la autotrascendencia a que se refiere Frankl, y por lo tanto esto no aporta al cumplimiento de tu misión.

La rectitud de intención es una característica central de la autotrascendencia y sabemos que, además, en este proceso un ingrediente fundamental es el amor. Para evitar entrar en polémicas de este concepto tan trillado, tan prostituido y minusvalorado, me refiero al amor de benevolencia, al que se refiere Aristóteles: "El amor es buscar el bien del otro", a lo que yo añadiría: *sin esperar nada a cambio.*

Sin pasar por el filtro del amor, que nos lleva a querer el bien del otro, la rectitud de nuestra intención puede engañarnos. Un parámetro muy claro es verificar si estoy poniendo el interés hacia el otro al mismo nivel del interés que pongo en mí mismo y en mis cosas; es decir, si estoy cumpliendo con la contundente sentencia bíblica: *amar al otro como a mí mismo.*

Si la respuesta es positiva ¡te felicito!, entonces sí, en realidad, ese ingrediente de la autotrascendencia en el diseño de tu misión se está cumpliendo a cabalidad, ya que tu atención está verdaderamente más allá de ti. Si la respuesta es negativa hay que hacer un alto y rectificar la intención... o rediseñar el camino. En otro capítulo hablaré más a detalle del componente del amor en este proceso, pero para no desviar la atención del hilo conductor de este capítulo, baste con mencionarlo de pasada para tenerlo en cuenta.

3.8. Pero... ¿ésta es mi misión?

La buena noticia, para quienes viven angustiados con esta búsqueda es que al descubrir tu misión, si ésta es genuina y cumple con los tres ingredientes arriba mencionados, entonces sabrás con claridad que la has encontrado. Parafraseando a Lewis: Lo sabrás, como sabes cada mañana que el sol ya salió: no porque lo veas, sino porque ahora puedes ver todo lo demás. Encontrar tu misión le da a tu vida otra dimensión, otro peso y volumen, que no encontrarás de otra manera.

La misión se "siente", y entre más pasa el tiempo y llega la madurez, el corazón nos dice si ése es nuestro lugar en el mundo o si nos equivocamos y es necesario retomar la búsqueda. Es obvio que para esto es necesario ser brutalmente honestos con nosotros mismos y no desatender los llamados de nuestra conciencia.

Una herramienta de medición muy eficiente y confiable en este proceso es la de la paz interior. Si tu decisión no te deja tranquilo y no te genera paz interior, muy probablemente no sea la correcta. No te preocupes, sigue buscando. Al encontrar tu misión no sentirás fuegos artificiales; percibirás algo mucho mejor: paz interior. Ésta, al llegar, genera la sensación inconfundible de andar por el camino que te es propio.

Aquí es donde debemos confiar en la intuición y en la propia conciencia. Hay un sabio dicho popular que, creo, viene muy a tono con este proceso: "Lo que no produce paz, no viene de Dios". Escuchar la voz de Dios en el proceso de la búsqueda de la misión personal es un parámetro siempre confiable y acertado. De ahí que el ingrediente de la oración en la búsqueda es siempre un gran aliado. No necesita ser una oración compleja, complicada, rodeada de velas, ni hacerse en posición de loto en un cuarto despejado. Me refiero a una oración sencilla y sincera, que sea una conversación con Dios, en la que, a tu manera y a tu tiempo, le presentes la pregunta de tu vida: ¿Señor, para que estoy aquí? ¿Para qué me creaste?

La misión, cuando se encuentra, no deja lugar a dudas. Ésta es sólo tuya; se adecua precisamente a tu individualidad, a tus sueños, anhelos, tus habilidades y circunstancias. Pareciera como si fuera la misión misma la que te haya encontrado a ti. Es muy difícil explicar cuando ocurre, porque para entenderlo hay que vivirlo. Y cuando esto sucede viene acompañada de la impresionante claridad de estar en el camino correcto. Cuando la vives, tienes que contener las ganas de gritar: "¡Esto es lo mío!". Y la enorme ventaja es que cuando tomaste la decisión equivocada y andas un camino que no es el tuyo, también con el tiempo se siente con una gran claridad que "eso" no es lo tuyo.

Es como probarse unos zapatos nuevos: al instante sabes si te quedan, si son de tu talla. Porque si no lo son y te empeñas en usarlos, poco a poco te van incomodando y sacando ampollas, hasta que un día al quitártelos sientes alivio y hasta entonces reconoces cuánto te molestaban. A partir de ese día, simplemente no te los vuelves a poner.

Hay gente, sin embargo, que se empeña en usar zapatos que no les calzan. A veces podemos sentir y saber que no estamos en nuestro camino, pero nos falta honestidad y valentía para redirigir el barco. Preferimos seguir la corriente, que cada vez nos aleja más y más de nuestra verdadera misión. ¡Pero por más que lo intentemos, no podemos engañar a nuestro corazón! Para esto hay que acostumbrarse a encontrar los espacios de silencio que nos permitan conectar con nuestro yo interior, y observar cómo se siente nuestra conciencia ante tal o cual decisión.

La voz de la conciencia, no por sutil, es menos potente. Es nuestro "Pepe Grillo" interior que nos va susurrando tenuemente su opinión ante lo que hacemos o dejamos de hacer. Para esto es muy importante tener una conciencia formada y no una conciencia laxa o subjetiva que se dedique a felicitarnos por todo lo que hacemos, haciéndonos andar por la vida como si siempre tuviéramos la razón; como los papás que les dicen a sus hijos que son grandes futbolistas o cantantes cuando en realidad no lo son. El mismo daño que estos padres les causan a sus hijos, nos lo hace nuestra propia consciencia al darnos por nuestro lado y evitar enfrentar con humildad y valentía nuestros errores y defectos dominantes.

Este doloroso descubrimiento de nuestros defectos y errores es el precio a pagar para cumplir con la llamada a la mayor aventura que podemos emprender en la vida: la llamada de nuestra misión.

3.9. El ingrediente sobrenatural

Tal vez una explicación a la dificultad que encontramos al tratar de discernir nuestra misión sea que intentamos hacerlo confiando solamente en nuestras propias capacidades y desconociendo las limitaciones propias de nuestra naturaleza humana. Vivimos con la falsa idea de que podemos embarcarnos solos en esta gran aventura de vida, y de que con valor, voluntad y paciencia podremos no solamente descubrir nuestra misión, sino también adquirir la fuerza suficiente para llevarla a cabo.

Para bien o para mal, esto no es todo lo que se requiere. Es imposible descubrir y vivir nuestra misión confiando solamente en las propias fuerzas. Falta el ingrediente sobrenatural, ese llamado divino que ha estado presente en toda la historia y en cada uno de los corazones humanos.

Somos malos jueces ante el espejo. Las limitaciones propias de nuestra naturaleza humana nos impiden tener una visión clara y objetiva de nosotros mismos y, por lo tanto, de discernir nuestra razón de estar en este mundo. Esta dura y dolorosa realidad nos lleva a concluir que, si lo intentamos solos, independientemente del esfuerzo que pongamos, podríamos aspirar a conocer únicamente una versión incompleta o trunca de nuestra persona y, por lo tanto, de nuestra misión.

Al excluir el ingrediente sobrenatural en la búsqueda de nuestra razón de ser, ésta quedaría anclada a la autopercepción y a nuestras limitadas facultades humanas. No podemos adivinar el destino de un barco analizando su madera y sus velas. Éstas sólo nos dan pistas sobre su finalidad de navegar, pero no informan sobre su fin trascendente, su rumbo o su destino. Para eso, no debemos preguntar al barco, sino a su capitán.

Con una visión meramente humana sería imposible plantearnos objetivos nobles y sublimes que aparentemente vayan más allá de nuestras capacidades humanas. De haberlo hecho así, Carlo Magno no hubiera conquistado media Europa, ni Juan de Austria a Lepanto, ni Miguel Ángel hubiera decorado el techo de la capilla Sixtina, ya que claramente sus proezas rebasaron sus sueños.

Sin la voz de la conciencia —que es, en última instancia, la voz de Dios— en este proceso nos quedaremos siempre cortos y no lograremos abarcar la dimensión completa de nuestra misión. Sin la ayuda de Dios, no podremos ni escudriñar en nuestro corazón las respuestas profundas que buscamos, ni realizar los cambios en nuestra persona que nos impulsen a lograr algunos aspectos de nuestra misión que nunca hubiéramos soñado.

Considerando que el papel de la conciencia es fundamental en este proceso, me parece necesario dedicarle algunas líneas a este concepto. Para ello, recurro nuevamente a Viktor Frankl, quien, al igual que Sigmund Freud, utilizaba en sus investigaciones psiquiátricas el método de la interpretación de los sueños, mediante el cual Frankl llega a lo que considera un hallazgo importante que nos comparte en su obra *La presencia ignorada de Dios*: "Cuando hablamos de "la voz de la conciencia" y partimos del hecho de que ésta es escuchada por el hombre, es lógico deducir que esa voz no es la voz del hombre. Por lo tanto, esa voz la escucha el hombre, pero no procede de él, ya que la conciencia es una instancia extrahumana". El hecho de que la voz de la conciencia venga de "fuera del hombre" es a lo que Frankl llama la "trascendencia de la conciencia" y, según nos explica, "es lo que nos permite comprender por primera vez al hombre y a su personalidad en un sentido profundo".

Al leer a Frankl exponer con tal certeza que la conciencia es una instancia que viene de fuera del hombre, que se trata de "una instancia sobrehumana", no puedo dejar de preguntarme, entonces ¿de quién es esa voz que escuchamos a través de la conciencia? Es por estas y por muchas otras razones, lecturas, conversaciones y experiencias personales, por las que estoy convencido de que la voz de la conciencia es la voz de Dios.

No pretendo ser experto en temas filosóficos ni psicológicos, y sé que adentrarme en estos temas resulta complejo y denso, y que corro el riesgo de perder en estas líneas a muchos lectores, pero si estamos hablando del sentido sobrenatural de la misión, me parece necesario compartir algunas explicaciones respecto al origen de estas posturas, mismas que he contrastado en múltiples conversaciones con filósofos, sacerdotes y psicólogos que conocen muy bien estas materias.

Con esta breve explicación, me permito seguir con las referencias a Frankl, que creo son muy relevantes en el tema y transcribir una explicación a modo de ejemplo mundano que utiliza en *La presencia ignorada de Dios*:

Del mismo modo que el ombligo humano no pareciera tener sentido porque ha de entenderse solamente a partir de su función antes de nacer, y su conexión con el vientre materno, así también la conciencia sólo puede entenderse cuando la concebimos desde su origen trascendente, o sea más allá de la persona.

En dicho libro, Frankl hace también algunas descripciones respecto a las distintas posturas que los hombres *irreligiosos*, como él los llama, puedan tomar ante su propia conciencia, que me parece muy valioso transcribir:

El hombre no creyente tiene también contacto con su conciencia, pero con su libertad decide no ir más allá. No pregunta por el origen ni el para qué de su conciencia. O sea, éste acepta la existencia de su conciencia desde la óptica meramente psicológica, pero se detiene ahí. Se detiene antes de tiempo en su camino en busca de sentido. Es como si hubiera llegado a una cumbre inmediatamente inferior a la más alta. ¿Por qué no sigue adelante? Porque no quiere dejar de seguir teniendo tierra firme bajo sus pies. Porque la verdadera cima del aspecto trascendente de la conciencia se esconde a su vista y se halla oculta por la niebla y en esa niebla, este hombre no se atreve a internarse.

¿Será por eso por lo que al plantearnos de fondo la búsqueda de nuestra misión sentimos que el piso se hunde bajo nuestros pies? ¿Que al no contar con el ingrediente sobrenatural nos quedamos cortos en nuestro autoconocimiento y por lo tanto en el descubrimiento de nuestra misión? ¿Que nos quedamos —por miedo— en la cumbre inmediatamente inferior a la más alta?

Frankl, dentro de las posturas que nos comparte en el libro citado, dice que "el análisis existencial pone al hombre ante el dilema de la eternidad que desemboca en la religiosidad del hombre. Una realidad que puede permanecer, hacerse inconsciente o ser reprimida, y que cuando ésta se encuentra reprimida, emerge en forma de una inquietud profunda del corazón que da lugar a evidentes síntomas neuróticos".

Estas maravillosas líneas de Frankl me obligan a cuestionarme si la razón de la insatisfacción en la que viven tantos hombres y mujeres de nuestra época se deba a esta negación de la realidad espiritual de su persona y de la represión de la dimensión trascendental que todos llevamos dentro y que está impregnada en la conciencia humana.

De ahí la importancia de no dejar de lado en la búsqueda de nuestra misión el aspecto espiritual y trascendental que ésta debe contener. Para ello es necesario conocer nuestra naturaleza y trascender nuestras propias limitaciones en esta búsqueda, para lo cual es preciso tomar conciencia de ellas, desarrollar una sana humildad y, sobre todo, renunciar a la pretensión orgullosa de creer que podemos solos.

Para identificar y vivir nuestra misión a plenitud se requiere pedir a Dios no sólo luces para descubrirla, sino también fuerzas para vivirla. A fin de cuentas, Él, como Creador, nos hizo para algo, y nosotros como creaturas debemos —y podemos— descubrirlo con su ayuda.

En el libro *La cuestión de Dios* en el que Armand Nicholi (psiquiatra en la Escuela de Medicina de la Universidad de Harvard) monta un diálogo ficticio entre las ideas de Sigmund Freud y las de C.S. Lewis, éste afirma que el "fin principal de nuestra vida —la razón de nuestra existencia en este planeta— es la de establecer una relación con la Persona que nos colocó aquí". Mientras no se establezca esa relación, nuestros intentos de felicidad quedarán siempre cortos. Nunca satisfarán el anhelo, ni colmarán el vacío que llevamos dentro. Y continúa:

"Dios diseñó la maquina humana para funcionar con Él, por lo que no puede darnos paz ni felicidad aparte de Él, porque no existen". Y explica que las personas estamos hechas para esa relación: "el lugar asignado a cada persona en el plan universal es el lugar para el que han sido creados por Dios. Cuando llegan ahí, realizan plenamente su naturaleza y consiguen la felicidad".

Este contundente postulado de Lewis me parece una explicación clarísima de que el ingrediente sobrenatural en la búsqueda de la misión es el que permite lograr la autotrascendencia a la que se refiere Viktor Frankl como un elemento central de nuestra misión. Y, por lo tanto, no sorprende que los grandes psicólogos, filósofos y escritores, a quienes he citado en este apartado, consideren que la consecuencia natural para el hombre al cumplir cabalmente su misión es, ni más ni menos, su plenitud y trascendencia. Por tanto, su felicidad.

Hay tantas misiones y tantos caminos como personas hay en el mundo. Aquí queda claro que somos únicos e irrepetibles. Por lo tanto, es fácil deducir que cada uno tenemos una misión también única e irrepetible, y que el cumplimiento de la misión no se logra a través de un proyecto de vida idéntico para todos. Hay algunos ingredientes en la misión que sólo conoce el Creador y sólo Él sabe manifestarlas: las va revelando poco a poco a lo largo del camino de la vida y muchas veces son distintas de lo que hubiéramos anticipado.

Jaques Philippe, sacerdote y escritor francés, que ha vendido más de un millón de libros traducidos a veinticuatro idiomas, es un gran autor al que recurro con frecuencia para abordar temas espirituales profundos. Éste no fue la excepción. En su libro *En la escuela del Espíritu Santo* nos da una serie de ejemplos que son de mucha utilidad. Philippe nos dice: "Así como Dios, por medio de la naturaleza da a cada animal los instintos que le son necesarios para su conservación y reproducción, a los hombres nos da, a cada uno, a través de nuestra conciencia, las inspiraciones necesarias para descubrir nuestra misión y su gracia, que es la fuerza para vivirla".

Sin escuchar la voz de nuestra conciencia será muy difícil discernir e interpretar las señales de la vida a través de las que Dios nos manifiesta sus planes para nosotros y que no siempre coinciden con la imagen que nos hacemos de nuestro propio camino de vida. Lo que Dios nos pide, dice Philippe, "puede ser desconcertante, pero infinitamente más hermoso de lo que pudimos haber imaginado, ya que sólo Dios es capaz de crear obras maestras, absolutamente únicas, mientras que el hombre sólo sabe imitar".

De ahí la importancia para el hombre de "no limitarse en el descubrimiento de su misión a algunos principios generales que valen para todos. Es necesario captar lo que Dios le pide a cada persona en especial y que quizá no le pida a ningún otro".

Mientras que cientos de libros de superación proponen fórmulas, atajos y tácticas infalibles para el éxito y la felicidad, yo vengo a decirte lo opuesto: que no hay una sola receta que sirva a todos y que tu búsqueda es una aventura en la que sólo tú puedes embarcarte; tu misión es algo que sólo tú puedes descubrir. En hacerla vida se encuentra la llave de tu felicidad.

Se dice fácil, pero descubrirlo puede ser más complicado de lo que parece. ¿Cómo identificar aquello que Dios espera de cada uno de nosotros? Esto, sin duda, es una tarea de vida; pero siguiendo los consejos de Philippe, su respuesta nos arroja luces importantes al respecto: "De diferentes maneras, a través de los acontecimientos de la vida, de los consejos de un director espiritual y especialmente de las inspiraciones de la gracia divina que se dan en lo más profundo de nuestro corazón, desde donde Dios nos da a conocer lo que nos pide y nos infunde la fuerza necesaria para lograrlo".

Te comparto que, como resultado de incontables lecturas de este corte, de experiencias personales y numerosas conversaciones con expertos, mi conclusión personal es que en nuestra misión existe un componente general, que es lo que se espera de todas las personas, y éste consiste en intentar vivir las virtudes humanas y universales, como la bondad, la honestidad, la lealtad, la sinceridad, la fidelidad, la perseverancia, la laboriosidad, entre otras, que son asequibles a nuestra condición humana, y compatibles con nuestras circunstancias y con nuestra vocación personal y profesional. A este componente general se puede acceder por medio del sentido común, de la búsqueda genuina del bien y de la práctica habitual de esas virtudes hasta convertirlas en hábitos.

Pero nuestra misión personal tiene también un componente personal que requiere ir más lejos y descubrir lo que Dios nos pide a cada uno de manera específica, y ése es el ingrediente sobrenatural, o la salsa secreta para que nuestra misión esté completa, y para la que se requiere escuchar la voz de Dios, que nos habla desde la quietud y el silencio de las inspiraciones que se dan —como nos dice Philippe— en lo más profundo de nuestro corazón. Desde ahí podemos descubrir el tercer ingrediente de la autotrascendencia.

Si bien esta escucha requiere de una sutileza especial, también hay otras señales más claras a las que podemos recurrir y a las que algunos autores se refieren como "la obediencia a los acontecimientos". Nos explican que "los sucesos de la vida son la expresión más segura de la voluntad de Dios porque no corren el riesgo de una interpretación subjetiva". Es importantísimo aprender a interpretar adecuadamente las señales de la vida, pero no podremos hacerlo si somos rígidos, apegados a nuestras ideas y conceptos mundanos y preconcebidos, a nuestros propios criterios de vida. Para hacerlo, requerimos una profunda humildad y flexibilidad que se adquieren poco a poco a través de la práctica del desapego a algunas de las ideas y prejuicios con que andamos por la vida. Y en la medida en que crece nuestra confianza en el Creador.

A pesar de que este ingrediente sobrenatural podría percibirse como una complicación adicional en la búsqueda de la misión, éste es en realidad un facilitador y un factor que aporta certidumbre a la búsqueda que es, ya de sí, incierta.

Menciono lo anterior porque al incluir este ingrediente en nuestra búsqueda podemos tener la certeza de que orientamos nuestros esfuerzos de vida en la dirección correcta. Por ejemplo, podemos descubrirnos empeñados en luchar contra alguno de nuestros defectos dominantes, cuando en realidad lo que Dios nos puede estar pidiendo es que nos aceptemos como somos, con humildad y paciencia. Podemos estarnos exigiendo de más en alguna tarea en particular, cuando se nos pide enfocar nuestros esfuerzos en otras áreas.

Philippe nos dice que "el espíritu de Dios habla y actúa en la paz, nunca en la inquietud y la agitación, se manifiesta de manera sutil y surge de nuestra conciencia si existe en ella una zona de calma, serenidad y paz. Si nuestro interior está siempre ruidoso y agitado la dulce voz de la conciencia tendrá muchas dificultades para hacerse escuchar".

El problema es que todos llevamos dentro una revolución de pensamientos, emociones y sensaciones que parecen hablar —gritar— al mismo tiempo, causando caos y confusión interna. Todos sabemos que estas voces generan un entorno interior ruidoso y retador.

Identificar el origen de nuestros movimientos internos no es tarea fácil. ¿Cómo reconocer las inspiraciones o ideas que vienen de nuestra propia naturaleza y egoísmo; cuáles vienen de Dios y cuáles son tentaciones del enemigo?

Para entender esta complejidad, baste recordar que nuestro *yo* está compuesto por una cantidad de aristas que forman nuestra personalidad: temperamento, ideas y creencias, nuestras circunstancias, entorno y condición. Por si esto fuera poco, cada uno de estos aspectos está a su vez influido por las tres dimensiones de la persona: la física, la mental/afectiva y la espiritual. Y que cada aspecto tiene una voz propia y todos hablan al unísono en nuestro interior y, peor aún, ¡todos creen poseer la verdad absoluta!

De ahí la dificultad de reconocer las inspiraciones que tienen su origen en Dios y separarlas de aquéllas que pueden ser fruto de nuestra imaginación, de la autosugestión o meras tentaciones. Ése es el gran reto interno que debemos sortear. Para esto es necesario desarrollar lo que Philippe llama el "oído espiritual", que es una aptitud para descubrir la voz de Dios entre todas las que se dejan oír en nuestro interior. Es necesario aprender a identificar ese "tono de voz" para cada uno, un timbre con una dulzura, fuerza y claridad especiales que nos permitirá reconocerlo.

Algunos factores externos pueden ayudar en el desarrollo del "oído espiritual". Uno muy eficiente es la consistencia de las inspiraciones con nuestra vocación particular.

En nuestra vocación de padres, abogados, ingenieros, solteros o casados, hijos, hermanos, socios, consejeros, alumnos, etcétera, tenemos un conjunto de lineamientos y parámetros que constituyen nuestra vocación en nuestras circunstancias particulares. En la medida en que estas inspiraciones sean consistentes con nuestra vocación estarán alineados con nuestro sentido trascendente, ya que una forma de identificar que éste sea el caso es que éstas no contradigan nuestra vocación en cada aspecto de nuestra persona (personal, familiar, profesional, social, espiritual etcétera).

Hace poco conocí el caso de una joven madre de familia, con más de diez años de matrimonio y dos hijos, que un buen día anunció, orgullosa, que había decidido "encontrarse a sí misma" y que ahora veía con claridad su camino. Su "camino" la instaba a viajar por el mundo "en búsqueda de la verdad". Su realidad actual de esposa y madre, según su nueva filosofía, eran "estorbos" en la búsqueda de su propio espacio. Al cuestionarle acerca de las consecuencias que su decisión tendría en la vida de su esposo y sus hijos, ella contestó con un evasivo: "Lo importante ahora es que yo me encuentre a mí misma". Al escucharla pensé para mis adentros: "Sí, *tal vez* 'te encuentres', pero en el intento puedes perder a los que más dices querer".

Éste es un caso, lamentablemente, cada vez más común en hombres y mujeres que, con una falsa idea de autorrealización, rediseñan un futuro donde ellos son el centro de su propia felicidad. Muchas corrientes filosóficas y libros de autosuperación abogan por un individualismo radical. Me parece que es evidente que este tipo de descubrimientos no pueden provenir de un buen lugar y que, si nuestra supuesta misión nos hace olvidar nuestras circunstancias, obligaciones y condiciones actuales, entonces es una falsa misión: un engaño que, además de causar dolor, no puede conducir sino a la tristeza y la soledad. De ahí que el ingrediente del amor como antídoto contra el egoísmo sea siempre un buen consejero en este proceso de búsqueda genuina de nuestra misión.

Existe otro criterio que es más claro aún: "Al árbol se le conoce por su fruto". Si actuamos conforme a la inspiración divina, las acciones que emprendamos serán fecundas, darán frutos de paz, alegría, unidad. Mientras que, si la inspiración viene de nuestra autosugestión o del enemigo, éstas serán estériles y traerán consigo tristeza, amargura, soberbia, inquietud, agitación, confusión y, en definitiva, ausencia de paz interior. "Lo que viene de Dios produce la paz del alma, y lo que no viene de Él produce inquietud y zozobra", nos dice Philippe en repetidas ocasiones a través de sus textos.

Este criterio es muy ilustrativo, pero tiene un defecto. ¡Sólo se reconoce después de haber llevado a cabo la acción! En el *paddle tennis* (que se ha puesto muy de moda), sólo *después* de que la pelota rebota sabemos si pegó primero en el pasto y después en la pared, y si el punto fue válido. De ahí la importancia de tratar de discernir *a priori* y no *a posteriori* (antes y no después) si un acto es bueno o malo; y esto se logra en la medida en que éste se identifica o se aleja de nuestra naturaleza, de nuestra esencia y de nuestra vocación. Por eso los autores que tratan estos delicados temas desde la perspectiva espiritual nos recomiendan siempre escuchar la voz de la conciencia en el proceso.

La buena noticia es que, a diferencia del *paddle*, nosotros sí podemos corregir y enmendar nuestros errores aún después de haberlos cometido. La mujer que decidió ir a recorrer el mundo sin rumbo fijo "en pos de la verdad", si se da cuenta a tiempo y tiene la humildad y valentía de reconocer su error y arrepentirse, puede replantearse su misión de una forma compatible con sus circunstancias; aunque su decisión haya causado algunos platos rotos que será difícil volver a pegar.

Reconozco que, de los tres aspectos de la persona humana (cuerpo, mente y espíritu), el ámbito netamente espiritual puede ser el más difícil de interpretar. El aspecto corporal y físico es muy tangible. El cuerpo nos habla con síntomas claros y hemos aprendido a reconocer cómo nos sentimos o dónde nos duele. Tal vez los síntomas en el aspecto mental y emocional sean un poco más difíciles de discernir, pero aun así se puede identificar (muchas veces con la ayuda de un profesional) cuando tenemos la autoestima baja, cuando sufrimos de ansiedad, depresión o algún complejo o herida psíquica que venimos cargando desde la niñez. Si hace falta, siempre puedes pedir ayuda de un profesional, y es algo que constantemente recomiendo al haber vivido en carne propia estos procesos de ayuda terapéutica y visto sus enormes beneficios.

Sin embargo, para descubrir y discernir el aspecto espiritual de nuestra persona se requiere de una profunda interiorización, una humildad y perseverancia en la oración para obtener la gracia que nos ilumine para decidir y actuar correctamente. Esto muchas veces se facilita con la ayuda de un buen consejero espiritual que sea capaz de orientarnos en la compleja tarea de identificar el aspecto sobrenatural de nuestra misión. Este beneficio también lo he vivido en lo personal y su ayuda ha sido invaluable.

Reconozco que cada uno tendrá forma de hacer contacto con su intimidad, de escuchar la voz de su conciencia y de identificar el componente espiritual de su misión, el cual es un elemento central de la autotrascendencia a que se refiere Frankl y que, conjuntamente con nuestras pasiones y talentos, compone los tres elementos esenciales de nuestra misión.

Digo esto porque no puedo pensar en un mejor ejemplo que trascienda al hombre, a su cuerpo mortal y a su vida terrena, que el componente espiritual de la persona: su alma, por naturaleza, inmortal, pues es a través de ella que podemos acceder a la vida eterna.

3.10. TU MISIÓN PERSONAL

Si hoy te preguntara por tus planes del día de mañana, de la próxima semana, o del mes que entra, estoy seguro de que podrías darme santo y seña de cada uno de tus proyectos y actividades planeadas. Las tienes agendadas, con fecha y hora. Pero si te preguntara hacia dónde te llevan esas actividades o para qué haces lo que te planteas, ¿podrías contestarme con la misma prontitud? Si te detienes a pensar en ello y no sabes bien qué responder, te darás cuenta de que la pregunta de fondo no es qué harás en los próximos días o meses, sino ¿qué vas a hacer con tu vida?

La buena noticia es que sí es posible hacer un proyecto de vida; un mapa que nos permita vivir nuestra misión. Como todo GPS o Waze, no podemos determinar, sin embargo, el camino que debemos tomar si antes ignoramos a dónde queremos dirigirnos.

En una conferencia reciente que di a ejecutivos de Latinoamérica de una multinacional, líder en su industria, hice un ejercicio que te comparto. Justo antes del inicio de la pandemia, esta empresa reunió a más de 75 directores de sus respectivos países en un salón de un hotel de la Ciudad de México.

En aquella ocasión, me pidieron que les hablara de la búsqueda de la misión y la importancia de tener un proyecto de vida. Al presentar el tema, normalmente recurro al ejemplo de la misión de la misma empresa. Para ejemplificar con mayor fuerza el ejercicio elegí al azar a tres directores y les pregunté por la misión, visión y valores de la empresa. Nunca me sorprende que, a ese nivel, todos los conozcan de memoria. Incluso, la mayoría puede recitarlos sin detenerse apenas a entender lo que dicen.

Después del primer ejercicio, intenté algo diferente: le pedí al CEO que se pusiera de pie y nos explicara la filosofía detrás de la misión de la empresa. Tampoco me sorprendió que lo hiciera con toda soltura y profundidad. Y de ahí tomé un salto arriesgado. Le dije: "¡Qué bien que conoces a fondo la filosofía y la misión de la empresa! Es claramente algo que se espera de un CEO, pero ahora te pregunto algo: Ya que tienes tan clara la misión de tu empresa, ¿estarías dispuesto a compartir con el grupo tu misión personal de vida?".

Me miró entre sorprendido e irritado. Pasaban los segundos y el silencio en el salón empezó a sentirse incómodo. Las miradas oscilaban de él hacia mí. Me dije en silencio: "¡Haz algo, estás poniendo en evidencia al jefe!". Y, justo, cuando estaba a punto de intervenir, escuché su voz tenue: "Te agradezco la pregunta, pero francamente me dejaste helado. Tengo 55 años, soy muy ordenado y tengo mi vida bastante planeada, he trabajado los últimos 20 años en esta empresa hasta llegar a este puesto, ¡y con tu pregunta caigo en la cuenta de que no tengo clara mi misión y menos el propósito de mi vida! En pocas palabras, me apena reconocer que el único aspecto que tengo claro en mi proyecto de vida es el profesional, pero no me he detenido a analizar los otros aspectos de mi vida que mencionas... ¡No tengo un proyecto de vida!".

Al terminar de hablar parecía sorprendido de su propia honestidad frente a sus colaboradores. Mediaron muchos segundos antes de que alguien se atreviera a decir palabra.

Después de ese reconocimiento tan honesto y abierto, me di cuenta de que esta persona había dado un testimonio contundente de la importancia de detenerse a reflexionar sobre su propia misión, mucho más claro que cualquier otra cosa que pudiera yo haber presentado. Para romper el incómodo silencio y confirmar que el mensaje había quedado claro, pedí a algún voluntario que me dijera lo que había aprendido del ejercicio y éste dijo lo que creo que reflejaba el sentir de la audiencia: "Aprendí que el hecho de que hayamos escalado en la estructura corporativa hasta los más altos niveles no garantiza que tengamos clara nuestra misión de vida".

La intervención del CEO de esta multinacional le vino como anillo al dedo al resto de la presentación, que trataba de la necesidad de hacer un alto para darnos el tiempo y el espacio de identificar nuestra misión personal. Y, sobre todo, de las consecuencias de no hacerlo.

Nuestra misión, para que sea *realmente nuestra*, debe adaptarse perfectamente a lo que nos define como personas y nos hacer ser justamente quienes somos y no alguien distinto: nuestra personalidad, carácter, pasiones, talentos, circunstancias, valores, filosofía de vida, entorno social, cultural, económico y todo aquello que forma parte de lo que somos.

Esa adaptación debe de ser como un guante a la mano que se ajuste perfecto en cada uno de nuestros dedos, que pueden representar cada una de las aristas de nuestra verdadera personalidad. Este ejemplo puede servir para recalcar que la elección de la propia misión es la respuesta personalísima a un llamado individual, entendiendo que nuestra dimensión humana abarca mente, cuerpo y espíritu. De ahí la importancia de que, al embarcarnos en la aventura de descubrir nuestra misión, el autoconocimiento es fundamental; así como lo es el observar detenidamente nuestra realidad y nuestro entorno, los cuales están necesariamente marcados por nuestras circunstancias personales.

"Yo soy yo y mis circunstancias", nos dice Ortega y Gasset, y tanto nuestras propias circunstancias como nuestro entorno se convierten en un marco de referencia que juega un papel importantísimo en nuestras decisiones. Y también en nuestras aspiraciones.

Podría decir que toda iniciativa genuina y seria por descubrir nuestra misión debe estar precedida por un autoanálisis que nos lleve a conocernos y aceptarnos como realmente somos. De otra forma será imposible identificar nuestras pasiones, talentos, virtudes y defectos. Para vernos como somos; no como los demás creen que somos. Ese autoconocimiento sin caretas, siendo brutalmente honestos con nosotros mismos, es un paso previo indispensable al empezar la búsqueda de tu misión.

En mi caso tuve la fortuna de participar en un programa en el que nos pedían que hiciéramos un ejercicio profundo de autoconocimiento, y que incluía un aspecto que requería una buena dosis de humildad: consistía en preguntar nuestras características principales, virtudes y defectos, a nuestra gente más cercana, esposa, hijos, padres, hermanos, socios y amigos. La intención era confrontar nuestra percepción personal con la forma en que nos ven los más cercanos.

Fue necesaria una conversación previa con todas estas personas, tan importantes en mi vida, para pedirles que fueran totalmente honestos conmigo, ya que la intención era que esta información pudiera ayudarme a diseñar mi proyecto de vida. De no decirme la verdad, sólo la verdad y nada más que la verdad, me estarían confundiendo y aportando información imprecisa que podría alterar el curso de mi propia búsqueda personal.

A pesar de que, admito, fue un proceso doloroso escuchar de tu gente cercana tus defectos y lados oscuros, pude constatar la valía de contar con el cariño y apertura de los míos y con la visión más profunda de un director espiritual a quien acertadamente decidí incluir de último momento en el ejercicio.

Cada quien tiene su forma de "matar pulgas". Tú quizá no necesitas viajar y tomar un curso para conocerte. Cada persona encuentra su camino. Puedes hacerlo sin salir de tu rutina, pidiendo ayuda a quienes te conocen y quieren, para hacer un *reality check* completo y objetivo.

Para construir cualquier cosa hay que partir de la realidad. Poco duraría un edificio que se hiciera sin un buen análisis de suelos, o que decidiera ignorar el hecho de que está junto a un acantilado. Asimismo, antes de poner yesos y férulas, un buen doctor revisará las placas de rayos X para ver dónde están y qué tan graves son las fracturas del hueso. De otra forma, causará más daño que bien. Aquí no hay mentira piadosa que valga: es preciso encarar la verdad para aspirar a transformarla y a partir de ahí poder transformarnos.

Esto te permitirá ser profundamente realista en la búsqueda de tu misión. A lo largo de los años he tenido conversaciones con personas que me cuentan su misión, y a primera vista está muy distante de su realidad. Conozco a mucha gente que confunde sus sueños con su misión. Y si bien no tiene nada de malo soñar (de hecho, los sueños son un ingrediente importante de tu misión), éstos siempre deben tener no uno, sino los dos pies en la tierra para evitar que, al estar soñando en las nubes, perdamos contacto con la realidad, que es un aliado indispensable durante el proceso.

Conozco a una persona que a sus cincuenta y tantos vive frustrado con su carrera de contador, y me cuenta que quiere estudiar medicina, porque su pasión es aliviar los problemas de salud del país. "Las autoridades sanitarias no tienen ni idea del manejo de la pandemia", alega para justificar su decisión. Conozco a una señora que a sus 45 años comprendió que su verdadera pasión siempre fue ser bailarina clásica y desea iniciar un programa de seis meses de baile intensivo en la ciudad de Chicago. El pequeño detalle de estos dos ejemplos es que el primer sujeto no tiene resuelta su vida económica y dos de sus hijos están todavía en la universidad. Estudiar medicina es un trabajo de tiempo completo que le llevará ¡al menos siete años para concluir! Por su parte, la señora con sueños de danza, ya con esposo e hijos, está muy por encima de la edad adecuada para iniciar una carrera profesional como bailarina de *ballet*. En el mejor de los casos, aquello puede ser un gran pasatiempo (¡y vaya que reconozco la importancia de tenerlos!), pero es poco probable que ésa sea su misión.

Un plan de vida que niega la realidad... no puede ser un buen plan.

Parecieran ejemplos absurdos, pero surgen de conversaciones reales que, entre bromas y en serio, algunas personas me comparten después de alguna conferencia o porque han leído alguno de mis artículos o mi libro. En estas conversaciones me cuentan sus sueños y me dicen que "después de un análisis profundo, quieren recuperar el tiempo perdido y dedicarse a sus sueños de niños". ¡Sí! No dudo que sean sus sueños de niños, pero en ese "análisis" han dejado de lado un ingrediente fundamental: su propia realidad. Me suenan como el chico que a los ocho años anhela ser astronauta o bombero... y a quien la realidad lo llevó, precisamente, a ser contador. ¡Tan imposible es el niño astronauta como la señora bailarina profesional a sus 45!

Esta confusión es más común de lo que creemos, aunque los ejemplos sean menos drásticos, y se debe, entre otras cosas, a que nuestro entorno está lleno de cosas interesantes y muchas lucen atractivas. Pareciera que siempre estamos en la búsqueda de algo, o tenemos algún proyecto que perseguir. Dinero, casas, viajes, negocios, carrera, salud, autos, fundar, crear, cambiar, mejorar, salvar y un largo etcétera que ocupa nuestra mente y muchas veces nuestro corazón, y que es muy fácil confundir con nuestra misión.

Y tal vez lo sea, pero antes de lanzarnos como en tobogán de feria a conquistar esa misión, es necesario pasarla por el filtro de la razón, nuestro entorno, circunstancias, valores y filosofía de vida, que forman ese pequeño mundo que nos rodea, y al que llamamos realidad.

Tengo una noticia para las personas que se lanzan en pos de su "misión" ignorando sus circunstancias: al final, la realidad es tan terca que siempre termina por imponerse, por lo que es un grave error partir de una realidad equivocada y quemar las naves de la vida anterior. Quizá no sea buena idea vender tu negocio y divorciarte, o cambiar de pareja, de trabajo o de amigos... Muchas personas, al haberse lanzado a conquistar un proyecto de vida que no era el suyo, y al haber cambiado ellos mismos sus propias circunstancias, se quedan atrapados entre su vida anterior y el proyecto de vida fallido. Aún en esos casos extremos, no todo está perdido, no mientras haya vida, pero tendrán mucho trabajo que hacer para volver a las circunstancias previas a su error de cálculo.

Ésa es una de las razones por las que en el programa que tomé para la elaboración de mi proyecto de vida nos recomendaban hacer *low cost tests*, o pruebas de bajo costo, que consistían en que, antes de quemar los puentes de nuestra vida para adecuar nuestro entorno a lo que veíamos como nuestro proyecto futuro, metiéramos sólo un pie en el agua, antes de echarnos un clavado a la piscina.

Por ejemplo, antes de que la señora que desea retomar el *ballet* compre su vuelo a Chicago y se inscriba al curso de baile, rente departamento y deje por seis meses a su marido y a sus hijos, puede hablar con su esposo, ver opciones que sean compatibles con sus circunstancias (tal vez un programa similar en su ciudad), ponderar las consecuencias de su decisión (¿cómo voy a pagar el proyecto?, ¿qué otras cosas estoy dejando?) y revisar qué va a hacer con el resto de sus compromisos y proyectos de su vida actuales, y si éstos van a estar ahí seis meses después. No le estamos diciendo: "¡No sigas tus sueños!", sino todo lo contrario: sigue tus sueños con inteligencia y de la mano de tu realidad. De esa forma, su posibilidad de éxito es mayor y el riesgo de frustración muchísimo menor.

En el caso del contador cincuentón que quiere estudiar medicina, le recomendamos que, antes de renunciar a su trabajo actual, prevea cómo va a solventar los gastos familiares y los personales (los de la escuela de medicina), confirme si lo aceptarán en la universidad o si podría optar mejor por algún proyecto menos drástico que embarcarse los próximos siete años de su vida a estudiar medicina; por ejemplo, apoyar a las necesidades de salud del país desde otra trinchera o buscar ocuparse de la administración de hospitales públicos, en los que su experiencia contable pueda ser muy útil, y lanzar una carrera paralela y alineada a su sueño de apoyar la salud del país, pero sin dejar su trabajo actual, el cual, además, ¡hace muy bien! Hay que adaptar el guante a la mano... ¡nunca la mano al guante!

Espero que estos ejemplos no se interpreten como una sugerencia de que las circunstancias nos determinan. Estoy convencido de que el hombre tiene la libertad de cambiar a cada instante y de construir y reconstruir —en la medida de lo realista— su vida tantas veces como sea necesario. Por eso Viktor Frankl nos recuerda —desde un campo de concentración— que uno de los rasgos principales de la existencia humana es, precisamente, la capacidad para elevarse por encima de las circunstancias y trascenderlas. Pero una cosa es enfrentarse a las circunstancias adversas que nos limitan, y ser capaces de superar esos obstáculos en pos de nuestra misión, y otra muy distinta ignorar la realidad que se compone de una situación permanente o determinante, como la de los ejemplos de la "bailarina frustrada" o del "aspirante a médico" en que sus realidades hacían de sus sueños una locura, con consecuencias inevitables para ellos y sus familias.

He visto a muchas personas que van por la vida saltando de proyecto en proyecto, de ideología en ideología y de moda en moda. Si bien la misión puede cambiar a lo largo de nuestra vida, ésta no puede ser como un mono que brinca por todas partes y nunca se queda quieto. Los proyectos que se persiguen con desorden pronto decepcionan y nunca entregan lo que prometen. Este tipo de proyectos *no* pueden ser nuestra misión.

Este tipo de "misiones" de corto plazo y siempre cambiantes son las de las personas que cambian de trabajo y perfil cada tres meses ("¡Ahora sí, éste es el bueno!"), de esposa cada tres años ("¡Es que ésta es diferente!") y de vocación cada que llueve ("Veo que lo mío, ahora, es el yoga, o el gimnasio", o lo que sea). La inconstancia no es nunca una virtud. Las personas que viven siempre buscando el siguiente proyecto son como drogadictos en busca de su siguiente dosis, o donjuanes a la caza de su siguiente amor, o como alcohólicos sedientos del siguiente trago. En ellos opera la ley de la disminución de retornos: cada nuevo sorbo les da menos placer y su única manera de responder... es duplicar y triplicar la ingesta. Ya sabemos a dónde lleva este lamentable camino.

La reconocida doctora, autora y conferencista Marian Rojas, lo explica con mucha claridad cuando dice que en: "Esta sociedad que ha perdido el sentido, hemos cambiado el sentido por sensaciones".

La realidad es que nuestro corazón está en una búsqueda permanente de algo que sacie de verdad su sed. De ese algo "indescriptible" al que se refiere C. S. Lewis como el "inconsolable anhelo". Me parece que Jorge Luis Borges describe con maestría el hueco que se encuentra en nuestro corazón, que tan afanosamente nos empeñamos en llenar con todo tipo de satisfactores. Borges dice en su gran cuento *El Aleph,* que "hay un pequeño espacio dentro del corazón que es tan grande como el vasto Universo. Los cielos y la tierra están ahí y el sol, la luna y las estrellas; el fuego y el relámpago y los vientos están ahí y todo lo que ahora es y todo lo que no es".

¿Será por eso por lo que nos cuesta tanto trabajo llenar ese hueco en el corazón?

Estoy convencido de que la única forma de llenar ese hueco es descubriendo nuestra misión y haciéndola vida, en toda su dimensión; y así dar respuesta a nuestra pregunta, a la gran interrogante: ¿para qué estoy aquí?

3.11. ¿MISIÓN O VOCACIÓN?

Muchos autores utilizan indistintamente las palabras misión y vocación. Tal es el caso de Emmanuel Mounier (1936), filósofo francés que plantea que, para responder a la crisis de la cultura de su tiempo, es necesario dar un sentido a la vida y exhorta a cada persona a cumplir con su deber frente a los llamados de la realidad. Además, afirma que la vocación es un principio creador, es el descubrimiento progresivo de un principio espiritual de vida, es individual y debe ser descubierta por cada quien.

A esta teoría se suma también José Cueli, quien fuera director de la Facultad de Psicología de la UNAM, y que nos dice que "la vocación es el llamado a cumplir una necesidad, es un toque de clarín que cada persona oye y siente a su manera. Es un impulso, una urgencia, una necesidad insatisfecha. Si el hombre la satisface adecuadamente obtendrá tranquilidad y paz".

El leer estas y muchas otras definiciones de la palabra vocación, me queda muy claro: la vocación y la misión, aunque puedan tener distintas interpretaciones en entornos variados, para efectos prácticos es conveniente utilizarlas como sinónimos y no enredarnos en discrepancias lingüísticas. Cualquiera que sea su nombre, la llamada de la vida (vocación/misión) es tan fuerte que —reconocidos psicólogos afirman— es inherente a la naturaleza humana y ésta "anida en el inconsciente y se manifiesta en los actos hacia los que se orientan sus tendencias y cuando surge a la conciencia, se impregna de un fuerte tono afectivo".

Estas tendencias afectivas no son otra cosa más que nuestras pasiones, que en realidad son llamados a las cosas que nos gustan, y que, junto con nuestros talentos, son una muy buena guía para el descubrimiento de nuestra misión/vocación.

A estos autores se suma Viktor Frankl, quien nos dice que "el deseo de significado no sólo es la manifestación verdadera de la humanidad del hombre, sino que es un criterio fiable de salud mental, y que la carencia de un significado y un propósito en la vida es indicador de desajuste emocional". Tal importancia le da Frankl a la búsqueda de sentido de la vida —a la que yo equiparo con la misión—, que toma la postura de que la felicidad del hombre está supeditada a encontrar ese significado en la vida, y que "la propia felicidad llega una vez que la persona halla una causa en que empeñar la vida, o empieza a amar de verdad a otra persona, y es sólo hasta entonces cuando la felicidad llega por sí misma, o sea, como resultado de este encuentro".

Esto coincide con muchos otros autores que sostienen que la felicidad nunca se encuentra si se busca en sí misma, sino que llega sin buscarla cuando la persona encuentra su misión y la vive. En cuanto más hagamos de la felicidad un objetivo, más nos alejaremos de ella. Un ejemplo muy mundano que puede ejemplificar esta idea es cómo los adolescentes que buscan novio o novia desesperadamente, su urgencia e insistencia es tal, que lo que hacen es alejar a los pretendientes, quienes inconscientemente se apartan al percibir un peligro (o algún grave defecto subyacente) en esa urgencia.

Igual ocurre en los negocios, cuando ponemos al dinero como fin inmediato, muchas veces ¡lo que hacemos es espantarlo! Sabemos que en los negocios la remuneración llega como resultado de la venta de un buen producto o un servicio de calidad, de la atención a los clientes, de una buena estrategia de mercado: de agregar valor a través de nuestros productos o servicios, o de una buena reputación de un profesionista a quienes los clientes siguen por su experiencia y prestigio.

Igual que los novios y los clientes: la felicidad llega, no por perseguirla insistentemente, sino como consecuencia de conocer nuestra misión y vivirla.

Revisitemos el libro de *El Elemento*, en el que sir Ken Robinson nos cuenta la historia de Gillian:

A Gillian le iba mal en la escuela. Tenía apenas ocho años y sus padres ya estaban preocupados por su futuro. El día que se reunieron con el director y éste insinuó que su hija tenía problemas de aprendizaje, salieron decididos a consultar a un psicólogo. Gillian fue a la cita con su mamá. Las esperaba un señor con saco de *tweed* en una habitación oscura con paredes de roble. La que habló ese día fue su mamá, mientras ella se quedó sentada sobre las palmas de sus manos en un sillón de cuero gastado. Hasta ese momento Gillian no pensaba que tuviera un problema, pero escuchar a su madre hablar de ella la hizo dudar.

"Gillian, fuiste muy paciente y te agradezco por ello, le dijo el psicólogo. Pero ahora necesito hablar con tu madre en privado. No te preocupes, no nos va a llevar largo rato." Gillian asintió. Antes de abandonar el cuarto, el psicólogo prendió la radio. Tan pronto como estuvieron del otro lado de la puerta, el profesional le pidió a la madre que observara a su hija. Había una ventana y ambos podían espiarla sin que Gillian se diera cuenta. Casi inmediatamente, Gillian se paró y empezó a moverse al ritmo de la música. Los dos adultos se quedaron mirándola durante unos minutos, paralizados por la gracia de la niña. No hacía falta ser un profesional para darse cuenta de que había algo natural —casi primal— en los movimientos de Gillian. Al final, el psicólogo miró a la madre y le dijo: "Vea, señora, Gillian no está enferma. Gillian es una bailarina. Anótela en una escuela de danza".

Ésta es la historia real de Gillian Lynne, para quien sus talentos naturales y sus pasiones se alinearon con su propia misión, la cual emprendió con apenas ocho años. A diferencia de Agassi, no fueron sus padres quienes la empujaron al escenario, sino su propio espíritu. Gillian terminó por convertirse en una de las bailarinas y coreógrafas más importantes de Inglaterra y del mundo, creadora de piezas para *El fantasma de la Ópera, Cats* y otras varias decenas de obras inmortales en teatro y cine. Su único matrimonio duró casi cuarenta años. Falleció en 2018, tras llevar una vida plena y prestigiosa haciendo lo que amaba y ayudando a muchos en el camino.

Ésa es la magia de conocer y seguir nuestra misión.

3.12. ¿Es la misión atemporal?

Otra pregunta frecuente cuando uno enfrenta el dilema de la búsqueda seria de su misión, es si ésta se nos asigna al nacer o si puede cambiar con el tiempo. Me parece que en la persona hay características inmutables y otras que se ajustan con los años dependiendo de nuestras circunstancias, nuestra madurez y nuestra filosofía de vida.

Así como el temperamento de la persona es innato e inmutable, el carácter es adquirido y modificable, de ahí que nuestro carácter pueda ir cambiando con el tiempo, dependiendo de la influencia de factores externos y de nuestra forma de reaccionar ante los retos que la vida nos presenta. De igual manera, en algunos aspectos, considero que nuestra misión es inmutable, pero en otros deberá irse adaptando a la naturaleza cambiante de nuestra vida y nuestras circunstancias.

Tal vez hayas escuchado hablar de Heráclito y Parménides, que son dos filósofos que ilustran muy bien la diferencia entre lo inmutable y el cambio permanente. Aunque en algunas cosas coinciden, ambos sostienen posturas radicalmente opuestas en su visión del mundo. Heráclito promulga que el mundo es cambiante y no estático, lo cual ilustra con un ejemplo muy gráfico al decirnos que nunca nos bañamos en el mismo rio porque sus aguas, con su fluir natural, son siempre distintas. Como consecuencia de este devenir, el camino a la verdad (que es una y está más allá de nosotros) cambia en todo momento. Por su parte,

Parménides nos dice que no existe tal devenir y que el mundo es estático: que el camino a la verdad es uno solo.

Ciertamente en esta discusión podríamos detenernos un buen rato, y admito haber sostenido interesantísimas conversaciones al respecto con amigos y colegas, acompañadas por algunos buenos tintos que, si bien no iluminan el entendimiento, si desinhiben al interlocutor que pierde el miedo a soltar argumentos arriesgados... lo cual le viene muy bien a este tipo de conversaciones filosóficas.

Para efectos de este capítulo, basta referir que existen estas dos teorías, y que nos son muy útiles para explicar el aspecto inmutable y el aspecto cambiante de la misión.

Seguramente te ha pasado, que cuando el camino de la vida te da un respiro, miras atrás y compruebas lo distante —y distinto— que te encuentras de lo que eras hace 10, 20 o 30 años. También que, tiempo atrás, venías cargado de sueños, ilusiones, proyectos y planes, que entonces se veían lejanos, difusos e improbables, y tal vez hoy ya estás donde te habías propuesto; o quizá los senderos, veredas o atajos de la vida te hayan llevado por otros derroteros.

Cuando contábamos con tres, cinco o siete años teníamos una visión clara y feliz del futuro y, cuando nos preguntaban qué queríamos ser de grandes —en palabras de adulto: ¿cuál sería nuestra vocación o misión?—, no teníamos dudas: queríamos ser astronautas, futbolistas o estrellas de rock. ¡Mucho había de nuestros propios talentos y pasiones en aquellos sueños infantiles!

Después crecimos y elegimos andar senderos más sensatos —abogados, doctores, ingenieros, contadores— y empezamos a forjar un futuro más realista: uno más seguro, más alcanzable, más adecuado. Y enfrentamos la batalla de la vida; tomamos decisiones y renunciamos a mucho en el camino.

¿Significa esto que cambió nuestra misión y que de niños teníamos la vocación de ser bomberos y hoy la hemos traicionado al convertirnos en abogados?

No lo creo. En este ejemplo parece quedar claro que en la medida en que vamos creciendo, madurando, aprendiendo y sufriendo en la vida, estamos en una mejor posición para descubrir nuestra vocación. Vamos aprendiendo también a ser realistas y conocer nuestro entorno para identificar las decisiones de vida que se alinean con nuestra misión.

Existen personas que deciden en el atardecer de su vida tomar un nuevo rumbo. Como un buen amigo, don Alberto Pacheco, abogado y notario de gran prestigio a quien tuve oportunidad de conocer en la práctica de su profesión, quien incluso llegó a ser presidente nacional del Colegio de Notarios de México, y quien, tras una larga y exitosa carrera académica y notarial, escuchó un nuevo llamado: uno más profundo y radical. Don Alberto, a sus 76 años, vio su vocación al Sacerdocio. ¡Vaya que era un cambio de proyecto! Pero las condiciones estaban dadas. Sus talentos y pasiones se alineaban; claramente la trascendencia estaba presente. La paz interior daba excelentes señales y las condiciones eran propicias. Entonces, con total claridad de conciencia, pudo decir "sí" a ese importante llamado. Cuando falleció, hace muy poco, estoy seguro de que a las puertas del cielo nadie le recriminó ese "cambio de misión". Por alguna extraña razón, que seguramente él ya conoce, recibió un llamado a una "nueva vida" a una edad en la que muchos ya se entregan al retiro.

Si ya decíamos que la misión tiene algunos aspectos inmutables y otros cambiantes, pensemos en las distintas relaciones y los diversos vínculos que hacemos por la vida. Al pensar en los lazos familiares, existen algunos que nos acompañarán hasta la tumba. Del nacer al morir vamos a ser "los hijos de", "los hermanos de", "los primos de" y "los padres de". Aunque me podrás decir que los parientes no se escogen, la noticia es que esas relaciones de parentesco te acompañarán toda la vida y no van a cambiar hasta que estos vínculos sanguíneos se extingan con la muerte.

En este caso, vale la pena aclarar que el único pariente que si se escoge es nuestro cónyuge y por eso es la elección más importante que tenemos en la vida. "Quien yerra en el casar, ya no tiene en que acertar", reza un conocido adagio popular. Aunque más adelante lo abordaré a detalle, al describir los distintos aspectos de la misión, es conveniente tener en cuenta que el ser un buen hijo, buen hermano, o buen padre, que es una parte importantísima de tu misión, la has de vivir precisamente con los padres, hermanos o hijos que te tocaron. Y eso no va a cambiar, por más que pase el tiempo.

Por otra parte, en el aspecto profesional usemos el ejemplo de un deportista de alto rendimiento, uno de los orgullos de nuestro país: Sergio *Checo* Pérez, a quien como aficionado a la F1 sigo de cerca desde hace muchos años.

Tal vez Checo sea la única persona que conozco que persistió en un sueño infantil que todos consideraban inalcanzable. Él no se propuso ser bombero ni astronauta. Su sueño infantil fue ser piloto de Fórmula 1. Un sueño mucho más difícil de alcanzar que casi cualquier otro. En el mundo debe haber miles y miles de bomberos, algunos cientos de astronautas, muchísimos futbolistas, pero sólo 20 personas en el mundo tienen el enorme privilegio de pilotear un auto de F1 cada temporada. Checo vive hoy ese sueño de niño, que pudo materializar gracias al esfuerzo, dedicación y sacrificio que ha invertido en su carrera. Hoy es piloto de la poderosa escudería de Red Bull y tiene por compañero al mismísimo Max Verstappen, quien logró la hazaña de convertirse en campeón del mundo tras arrebatarle la victoria al siete veces campeón Lewis Hamilton en la última vuelta de la última carrera en Abu Dabi. Este cierre de alarido culminó con una de las temporadas más atractivas de la historia y Verstappen mucho le debe de este gran logro a su fiel compañero Checo, quien en los momentos de mayor presión demostró tener la madurez de poner por encima los intereses de su equipo a los propios. El reconocimiento de Verstappen a Checo por su actuación en esta última carrera que definía el campeonato, cuando peleó rueda a rueda con Hamilton, no deja lugar a dudas: "Checo is a legend", comentó por el radio a su equipo, a lo que el equipo contestó elogiando su manejo: "He's an animal!".

Checo claramente está viviendo su misión y no creo que nadie tenga duda que tiene el talento y la pasión para convertirse —ahora él— en campeón del mundo. Hoy, después de muchos años de desfilar por categorías inferiores y escuderías de media tabla está más cerca que nunca. Sin embargo, siendo realistas, sería absurdo pensar que esta misión seguirá vigente en diez años. Cuando Checo cumpla cuarenta años —la edad en la que muchos apenas vamos "de subida", como casi todos los deportistas y atletas de ese nivel— tendrá el reto de replantearse su existencia. Va a ser muy difícil que siga compitiendo en la F1 y, por tanto, que siga siendo ésta la manera de vivir su misión.

Como hombre de familia que es, en unos años su misión se ajustará a las nuevas circunstancias de su vida. El gran reto será encontrar en su familia, sus hijos, y sus nuevos proyectos, la adrenalina y pasión que hoy le aporta el pilotear un auto de F1 a más de 300 kilómetros por hora.

Estos dos ejemplos pueden ayudarnos a entender cómo hay aspectos de nuestra misión que pueden ir cambiando drásticamente con el tiempo, ya que es, hasta cierto punto, normal que nuestras circunstancias también muten. Esto, insisto, de ninguna manera quiere decir que sean las circunstancias las que nos determinen, y que tengamos que ajustarnos a ellas ciegamente, inconscientemente, como borregos. Al contrario, estos ejemplos y muchos otros que tal vez tú conozcas, pueden servir para reforzar el concepto de que somos nosotros, hasta cierto punto, quienes moldeamos nuestras circunstancias y superamos los retos que la vida nos plantea.

De hecho, sobreponernos a las circunstancias adversas es lo que va forjando nuestro carácter. Normalmente con el paso del tiempo llega la sensatez, que pedimos en la bellísima oración que me parece una oda a la madurez, atribuida al teólogo y filósofo estadounidense de origen alemán Reinhold Niebuhr: "Señor, concédeme serenidad para aceptar todo aquello que no puedo cambiar, valor para cambiar lo que soy capaz de cambiar y sabiduría para entender la diferencia".

Si nos tomamos el tiempo y la calma para dar un buen vistazo atrás podremos confirmar si acaso en el proceso de la vida nos hemos mantenido fieles a nosotros mismos, para así seguir la categórica recomendación de Oscar Wilde, quien describe en un genial plumazo la profunda realidad de nuestra misión personal: "Sé tú mismo: los demás puestos están ocupados".

4. Tu proyecto de vida

En el capítulo anterior analizamos a profundidad las razones filosóficas, teológicas y ontológicas por las que conviene descubrir nuestra misión y vivirla. La intención de este capítulo es aterrizar los conceptos que antes exploramos y, con un enfoque muy práctico, concentrarnos en la herramienta central de que disponemos para hacer vida nuestra misión. Me refiero a tu proyecto de vida. Podríamos decir que en el capítulo pasado vimos el "qué" y en este capítulo pretendo abordar de manera muy concreta el "cómo". Las herramientas que aquí comparto serán de mucha utilidad para hacer un proyecto de vida que te permita no sólo identificar tu misión, sino sobre todo ponerla en práctica.

Tener una misión clara es sólo el primer paso; todavía falta lo más importante: diseñar tu propia ruta para llegar a ella. Puede haber muchos caminos para llegar al mismo lugar y es importante elegir el tuyo, ya que el diseño de tu proyecto de vida tendrá un impacto importante en tu persona, tu familia, tu profesión y tu entorno. Puede ser un catalizador que te permita redescubrirte, reinventarte y redefinir tu lugar en el mundo.

Esto lo digo porque lo he vivido personalmente y porque he visto en muchas personas el impacto que el elaborar un proyecto de vida a conciencia tiene en sus vidas.

Debido a mi profesión de abogado, que es parte esencial de mi misión, he participado en un sinnúmero de consejos de administración y en su diseño de misión, visión y valores, así como en la planeación estratégica de muchas empresas y asociaciones civiles. Te puedo decir, sin exagerar, que la relevancia de esta planeación en las empresas no tiene nada que ver con el impacto que he visto se logra en lo personal cuando diseñamos nuestro proyecto de vida.

La noticia es que si tomas buenas decisiones en este proceso puede haber una mejor vida para ti. Tal vez distinta a tu vida de hoy, o quizá muy parecida, pero vivida con una intencionalidad diferente. Vivida con un propósito y una clara sensación de estar andando el camino correcto y de hacer las cosas para las que naciste. Si llevas a cabo este proceso de manera exitosa, te podrás sorprender una tarde cualquiera riendo a carcajadas sin motivo aparente y gritando en tu interior: "¡Esto es lo mío!".

En cualquier caso, te invito a que te entregues a esta aventura y que lo hagas a conciencia. No es un proyecto ni negocio cualquiera de lo que estamos hablando, sino de TU vida, y de una posibilidad real de encontrarle sentido.

4.1. ¿Viajar sin GPS?

Varios siglos antes de que existiera la aplicación Waze, el programa Google Maps o los modernos sistemas de navegación GPS, ya los viajeros planeaban sus rutas de distintas maneras con las herramientas que tenían entonces a su alcance.

Cristóbal Colón, el navegante genovés, llegó a las costas de América por error en 1492, mientras buscaba una ruta diferente hacia las Indias Orientales. Aunque el descubrimiento fue una sorpresa, su intuición era correcta. Si el continente americano no le hubiera "estorbado" y hubiera seguido navegando alrededor del globo, podría haber llegado a Asia por otra ruta, en vez de usar el habitual camino a lo largo de toda la costa africana.

Colón, como todos los navegantes y viajeros, usó una mezcla de instrumentos de navegación: mapas terrestres y celestiales; corrientes oceánicas y brújulas magnéticas. Hubiera sido absurdo lanzarse a la mar buscando las Indias sin trazar una ruta con base en las herramientas con que contaba.

Ni en la navegación ni en la vida basta, pues, tener una misión y un destino en mente. Para alcanzar las Indias Orientales, o para hacer vida nuestra misión, es necesario no sólo tener claro el destino, sino trazar una ruta, diseñar un mapa y definir las coordenadas que nos llevarán a donde queremos llegar.

Sólo nosotros podemos fijarlo. Ese destino es ni más ni menos que nuestra misión, y para llegar a ella, al igual que Colón, debemos usar mapas terrenos (pasiones y talentos) y mapas celestiales (trascendencia y conciencia). No son las estrellas las que determinaron el camino de Colón, ni lo harán con el nuestro. Somos nosotros quienes con ayuda de aquéllas debemos seguir la ruta que nos tracemos. El control del timón sigue siendo nuestro por completo.

Si eres de una generación cercana a la mía, seguro recordarás que cuando viajábamos o visitábamos una ciudad poco conocida, antes de subir al auto, sacábamos el mapa de la *Guía Roji*, un mapa de papel del tamaño de una mesa y ahí, trazábamos —con un plumón— la ruta hacia nuestro destino. Si íbamos solos, era un reto aprender a interpretar el mapa, trazar la ruta y manejar al mismo tiempo. Me tocó muchas veces hacer esos malabares en viajes de trabajo con autos rentados en distintos aeropuertos y sentarme horas a planear el camino que me llevaría a las cuatro o cinco citas del día en una ciudad desconocida. Esta aventura no estaba exenta de tomar rutas equivocadas, pitidos de conductores que me veían cambiar de carril de último momento y, ni qué decir, de pasar por barrios peligrosos de noche por haber dado vuelta donde no debía.

Afortunadamente hoy existen aplicaciones como Waze y programas como Google Maps, con los que yo (seguramente igual que tú) prácticamente ya no puedo circular (a veces, ni en mi propia ciudad). Éstos nos marcan no sólo la ruta, sino los accidentes en el camino y la densidad del tráfico, las condiciones de las carreteras, si se han producido embotellamientos y toda la información que necesitamos para planear nuestro trayecto. Al ser muy poco tecnológico, sigo sin entender bien cómo funcionan estas maravillosas herramientas de las que me he convertido en absolutamente dependiente. Hoy ni se me ocurre ir a algún lugar que implique más de 10 km de viaje sin iniciar Waze para seguir sus instrucciones casi ciegamente.

Lo mismo ocurre cuando pedimos un Uber. La primera pregunta que nos hace la aplicación es indicar el destino a donde nos dirigimos. O el "Where to". ¡Si no sabemos a dónde ir, la aplicación no nos permite empezar el viaje!

Si para cualquier trayecto cotidiano tenemos claro nuestro destino, ¿por qué andamos por el camino de la vida sin saber a dónde vamos?

Para cerrar esta analogía podríamos decir que la misión en la vida es el destino que hayamos elegido en Waze o en Uber antes de empezar cualquier viaje, y el proyecto de vida es la propia aplicación que nos marcará la ruta para llegar ahí.

Me parece que es clara la dificultad de circular sin un mapa, pero es mucho más complicado andar por la vida sin una herramienta que nos guíe hacia las metas que nos hemos trazado. O peor aún, ¡sin tener claro nuestro destino!

Si, como todas las personas con quienes he tocado este tema, también consideras que tu vida es tu proyecto más importante, y estás consciente de que solamente tenemos una oportunidad para invertirla en algo que valga la pena, es lógico que en algún punto te detengas a cuestionarte cómo lograr tus objetivos de vida.

De eso se trata este capítulo: de ayudarte a elaborar un proyecto de vida que te sea útil en lo individual y lo colectivo, para tu profesión, tu familia, tus amistades, tus finanzas y tu relación con Dios, y para que todas estas áreas se mantengan en armonía.

Sabemos que lo que cuenta en la vida son, finalmente, los resultados, y cuando llega la madurez comprendemos que éstos no dependen tanto de las circunstancias o de la suerte, sino que son fruto, en buena medida, de las decisiones que hayamos tomado, con base en la planeación y correcta ejecución de un plan concreto: un proyecto de vida.

Considerando que los viajeros por el camino de la vida somos nosotros mismos, conocernos bien es el primer paso para definir a dónde queremos ir o qué rutas estamos dispuestos a andar. Por eso comienzo por compartirte algunas herramientas sencillas que te permitirán hacer un análisis de tu pasado, presente y futuro. Te invito a que hagas este ejercicio tan amplia y profundamente como tú lo desees.

Para empezar, considera que tú estás en el centro de este proceso y que tanto el destino como la ruta deben responder a tu propia personalidad, carácter, circunstancias, forma de ser, valores y filosofía de vida; por lo tanto, esta búsqueda tiene que empezar, ni más ni menos, que en ti, y para eso necesitas conocer realmente cómo eres.

4.2. Conócete a ti mismo

En las conferencias y pláticas que presento en distintos foros, el tema del autoconocimiento siempre toma un papel relevante.

Cuando el auditorio lo permite, pido a un participante que se ponga en pie y le pregunto: "Me gustaría saber quién eres". Casi siempre me responden con: "soy fulano o fulana de tal". Los interrumpo de tajo para decirles. "No, ése es tu nombre, ¿dime quién eres?". Normalmente siguen con una descripción de su oficio o profesión: "Soy ingeniero o médico…", pero entonces los vuelvo a interrumpir: "¡No… no… no…, ésa es tu ocupación, dime quién eres!".

Ya aquí las miradas de desconfianza e incomodidad se van incrementando, y luego de la tercera pregunta me responden: "Soy el director de, o supervisora de, o encargada de", y yo sigo con mis interrupciones incómodas: "No, no, no, ése es tu puesto o tu cargo, ¡dime quién eres!". Usualmente aquí ya no siguen, porque se dan cuenta que ninguna de las respuestas cotidianas o políticamente correctas van a dar con la respuesta que espero.

Este ejercicio es muy útil para "abrir boca" y hacer pensar a los asistentes que tal vez el conocimiento de ellos mismos está relacionado sólo con sus actividades externas, su relación con otros, su ocupación o puesto, pero que no se han detenido a cuestionarse quiénes son realmente.

Aquí, ante la mirada sorprendida del personaje en cuestión, que en medio del salón me mira con desconfianza creciente, paso a la explicación de la pregunta: "Cuando te pregunto quién eres, lo que me interesa escuchar es cuáles son tus anhelos y tus ilusiones, cuales tus miedos y frustraciones; cuéntame de tus logros, tus emociones y tus sueños. Cuéntame dónde te ves en cinco años, a quién es a quien más quieres y a quien más temes en el mundo, cuáles son tus creencias y tus valores. Dime, en pocas palabras, qué te define como persona y cuáles son tus diferenciadores. Cuéntame qué te gusta, qué te apasiona, y para aquello que eres bueno...".

Muchas veces después de este ejercicio se genera un silencio que nadie se atreve a romper. Obviamente la persona que está de pie me mira como pidiendo compasión: "¡Por favor, no me hagas contestar esto en público!".

Lo valioso de este proceso es que las personas empiezan a comprender lo poco que se conocen y lo importante que es darse el tiempo para redescubrirse. Este redescubrimiento puede comenzar de varias formas. A veces a través de la introspección, otras desde los ojos de los demás, o a partir de nuestra reacción ante una situación o un evento extraordinario que nos revela no sólo quiénes somos, sino de qué estamos hechos.

Uno de los primeros y más eficientes pasos del autoconocimiento es el de hacer un alto. Un alto que nos lleve a descubrir que somos carne, risa, besos, dientes, ojos, sueños, cansancio, ilusiones y lágrimas. Que reímos, nos cansamos, besamos, jugamos y juzgamos; que, si bien somos cuerpo mortal, uno que es capaz de las peores atrocidades y que al morir será alimento de los gusanos, también somos alma inmortal capaz de conectar con nuestros anhelos e ilusiones más nobles. Que, si bien dejaremos algún día esta piel cansada con la que hemos transitado el mundo de los mortales, también somos parte de un proyecto divino y que nuestra alma tiene reservado un espacio en la eternidad.

4.3 Hacer un alto

Blaise Pascal decía que todas las desgracias del hombre surgen de no ser capaces de estar solos y tranquilos en una habitación. Tal vez con esta afirmación, el matemático y filósofo francés nos recuerda que al permanecer en reposo se pueden realizar muchas más cosas de las que podríamos suponer, y que hemos caído en un estilo de vida en el que se identifica vivir con moverse apresuradamente de un lugar a otro sin ton, ni son.

¿Hace cuánto que no estamos solos y tranquilos en una habitación? Me refiero sin celular, sin Netflix, sin una computadora portátil, sin una tableta o acceso a redes sociales, o cualquier otro distractor cuya compañía nos impide rodearnos del silencio y la introspección que requiere hacer el tipo de pausa a la que alude Pascal.

Este alto al que me refiero es cada vez más necesario porque la velocidad se ha convertido en una forma de vida. Hoy el mundo demanda actividad, correr de un lugar a otro y trabajar sin descanso. ¿Haciendo qué? ¡¿Qué importa?! Lo importante es estar ocupados. Vamos a todas partes y a ninguna parte... sin perder un segundo jamás. Como el conejo de *Alicia en el país de las maravillas*, que tenía la sensación permanente de ir tarde a todas partes.

Al escribir estas líneas me pongo a pensar en la cantidad de ocasiones en que me he sentido como el conejo de Alicia, y lo difícil que ha sido para mí lograr un avance significativo en mi lucha para dejar las prisas atrás. Esto me propuse hace más de 10 años: *Ocupado sí, pero apresurado no más.* Lamento reconocer que es un área en la que he logrado muy poco avance.

Ante ese ritmo frenético es imposible hacer frente a las preguntas existenciales que la vida de cuando en cuando nos presenta. Ese alto que propongo es para que coloques una pregunta frente a ti: ¿Quién soy?

Como decía Bob Buford, fundador del Half Time Institute, "para diseñar las claves de tu misión y hacer un proyecto de vida, necesitas un trabajo más arqueológico que arquitectónico": escarbar en el pasado te permitirá entenderte y conocerte como realmente eres.

Por esto, para empezar con esta aventura "arqueológica", te propongo analizar los cimientos de tu persona, en los que se encuentran las raíces de quién eres hoy. Me refiero a tu pasado, en el que se basan los psicólogos para descubrir a tu niño interior.

4.4. Análisis del pasado

El hombre o la mujer en que te has convertido hoy se debe en gran medida a quien fuiste ayer. En el pasado se encuentran las claves que te pueden ayudar a conocerte y a entender por qué eres como eres. Las vivencias y experiencias de tu vida te han ido forjando en muchos sentidos. Esto incluye, obviamente, lo bueno y malo que te ha ocurrido. Me refiero a tus antecedentes personales y familiares, así como tus experiencias, éxitos, logros, relaciones, recursos, circunstancias, fracasos y frustraciones. También incluye tus dolores, miedos y tragedias personales, las confusiones, dudas y decepciones que han sido parte de tu vida. Todo tu pasado —bueno y malo— ha incidido de manera importante en quién eres hoy y esas experiencias te han posicionado en tu situación actual.

Estas líneas están muy lejos de implicar que tu pasado y tus circunstancias te han determinado para siempre. De sostener esa postura estaría diciendo que tu libertad y voluntad no cuentan y caería en la falacia del predeterminismo: pensar que la persona está a merced de su pasado y circunstancias sin que haya tenido ninguna responsabilidad de lo que le ha ocurrido. Estoy convencido de que no es así. Si bien tu pasado y tus circunstancias han tenido una fuerte influencia en quién eres hoy, en ningún caso han estado por encima de tu voluntad y, sobre todo, de la libertad con la que has decidido y elegido a lo largo de tu vida.

Estoy también convencido que otra de las cosas que mayormente incide en quiénes somos son las decisiones que hemos tomado. Y a diferencia de nuestro entorno y circunstancias que, claramente, no elegimos, las decisiones personales han estado siempre ahí, han sido nuestras y han tenido un fuerte impacto en la persona que hoy somos.

Saber recordar y reconocer con objetividad los logros y fracasos de nuestra vida es fundamental para analizar objetivamente nuestro pasado y saber quiénes somos y dónde estamos, para desde esa base de realidad poder analizar nuestro presente y proyectar nuestro futuro.

La ventaja de identificar nuestros principales logros nos permitirá valorar cómo hemos evolucionado, crecido y salido adelante ante las encrucijadas que la vida nos ha planteado. Reconocer objetivamente nuestros fracasos o proyectos inconclusos, también nos permitirá saber cuáles han sido nuestras aspiraciones y determinar la razón por la que no las hemos alcanzado.

El pasado tiene la ventaja de que es como es y no se puede cambiar. Aceptarlo sin justificaciones ni sentimientos de culpa nos permitirá recurrir a él como un cimiento sólido para conocer nuestro presente y diseñar nuestro futuro.

Este cuadro te puede ayudar a reconectar con tu pasado y para extraer de él sólo la información útil que te posicione para diseñar adecuadamente tu futuro.

ANÁLISIS DEL PASADO				
DIMENSIONES	PRINCIPALES EVENTOS EN MI VIDA	¿CÓMO HAN INFLUIDO EN QUIÉN SOY HOY?	PRINCIPALES *LOGROS*	PRINCIPALES *FRACASOS* O ÁREAS DE OPORTUNIDAD
1 FAMILIAR				
2 ESPIRITUAL				
3 SOCIAL				
4 ECONÓMICA				
5 PROFESIONAL/ EMPRESARIAL				
6 PERSONAL (física, emocional, mental, intelectual, cultural)				

Una vez que hayas hecho a conciencia este ejercicio, tendrás ya más claros los cimientos y orígenes de tu persona: de dónde vienes y qué te ha llevado a convertirte en la persona que eres hoy.

Te recomiendo que, si en el proceso descubriste algún logro especial que te haya hecho sentir orgulloso, te detengas un tiempo para re-cordarlo y disfrutarlo adecuadamente. No seas como muchas personas que conozco (el que esto escribe incluido), de esas que luchan seriamente y se esfuerzan durante años para lograr algo, y cuando llega simplemente lo dan por hecho, voltean para otro lado y no le dan el peso y la importancia suficiente para gozarlo como se merece.

¡Es importante regocijarnos en los logros que tanto hemos luchado por conseguir! Y para hacerlo de forma sana es necesario aderezar ese gozo con el agradecimiento y reconocimiento al papel que los demás han jugado en ellos.

Por otro lado, si hallaste alguna pena o dolor que te haya cimbrado, también es importante revisar si este dolor ha cicatrizado adecuadamente, o si esa herida queda aún abierta, porque de seguir sangrando dentro de ti, va a ser muy difícil que logres construir un futuro sano.

Jaime Sabines, lírico chiapaneco, tiene un poema que me encanta. Se llama *Horal* y se dice: "El Mar se mide por olas, el cielo por alas y nosotros por lágrimas...". De acuerdo con estos poderosos versos, para crecer necesitamos llorar, y las lágrimas brotan del dolor y del sufrimiento. Nosotros sabemos que un sufrimiento bien llevado es una forma eficiente de crecer y de hacernos mejores personas; mientras que uno mal llevado es capaz de hundir a cualquiera o de postrarlo en el cómodo sillón del victimismo. Independientemente del motivo de las lágrimas, también te propongo que utilices este alto para llorar tus penas, y para que esas lágrimas te ayuden a cicatrizar las heridas que has acumulado.

Durante este ejercicio te invito a revisitar los eventos dolorosos de tu pasado y cuestionarte si has hecho las paces con esos acontecimientos o personas. El perdón es el bálsamo del que se cubren los peldaños del pasado para poder usarlos como escalón para subir al siguiente nivel personal.

En su libro *Del resentimiento al perdón* mi buen amigo don Francisco Ugarte dice que: "el resentimiento es como un veneno que nos tomamos con la esperanza de que haga daño a la persona que nos lastimó". Por eso te invito a liberarte de los resentimientos que puedas venir arrastrando y que des la vuelta a la página para que —perdonando de corazón a quien te haya lastimado— puedas construir sobre tu pasado un proyecto de vida libre de ataduras y acorde a tu potencial y tus aspiraciones personales.

Una vez que hayamos buceado objetivamente en las profundidades del pasado, ahora conviene analizar nuestra realidad actual. En este análisis deberemos estudiar no sólo quienes somos hoy, sino también hacer un *reality check* de nuestro entorno y circunstancias actuales, ya que éstas tienen un fuerte impacto en la realidad sobre la cual diseñaremos nuestro proyecto de vida.

Es muy importante analizar objetivamente nuestras fortalezas y debilidades, y ser muy sinceros con nosotros mismos.

Para este análisis propongo utilizar un proceso que seguramente has escuchado, pero que normalmente utilizamos en el entorno empresarial o profesional. Me refiero a un análisis de tus fortalezas, oportunidades, debilidades y amenazas, comúnmente conocido como FODA. Sólo que, en lugar de hacerlo a nivel profesional o empresarial, en esta ocasión te propongo hacerlo a nivel personal. El objeto de estudio será, ni más ni menos, que tu propia persona.

Ésta es una herramienta de planeación estratégica que te puede ser muy útil en el análisis de tu presente para que sirva como base para elaborar tu proyecto de vida. Lo valioso de este ejercicio es que analiza a tu persona (lo interno) y tu entorno (lo externo).

Aquí te presento una gráfica del formato que puedes utilizar. También lo encontrarás, para que puedas llenarlo, en la página web antes referida, como el resto de los formatos en el libro.

ANÁLISIS FODA PERSONAL		
	Interno	**Externo**
(+)	FORTALEZAS Talentos, pasiones y hábitos que pueden ayudarte a alcanzar tus metas	OPORTUNIDADES Factores externos en los que puedes apoyarte para alcanzar tus objetivos
(-)	DEBILIDADES Defectos, malos hábitos, aspectos negativos o débiles en tu personalidad.	AMENAZAS Factores externos que pueden impedir o dificultar el logro de tus objetivos.

Hacer un análisis personal es un proceso que duele. Si se trata de identificar nuestras virtudes, esa parte la podremos hacer fácilmente, incluso exagerando algunas de ellas. El amor propio y la soberbia siempre trastocan nuestra autopercepción y casi siempre nos percibimos mejor de lo que realmente somos. "Si las personas fueran mercancías, el mejor negocio del mundo sería comprarlas en lo que valen y venderlas en lo que creen que valen", leí alguna vez.

Es muy sano tener una autoestima alta, pero nunca tan elevada como para que nos haga perder el piso y desfigure nuestra propia imagen, lo que dificulte el sano proceso de identificar y reconocer nuestros defectos dominantes.

En el curso que tomé hace dos años en el Half Time Institute (en el que me convocaron a ser parte del comité de planeación estratégica), nos invitaron a hacer un ejercicio eficiente y doloroso de autoconocimiento:

Nos pidieron que identificáramos a diez personas muy cercanas que nos conocieran bien y a quienes les tuviéramos confianza suficiente para pedirles contestaran un cuestionario sobre nuestra persona.

En mi caso lo entregué a mi esposa, a mi madre, a uno de mis hermanos, a uno de mis socios, y a mi gran grupo de amigos del "Foro 1", con el cual me reúno mensualmente desde hace más de 20 años a discutir con absoluta confianza y en un entorno de íntima amistad los asuntos (de toda índole) que nos preocupan y ocupan, y que se ha convertido en el consejo de administración de mi vida. A todos les pedí me hicieran el favor de llenarlo y les recordé que ha sido un regalo tenerlos como amigos.

A pesar de que procuré ser muy claro en la explicación respecto a la importancia de ser muy sinceros y directos en las respuestas respecto a mis fortalezas y debilidades, virtudes y defectos, al leerlo me miraban desconfiados sin saber bien lo que debían hacer.

Aquí te comparto el formato que les presenté y que te puede ser de utilidad.

Cuestionario para identificar las principales fortalezas y debilidades de:
(Nombre)

¡Hola!
Si te estoy compartiendo este cuestionario, es porque eres una de las pocas personas que me conocen bien, que me aprecian y están dispuestas a decirme la verdad.
    Como parte de mi proceso de proyecto de vida, necesito tu apoyo para identificar mis principales virtudes y defectos, así como mis fortalezas y debilidades.
    La idea es que me ayudes a conocerme mejor. Pretendo utilizar esta información para diseñar mi proyecto de vida, uno en el que pueda utilizar mejor mis talentos para invertirlos en proyectos de mayor trascendencia personal, familiar, social y profesional.
    Para que este ejercicio funcione, te pido que seas muy honesto con tus respuestas. De no ser así, el ejercicio no será de utilidad.
    No te tomará más de diez minutos, pero puedes ayudarme a mejorar mi vida, encontrar mi propósito y definir mi misión, así como la estrategia para alcanzarla. Considera que las cosas que escribes son tan importantes como **el orden** en que las enuncias.
    De antemano ¡Muchas gracias!

1. ¿Cuáles son mis diez principales virtudes o fortalezas? (En orden de importancia.)	2. ¿Cuáles son mis diez principales defectos o debilidades? (En orden de gravedad.)
3. ¿Qué comentario o conclusión crees que pueda serme de utilidad?	

Aquí algunos ejemplos de virtudes o defectos que puedes usar. ¡Puedes también poner los que tú consideres, aunque no estén en la lista!

Ejemplos de virtudes o fortalezas	Ejemplos de defectos o debilidades
• Sentido común • Visión práctica • Facilidad de expresión oral y escrita • Claridad de ideas • Capacidad de análisis • Capacidad de gestión • Responsable • Confiable • Profundo • Culto • Capacidad de introspección • Espiritual • Saludable • Trascendente • Líder • Visionario	• Impaciente • Intolerante • Soberbia intelectual • Voluntarioso • Egoísta • Encasilla a las personas • Exigente con los demás • Impositivo • Inconsistente • Tibio • Cerrado • No detallista • Poco servicial • Procrastinador

Ejemplos de virtudes o fortalezas	Ejemplos de defectos o debilidades
• Generoso	• Perezoso
• Amable	• Desordenado
• Preocupado por los demás	• Poco amable
• Interés por hacer el bien	• No reconoce méritos de los demás
• Fuerza de voluntad	• Distraído
• Apasionado	• Poco considerado
• Maduro	• Envidioso
• Fortaleza económica	• Iracundo
• Ordenado	• Centrado en sí mismo
• Constante	

Este ejercicio puede ser de mucha utilidad para contrastar nuestra percepción personal con la percepción que tienen los demás de nosotros. Obviamente, para que el ejercicio funcione, los que respondan el cuestionario deben ser no sólo muy honestos, sino *brutalmente honestos*, y esto no es fácil de conseguir en un entorno en el que lo "políticamente correcto" ha arrollado a la sana tradición de llamar a las cosas por su nombre.

Te invito a que te atrevas a hacerlo, ya que te ayudará a descubrir aspectos de tu personalidad y carácter que tal vez tenías olvidados o que te cuesta reconocer.

Te advierto que es un ejercicio para el que se necesita no sólo humildad, sino la valentía suficiente para escuchar a tus más cercanos hablar de aspectos de tu persona que te pueden doler. Pero al final de cuentas, de lo que se trata es de contrastar nuestra mirada interna con la percepción externa respecto a nuestra persona, para dar una respuesta objetiva y veraz a la pregunta central que estamos tratando de responder: ¿Quién soy?

4.5. ANÁLISIS DEL PRESENTE

Aquí te propongo analizar las principales circunstancias que pueden incidir en tu persona y, por lo tanto, en tu entorno y realidad desde las que son imprescindible diseñar tu proyecto de vida.

FOTOGRAFÍA DE TU PRESENTE		
	¿Incide esto en mi proyecto de vida?	¿Cómo?
Nombre		
Edad		
Casado, soltero, viudo, divorciado		
Hijo mayor, hijo "sándwich" o hijo menor		
Carácter y personalidad de tus padres		
Padre de x hijos y edades de los hijos		
Calidad y cercanía de tus relaciones interpersonales (con esposo, hijos, hermanos, padres, parientes y amigos)		
Estado de salud		
Situación económica (estable, con empleo, vives al día, tienes ahorros)		
Gustos, aficiones y pasatiempos		
Vives en la ciudad o en el campo		
Entorno social, compromisos o solitario		
Nivel sociocultural e intereses culturales y artísticos		
Viajero frecuente u hogareño		
Amigos cercanos o solo, extrovertido o introvertido.		
Dependientes económicos o emocionales en quienes tu proyecto de vida tendrá consecuencias		
Nivel de gasto igual o menor de tu ingreso. Capacidad de ahorro		

FOTOGRAFÍA DE TU PRESENTE		
	¿Incide esto en mi proyecto de vida?	¿Cómo?
Grado de libertad para tomar decisiones sin afectar tu estabilidad		
Margen de maniobra para tomar riesgos y hacer pruebas en algunos proyectos sin descuidar lo esencial		
Pasiones		
Talentos		
Compromiso social e involucramiento en causas de beneficencia		
Visión sobrenatural y relación con Dios		
Práctica de tu fe		
Filosofía y estilo de vida (hedonista, realista, existencialista, pragmática, soñadora, reflexiva, profunda, superficial, hiperactiva, sedentaria)		
Valores que te definen (honestidad, lealtad, perseverancia, empatía, paciencia, magnanimidad)		
Inventario de recursos o herramientas personales disponibles para planeación futura (hábitos, virtudes, defectos, apegos, carácter, personalidad, apoyo familiar)		
Número de horas de trabajo o de ocio a la semana		
Posibilidad e interés de explorar otras opciones profesionales o emprender nuevos proyectos		

Toma el tiempo que necesites y utiliza las hojas que requieras. Este análisis de tu realidad actual será de mucha utilidad para poder hacer un proyecto realista y objetivo, así como para identificar el inventario de recursos de los que dispones y los obstáculos que puedas enfrentar.

Al revisar objetivamente tus circunstancias, intuitivamente el proyecto de vida que elabores deberá alinearse a tu persona y tus circunstancias como un guante a la mano. Y como tanto tú y tus circunstancias son cambiantes, de igual forma tu proyecto de vida deberá irse ajustando a esos cambios.

Por ejemplo, si vives en un departamento en la ciudad con un trabajo muy absorbente, y una de tus pasiones es cultivar tu propio huerto, va a ser muy difícil que lo logres a menos que pongas los medios para tener un terreno fuera de la ciudad, que contrates a quien lo riegue y cuide durante tus ausencias, y que tengas los medios para comprar semilla, fertilizante, que el terreno cuente con agua y sol suficientes, y que puedas escaparte al menos los fines de semana para supervisar que las plantas vayan creciendo adecuadamente, entre otras cosas.

Mismo caso ocurrirá si una de tus pasiones es el *trecking* en la montaña, pero tu estado de salud está comprometido con alguna enfermedad crónica que limita tu capacidad de movimiento. Puede ser que el *trecking* te guste mucho, pero tu realidad no te permite desarrollar esa pasión. De ahí que un *reality check* de nuestras circunstancias y su compatibilidad con nuestras pasiones nos pueda evitar muchas frustraciones al intentar hacer algo que nunca vamos a lograr.

Te podrían parecer ejemplos absurdos, pero te sorprendería la cantidad de personas que viven en una falta de conexión con la realidad, a quienes esa desubicación los lanza en búsqueda de proyectos e ilusiones que de hecho son inalcanzables para ellos.

Por otra parte, también me he encontrado con muchas personas que se autolimitan, quienes teniendo todo para desarrollar una pasión o un talento van por la vida con la sensación de que no son lo suficientemente buenos o que no podrían alcanzar sus sueños aunque se lo propongan. A ellos lo que les falta es un buen empujón, que la vida los "lance a la alberca" para que, al verse sin otra alternativa, tengan simplemente que nadar y mediante la práctica comprendan que sí pueden hacerlo y lo buenos que son para eso.

4.6. ¿Cuáles son tus pasiones?

Es fundamental para todas las personas saber lo que nos gusta, pues a partir de ahí podremos identificar cuáles son nuestras pasiones en la vida. Para esto es importante empezar por hacer una lista de lo que nos gusta hacer.

DE "LO QUE ME GUSTA" A MIS VERDADERAS PASIONES
Haz una lista de 10 cosas que te gusta mucho hacer: **¿Qué actividades disfrutas, qué cosas haces cada vez que puedes?**
1.   2.   3.   4   5.   6.   7.   8.   9.   10.
¡Bien! ¡Ésos son tus *hobbies* y pasatiempos!   Ahora vamos a reducir la lista. Escribe aquí, de las diez anteriores, cuáles son las tres cosas que verdaderamente te apasionan; que al hacerlas sientes mariposas en el estómago; que las harías, aunque no te pagaran y sin las cuales tu vida no hace mucho sentido. Tómate el tiempo que necesites.
1.   2.   3.
¡Excelente! ¡Éstas son tus pasiones!   Ahora programa en tu agenda el tiempo y los recursos necesarios para que formen parte de tu proyecto de vida.

4.7. ¿Cómo identificar tus talentos y tus defectos dominantes?

Decíamos en el capítulo anterior que una persona talentosa se distingue por la capacidad y la destreza superior que tiene para desempeñar una actividad concreta.

Ya en el cuestionario que circulaste con tus amigos, familia y conocidos puedes haber identificado con mayor claridad tus talentos y tus defectos dominantes. Sobre éstos puedes planear de manera más sólida.

Es fundamental incluir tus talentos en tu proyecto de vida como los pilares sobre los cuales lanzarte al logro de tus objetivos. Asimismo, es igualmente importante identificar tus defectos para hacer un esfuerzo consciente y constante para corregirlos. El primer paso para corregir nuestros defectos es reconocerlos con humildad, y hacer un plan valiente, concreto y continuo para mejorar en estos aspectos de nuestra persona que nos duele reconocer y que tanto daño hacen a quienes conviven con nosotros.

En algunos casos ayuda mucho contar con un apoyo profesional para confirmar que los talentos que tanto tú como los demás ven en ti son reales, para lo cual existen una serie de herramientas en línea que te pueden ser de utilidad.

En mi caso, y por recomendación de un *coach* con quien trabajé mi proyecto de vida durante 12 meses, recurrí al "Gallup StrengthsFinder". Este cuestionario en línea es muy útil y, como los demás que hay en el mercado, es muy fácil de llenar y sus resultados están disponibles de inmediato. Son estudios muy bien preparados y que se han utilizado durante años. En mi caso tomé el de "Clifton Strenghts", y me fue de mucha utilidad. Puedes encontrarlo en la página web de Gallup (www.gallup.com).

Sé que hay otros estudios de este tipo y creo que todos utilizan básicamente los mismos principios, por lo que puedes elegir el que te resulte más conveniente.

Independientemente del que decidas utilizar, combinado con el cuestionario que recibiste de tus familiares y amigos, podrás tener una idea bastante clara de cuáles son tus talentos, los que, combinados con tus pasiones, pueden ser no sólo herramientas de autoconocimiento, sino bases sólidas para trazar un proyecto de vida acorde a tu persona y circunstancias.

4.8. Empezando a dibujar el mapa

La misión no es un bloque de concreto, ni un solo acto que se agota en sí mismo. Si consideramos que nuestra naturaleza ontológica se compone de tres elementos esenciales que son cuerpo, mente y espíritu, podemos afirmar que nuestra misión tendría que abarcar, al menos, estas tres dimensiones. Y si vamos más a fondo, veremos que aún dentro de estas tres categorías tenemos muchos aspectos que las definen. Por lo tanto, nuestra misión tiene tantas aristas como la persona misma. La misión tampoco es un monolito: es dinámica y no estática, por lo que se adapta continuamente a la realidad de cada persona.

Si bien la llamada de la vida es una y ésta es, además, tan única, individual e irrepetible como cada uno de nosotros, esto no quiere decir que sólo tengamos que hacer una cosa en la vida y que en su cumplimiento se agota el contenido de nuestra misión.

4.9. Las 6 dimensiones de tu misión

En Family Consultoría hemos desarrollado un *dashboard* o autoevaluación en nuestra plataforma, como herramienta para elaborar tu proyecto de vida. Puedes acceder a él desde la página web (www.familyconsultoria.com). Al igual que en aplicaciones como Uber o Waze, antes de iniciar, el sistema te pedirá tus objetivos personales para cada una de las 6 dimensiones de tu misión. Independientemente del formato o esquema que decidas utilizar, estas ideas te pueden servir para tener claros tus propios objetivos en las siguientes áreas:

Primera dimensión: profesional o empresarial

¿A qué te dedicas? Es la pregunta típica que planteamos sin pensar cuando conocemos a alguien. Todos en la vida tenemos un oficio, una ocupación, un trabajo. Y cada oficio o trabajo tiene sus propios parámetros, indicadores y características. Poco a poco, y con base en los conocimientos que adquirimos en la academia y sobre todo en la práctica, vamos perfeccionando las habilidades que se requieren para desempeñar ese oficio con eficiencia.

Sabemos que en cada oficio o profesión hay quienes son mejores que otros, y que con el tiempo y como resultado de sus talentos personales y de muchos años de esfuerzo, dedicación y compromiso una persona puede alcanzar el éxito, reconocimiento, prestigio y los frutos económicos propios de una carrera profesional o empresarial bien administrada.

Asumiendo que nuestra ocupación coincida con nuestra vocación, todos buscamos el éxito profesional, y sabemos que éste no siempre llega y que el camino está plagado de obstáculos y retos por enfrentar. Sabemos también que esa carrera profesional (que normalmente empieza durante o al salir de la universidad) nunca está exenta de errores, fracasos, lecciones y aprendizajes.

Me parece que en el ámbito de lo profesional/empresarial la vocación es relativamente fácil de identificar. Hay quienes aman su profesión y disfrutan del ejercicio de la misma, y hay quienes la padecen al darse cuenta de que erraron al elegir su carrera. Muchos pueden estar atrapados en una ocupación que no aman y siguen ahí por la paga o por razones ajenas a su voluntad.

Creo que la vida puede ser un purgatorio cuando por alguna razón nos vemos forzados a dedicarnos a algo que no amamos y que sabemos que no es lo nuestro. Fuera de nuestro *elemento*, es difícil avanzar, igual que un pez no puede nadar fuera del agua.

Evidentemente, en toda profesión u oficio hay aspectos que nos gustan más que otros, pero yo me refiero el concepto general. Si estudiamos medicina sólo para dar gusto a nuestros padres, cuando en realidad nuestra vocación es la arquitectura, es algo que podríamos descubrir con cierta facilidad. Entre más pronto lo hallemos, más fácil será adecuar nuestra profesión a nuestra vocación. Si estás en esa circunstancia, ojalá lo comprendas en una etapa de tu vida en la que sea relativamente fácil recomponer el camino. Si lo percibes con claridad, vale la pena que explores tus opciones y te atrevas a retomar tu propio rumbo, porque te aseguro que, con vocación de arquitecto, la medicina, por más que sea una profesión noble, nunca te va a aportar la cuota de satisfacción que esperas. Ni creo que llegues a ser un médico notable.

Al encontrar nuestra vocación profesional es natural buscar la excelencia en nuestro oficio. Esta excelencia tiene distintos componentes.

- **Conocimientos académicos.** Una preparación académica adecuada es siempre una base sólida para adquirir los conocimientos necesarios para un desempeño exitoso de nuestra profesión. Y mejor aún, si las circunstancias lo permiten, la continuidad de la preparación con algún diplomado, maestría, doctorado, o programa académico especializado es de gran utilidad.
- **Experiencia.** La experiencia es, en mi opinión, igual o incluso más importante que la preparación académica misma. Hoy veo a muchos jóvenes que eligen dónde trabajar sólo porque un lugar les remunera mil pesos más que otro.

Me parece que, sobre todo, al inicio de la etapa profesional, y a menos que las condiciones económicas sean apremiantes, es fundamental elegir el lugar de trabajo con un criterio específico: "¿Dónde puedo aprender más?". El inicio de la vida profesional es una parte fundamental del aprendizaje y la experiencia que nos puede dejar trabajar en el lugar propicio, que nos ofrezca la proyección adecuada, será invaluable para construir una sólida carrera profesional, y, sobre todo, que nos permita confirmar si elegimos el oficio que nos gusta.

• **Prestigio.** Si bien los conocimientos y la experiencia son algo que se atribuye más a las primeras etapas del desarrollo de un oficio, el prestigio es la consecuencia que llega normalmente después de muchos años de esfuerzo, de experiencia, de decisiones acertadas y de operar bajo principios éticos y con base en valores humanos universales. Mi padre, abogado como yo, decía que la reputación y el prestigio son un segundo patrimonio que hay que cuidar con delicadeza, ya que se logran como resultado de muchos años de dedicación profesional, y que son tan frágiles que se pueden perder en un instante.

Independientemente del ámbito estrictamente profesional del trabajo, nuestro oficio añade dos aspectos fundamentales a nuestra vida y a la sociedad.

El trabajo es un medio eficaz de perfeccionamiento humano: es la escuela de la vida, que nos enseña valores humanos fundamentales como la lealtad, el compromiso, la honestidad, el esfuerzo, la perseverancia, la ética, y éste es en sí mismo una gran escuela para el aprendizaje de las virtudes que el ser humano necesita para crecer y para ser mejor persona.

El trabajo constituye un elemento fundamental en nuestro quehacer humano y una parte esencial de nuestra misión y proyecto de vida.

Por otro lado, el trabajo cumple también una función social importantísima. A través del oficio y la profesión se puede contribuir de manera significativa a la satisfacción de las necesidades de nuestra sociedad. No imagino una sociedad próspera sin buenos médicos, ingenieros, abogados, programadores, e incluso artistas que con su labor nos recuerdan la belleza de la vida.

Si entendemos la dimensión social del trabajo, y lo utilizamos, además de como medio de sustento para nosotros y nuestras familias, como una herramienta de contribución al entorno en el que vivimos, ampliaremos nuestros horizontes para entender que podemos hacer mucho bien a través del ejercicio de nuestra profesión, y con ello estaremos dando también una dimensión y un alcance mucho mayores a nuestro trabajo. En el medio de los abogados es cada vez más común que se incluyan proyectos filantrópicos sin cargo en favor de asociaciones civiles sin fines de lucro a los que se llama *pro bono*. No sorprende que muchos, al conectar con proyectos sociales, se enganchen emocionalmente con ellos y se incorporen a su consejo o patronato.

De entender el trabajo también con esta dimensión social, te aseguro que además de la satisfacción del trabajo bien hecho, el nivel de satisfacción que recibirás será mucho mayor que el de la mera paga.

Como conclusión a este punto, me parece que nuestra misión o vocación en el aspecto profesional o empresarial, independientemente de nuestra profesión u oficio, debería de ser la búsqueda constante de la excelencia y el desarrollo de talentos y habilidades personales que se requieren para el logro de nuestros objetivos profesionales o empresariales. Si logras además poner tu profesión al servicio de los demás, estarías cumpliendo con el elemento de autotrascendencia al que se refiere Viktor Frankl como una pieza fundamental de tu misión. Un buen parámetro en este sentido es recurrir a la satisfacción de tus clientes o pacientes como medida de tu éxito profesional.

En este aspecto, te comparto una experiencia personal que te puede servir y en mi caso ha sido de mucha utilidad. En la medida que vamos madurando y acumulando años de experiencia profesional o empresarial, vamos desarrollando y perfeccionando algunas destrezas y habilidades que llegan con los años de experiencia y las batallas diarias que enfrentamos. Esto aporta una capacidad de gestión que nos permite hacer en menos tiempo y con mayor eficiencia tareas, análisis o gestiones que antes nos requerían mucho más tiempo y esfuerzo. Además, con el paso de los años nos hemos percatado de cuáles son nuestros talentos naturales en el mundo del trabajo y cuáles son las áreas en que aportamos mayor valor agregado.

Esto no lo descubrí solo. Fue necesario contratar asesores externos que nos apoyaron en el rediseño de la estructura interna de la firma de abogados que dirijo y nos propusieron una redefinición de funciones directivas de los socios y directores de acuerdo con nuestro perfil, personalidad, habilidades, talentos y áreas en las que aportábamos mayor valor en la firma. En otras palabras, nos reordenaron para enfocarnos a operar alrededor de nuestras fortalezas y a enfocarnos en lo que hacemos mejor, en lugar de estar haciendo todos de todo un poco. Después, nos pidieron delegar el resto de las cosas aplicando el principio de *Do what you do best, and delegate the rest* (Has lo que haces mejor y delega el resto).

Recuerdo un ejemplo muy claro que nos hizo caer en la cuenta de que podríamos operar de manera mucho más eficiente y ordenada. En una de las reuniones de Comité Ejecutivo de nuestra firma, el asesor externo nos interrumpió de tajo para decirnos cuando vio que nos salimos de la agenda al tratar asuntos varios: "¿De verdad creen que discutir el color del tapiz de la sala de juntas o la marca del café que sirven en la oficina de Bajío es la mejor forma de invertir el tiempo de este comité?". Nos quedamos desconcertados y un tanto avergonzados. A partir de ese incidente fue mucho más fácil "comprarle" a los asesores la distribución de funciones que propusieron después de varios meses de análisis de nuestros procesos internos.

Te puedo decir que hoy, a 24 meses de haber empezado este proceso de transformación y reorganización interna, siento que no sólo mis funciones como director, sino las de todos los socios y líderes de área, están mucho mejor aprovechadas y enfocadas donde más valor aportamos. ¡Y, sobre todo, se nos redujo la carga de trabajo al estar concentrados en lo que está dentro de nuestro *business plan*! Estamos haciendo más con menos.

Te invito que al hacer tu proyecto de vida revises tus funciones profesionales o empresariales e identifiques aquéllas en las que eres mejor, en las que más valor aportas y trates de delegar las demás.

Segunda dimensión: familiar

En 2015, la Universidad de Harvard reveló los resultados de un extenso estudio de más de 75 años sobre el tema de la felicidad. Entrevistaron a miles de personas en todos los continentes a lo largo de décadas y dieron seguimiento a los sujetos entrevistados para resolver la pregunta que ha ocupado la imaginación del hombre por siglos: ¿qué es lo que nos hace felices?

La respuesta del estudio no deja lugar a dudas. En el artículo de *Forbes*, escrito por George Bradt sobre el estudio de Harvard, se concluye que el factor que tiene mayor impacto en nuestra felicidad es la calidad de nuestras relaciones interpersonales, especialmente las más cercanas, con nuestra familia. La familia no solamente nos regala un color de ojos o nuestros apellidos, sino que nos forma desde que nacemos y nos identifica a lo largo de nuestra existencia.

La familia suele ser una de las dimensiones que más sufre cuando se descuida. Nuestros hijos, hermanos, padres y cónyuge, si nos aman, lo hacen por quiénes somos y no por lo que les damos. Seguros de este amor, caemos en la tentación de descuidarlo, o de darlo por hecho.

Cuando nos distanciamos de nuestra familia, ese alejamiento nos duele y nos daña, y no es hasta que recuperamos esa cercanía y cariño familiar que podemos estar tranquilos y en paz.

Es en ella y sólo en ella donde aprendemos lo más importante de la vida: a amar y a ser amados, y esto es lo único que a lo largo de la vida será capaz de llenar la cuota afectiva y emocional que todo ser humano necesita para crecer y desarrollarse en armonía y para no arrastrar heridas de la niñez durante toda la vida.

Siempre había intuido que la familia es la célula básica de la sociedad, pero con los años he caído en la cuenta de que la sociedad misma es tan sana como lo son las familias que la componen. Seguramente tú también has sido testigo de cómo en los últimos años hemos visto una desintegración familiar creciente, que ha afectado seriamente no sólo a los miembros de familias cercanas, sino al tejido social que hoy conforma una sociedad enferma.

Los retos que enfrentan las familias para mantenerse unidas y funcionales son enormes y vienen de muchos frentes. Las tasas de madres solteras han subido drásticamente y el número de divorcios ha llegado en México ya a 32%, mientras que el número de nuevos matrimonios ha caído casi a la mitad, conforme a los últimos datos prepandemia del INEGI. Seguramente tú también has visto cómo influye el entorno familiar en personas que conoces y, sobre todo, en los niños que aún están forjando su personalidad y su carácter.

No pretendo analizar las causas de estos drásticos incrementos, ya que no me parece que sea materia de este libro, sino que simplemente parto de los hechos concretos que he presenciado y de las estadísticas que no mienten.

Hace algunos años mi esposa y yo pasamos por una fuerte crisis conyugal como la que, estoy seguro, muchos matrimonios han enfrentado a lo largo de su historia personal. A pesar de que ambos queríamos seguir con un proyecto de vida en común, por distintas razones y en una época particular parecieron ponerse de pie las desavenencias y discusiones que habíamos acumulado a lo largo de 23 años juntos.

Afortunadamente, los motivos de las desavenencias eran más de forma que de fondo y, aunque de momento nos parecían insuperables, tuvimos la fortuna de contar con distintos apoyos externos, de terapias y consejos, que nos ayudaron a salir adelante de esa fuerte crisis. Fue un periodo muy difícil en el que nos dimos cuenta de que seguíamos teniendo muchos motivos para continuar juntos y que el "plan B" no sólo no hubiera resuelto nuestros problemas, sino que los hubiera agravado. Trabajamos mucho enfocándonos cada uno en nuestros defectos dominantes y tratamos de poner por encima la relación sobre nuestros egoísmos, prejuicios y opiniones personales.

Sin embargo, durante el proceso, comprendimos dos cosas de forma muy clara: la primera, que la mayoría de los matrimonios que conocíamos habían pasado por este tipo de crisis y, mientras algunos habían surgido del pantanal fortalecidos, muchos otros habían decidido poner fin a su relación. Principalmente por razones patológicas bastante justificadas. La segunda cosa que comprendimos es que muchos de esos matrimonios se hubieran salvado de contar con un apoyo externo serio, profesional y confiable de terapeutas matrimoniales y familiares. Pero por alguna razón, en el entorno actual, pedir ayuda a un terapeuta no está bien visto y muchos matrimonios en problemas prefieren prescindir de esa ayuda que, por experiencia propia, puedo decirles que resulta esencial.

Después de algún tiempo de analizar casos cada vez más cercanos de divorcios, y de quejarnos muchas veces de que no existía una organización seria, con los mejores terapeutas, psicólogos, psiquiatras y tanatólogos que fuera capaz de generar confianza en los pacientes por su nivel de profesionalismo y confidencialidad, surgió una inquietud de un proyecto muy ambicioso. Tal vez se tratara de un sueño irrealizable, pero después de una crisis como la que vivimos mi esposa y yo pensamos que bien valdría la pena intentarlo.

Durante una larga peregrinación en soledad durante 15 días por el Camino de Santiago —que relato a detalle en mi libro anterior, *La crisis de la mitad de la vida*—, un buen día, con las botas llenas de polvo, con 20 kilómetros y 8 kilos de la mochila a cuestas, y a 40 grados por un paisaje interminable de Galicia, se me plantó de frente esta inquietud. "Si tanto te quejas de que no hay una organización de asesoría matrimonial y familiar como la que ustedes quisieran, ¡pues deja de quejarte y formen una!"

Me paré de pronto como si esa voz interior hubiera sido un grito que venía de fuera. Percibí con claridad que mi reclamo había recibido una respuesta y que ésta no era la que yo esperaba. Percibí con claridad un llamado, una convocatoria. Tenía la opción de no dar importancia al "incidente" y seguir caminando (de hecho, lo intenté durante varios kilómetros) o de evaluar seriamente esa opción.

La realidad es que durante los siguientes días en los que caminé más de 25 kilómetros diarios envuelto en la soledad, silencio y magia que aporta el Camino de Santiago a los peregrinos que se aventuran en él, este llamado no sólo no disminuyó, sino que se posicionó en mi mente como una obsesión que no me permitió pensar en otra cosa.

Así nació lo que hoy es Family Consultoría. A pesar de que hoy contamos con más de 20 psicólogos, psiquiatras, tanatólogos, terapeutas matrimoniales y familiares, y que hemos atendido en cuatro años más de 20 mil consultas, a un ritmo de casi 500 citas al mes, de que se han creado áreas especializadas como Family Kids, Family Jóvenes y Family Sentido de vida, con terapeutas y *coaches* especializados en cada una de estas áreas, te puedo decir que el camino para llegar ahí no ha sido nada fácil, y que aún falta mucho para llevar este proyecto a desarrollar todo el potencial que tiene, no sólo en México sino en otros países.

Aunque mi esposa me "compró la idea", recuerdo que las primeras conversaciones que tuve al respecto con terceros fueron muy desalentadoras. "Hugo ya otros lo han intentado y ninguno ha funcionado." "A la gente no le gusta reconocer que necesita ayuda, no le interesa ir a terapia y mucho menos pagar por ella."

En los primeros acercamientos con terapeutas y psicólogos de prestigio para plantearles la iniciativa, varios de ellos me contestaron: "¿Cómo sé que el formar parte de lo que me propones no va a afectar mi reputación?", "Primero dime a quién más vas a invitar para ver si me interesa", "Te advierto que yo cobro (inserte la cifra) la consulta y que no pretendo hacer ningún descuento". Recibí muchas otras respuestas que me hicieron comprender que si yo pensaba que los abogados éramos *vedettes* existían psicólogos que parecían decirnos: "¡Quítate, que ahí te voy!".

Al final, descubrimos que no todos son así. Finalmente logramos convencer a dos psicólogas para que se unieran a esta incipiente aventura. Ahora seguía convencerlas de que dejaran de dar terapia en sus casas y lo hicieran en la sede de Family Consultoría, la que, por cierto, aún no existía, ya que no habíamos logrado encontrar un local que se adaptara a las necesidades de ubicación, aislamiento de sonido, privacidad de recepción y sobre todo a nuestro incipiente presupuesto que se alimentaba de algunos donantes que, tal vez más por amistad que por verdaderamente creer en el proyecto, se habían sumado a la iniciativa. Nada de esto hubiera sido posible sin el apoyo incondicional del consejo superior de un grupo de escuelas que estaban muy interesadas en que apoyáramos a sus padres de familia al ver la cantidad de familias que se estaban desintegrando dentro sus instituciones.

Finalmente se encontró un pequeño local de 100 metros cuadrados en la colonia Providencia de Guadalajara que, con algunas adaptaciones y decoración —de las que se encargó mi querida esposa—, quedó no sólo bastante digno, sino tan acogedor y profesional como lo pretendíamos.

Inicialmente, logramos atraer a estas dos psicólogas recibiendo ellas 70% de la consulta y dejándole a Family el 30%. Pronto nos dimos cuenta de que eso no sería suficiente para sostener los gastos fijos de nuestro naciente proyecto. Contratamos entonces a una gran directora y empezamos a picar piedra promoviendo el concepto y tratando de atraer el talento de psicólogos y consultores, no sólo de la ciudad, sino de otras ciudades para dar terapia en línea.

Nos ha llevado más de cuatro años construir no sólo la credibilidad, sino la reputación y confianza que se necesitan en una institución que tiene la delicada tarea de entrar a la intimidad de las personas y las familias para tratar de ayudarlas a ser más felices. En estos años hemos visto el enorme impacto que la iniciativa ha tenido en las vidas y las familias de los más de 500 pacientes que recibimos cada mes. Hoy Family cuenta con una dirección general y un consejo de administración muy sólido compuesto por generosos empresarios que han invertido su dinero, tiempo, talento y experiencia en hacer realidad un proyecto que ha cambiado la vida de muchas personas y que tiene un gran potencial para seguir haciéndolo.

Al ver que muchas de las heridas familiares repercuten de manera importante en los niños, se creó recientemente una subdivisión interna: Family Kids, que atiende a niños entre 6 y 12 años, población que ya constituía 30% de los pacientes que atendíamos en el proyecto.

También identificamos la confusión vocacional de muchos jóvenes de entre 20 y 30. Por ello se gestó un grupo especializado en atender las necesidades terapéuticas de los *millennials*, jóvenes y generaciones circundantes. De igual forma, debido a la gran cantidad de consultas relacionadas con la falta de sentido de vida, hoy contamos con terapeutas especializados en el apoyo a pacientes interesados en el descubrimiento de su misión y la elaboración de su proyecto de vida.

Family claramente se ha convertido en un importante componente de nuestro proyecto de vida, que ha justificado con creces el esfuerzo invertido y ha sido un elemento de unidad en nuestro matrimonio, con la ilusión de sacar adelante este proyecto en común.

Te invito a preguntarte si, de acuerdo con tus intereses y circunstancias, puedes identificar alguna institución o iniciativa que beneficie a las personas o proyectos cercanos a tu corazón y en la que puedas invertir tus talentos y darle así una dimensión trascendente a tu misión. ¡Te aseguro que vale la pena!

Tercera dimensión: social

El humano es, por naturaleza, un ser verdaderamente social. En su libro *Human Kind*, Rutger Bregman repasa las razones por las cuales el *homo sapiens* se instaló hace unos 200 mil años como la especie dominante en el planeta. Obviamente, no somos la especie más fuerte, la más grande, la más rápida o la más feroz (estos distintivos los poseen, respectivamente, la hormiga, la ballena, el guepardo y el tigre de Bengala). Eso es evidente. Pero hace dos mil siglos, extrañamente, tampoco éramos la más inteligente. Otras especies de homínidos, específicamente los de la especie neandertal, tenían cavidades cerebrales más grandes y mejor desarrollada la neocorteza cerebral, lo que permite suponer a los antropólogos que aquéllos eran más inteligentes y mejores en operaciones abstractas como las matemáticas o el lenguaje.

Si no éramos los más fuertes, ni los más inteligentes, ¿cómo nos convertimos en la especie dominante? La respuesta está en un tipo de neuronas especiales, más desarrolladas en nosotros, encargadas específicamente de la empatía y la cohesión social. El ser humano forma más y mejores redes sociales, empezando con la familia y siguiendo con sus amistades, su tribu y su nación. Son estas redes las que, a fin de cuentas, le dieron la fuerza para llegar a donde otras especies no han podido.

Nuestro "súper poder" no es la inteligencia, sino la empatía. Porque en medio de un grupo social (sano), al juntarse, las personas no somos menos, sino más. Esta dimensión social es parte fundamental de nuestro proyecto de vida.

Por lo que se refiere a esta dimensión de nuestra misión, yo la dividiría en tres partes:

- **Amigos.** Los amigos tienen una importancia fundamental en la vida, y son un tesoro que se valora cada vez más con la edad. Precisamente, con el pasar de los años, resulta cada vez más fácil identificar a los que son verdaderamente amigos. Éstos muestran un interés real por nuestra persona. Se alegran con nuestras alegrías y entristecen con nuestras penas.

  Me parece que, al analizar esta dimensión de nuestra misión, es un buen momento para preguntarnos si tenemos buenos amigos. Y mejor aún, qué tan buenos amigos somos de nuestros amigos. Ya Aristóteles lo decía "No se puede ser feliz sin amigos", por lo tanto, no estará de más hacer un análisis del estado que guardan nuestras relaciones con nuestros amigos y añadir a nuestra misión en este aspecto, el firme propósito de ser un buen amigo de tus amigos, y cuidar estas relaciones como los tesoros que son.

  En este ejercicio sugiero que revises tu calendario y confirmes el tiempo que has pasado con tus amigos en la última semana, mes o año. Y si no es mucho, te recuerdo lo que dice el dicho popular "el que no pierde el tiempo con sus amigos, pierde a sus amigos con el tiempo". Después puedes hacer un repaso mental de los eventos importantes de tu vida (buenos y malos) y recordar quiénes de tus amigos estuvieron ahí. Y mejor aún, pensar en los eventos importantes (también buenos y malos) de tus amigos y revisar si estuviste presente, si te preocupaste de verdad por ellos, y si los apoyaste cuando pidieron tu ayuda o decidiste voltear para otro lado.

Al hacer estos ejercicios ciertamente corres un riesgo: puedes darte cuenta de que en realidad no tienes muchos amigos, o peor aún, que no sabes ser buen amigo, pues nunca has sido su incondicional. La buena noticia es que cuando la amistad es sincera es fácil acercarse a pedir perdón por haberles fallado y juntos encontrar formas de recomponer el camino. En este sentido, la misión puede medirse precisamente por la calidad, cercanía y cariño de nuestras amistades y por la forma en que hemos estado verdaderamente presentes en la vida de nuestros amigos.

Justamente, en mi caso, éste fue un detonador para descubrir un aspecto importante de mi propia misión. Al darme cuenta de que muchos de mis amigos y conocidos pasaban (al igual que yo) por alguna crisis existencial, y que algunos estaban tomando malas decisiones que afectaban seriamente a su persona, su familia y su entorno, entendí que mi propia experiencia, las lecturas, consultas, terapias y consejos que había recibido para gestionar mi propia crisis, les podían servir para evitar que cometieran algunos de los errores que yo cometí.

Fue por esto, y por otras razones, por lo que decidí empezar a publicar algunos artículos en revistas especializadas de prestigio (*Istmo*, entre otras) y a ofrecer algunas conferencias y sesiones en distintos foros con ideas y conceptos que podían ser de utilidad ante las crisis existenciales que enfrentaban. Esta iniciativa fue evolucionando hasta llegar a unas dimensiones que no hubiera imaginado. Se convirtió —como lo comenté en un capítulo anterior— en una sesión regular en un programa del IPADE en Ciudad de México, y el mío se convirtió en un caso de estudio en el programa. Estas experiencias fueron alimentando otra ilusión importante:

la de escribir un libro al respecto que pudiera ayudar a más personas y que desembocó en la publicación del libro *La crisis de la mitad de la vida* —que hoy va ya en su tercera edición— y la grabación de varios videos en YouTube. Ambos proyectos han recibido bastante difusión y muy buena aceptación.

De alguna manera, en su momento, vi con claridad que una forma de ayudar, no sólo a los amigos y conocidos con quienes discutía este tema, era compartir mis investigaciones y experiencias personales para que más gente pudiera servirse de ellas.

Estoy seguro de que tú también puedes identificar formas de ayudar y ser, de esta manera, un mejor amigo.

- **Relaciones sociales.** Otro tipo de relación que, si bien no tiene la profundidad de la amistad, está presente en los distintos aspectos de nuestra vida es la de las relaciones sociales habituales. Aquí entran nuestros conocidos, colegas, vecinos, compañeros de trabajo, excompañeros de escuela o de algún proyecto en común. Aunque ciertamente este tipo de relaciones no son tan cercanas como la amistad, aquí también cumplimos un rol, y en este sentido nuestra misión puede ser mantener relaciones sanas y solidarias con las personas que nos vamos encontrando por la vida, tratando de dejar algo positivo al coincidir con ellos en el camino.

- **Conciencia social.** Me parece que es un factor clave en nuestro paso por el mundo. Entender que como miembros de una sociedad no estamos aquí sólo para aprovecharnos de lo que ésta tenga para ofrecernos, sino también para contribuir de alguna forma a construir, consolidar y mejorar el entorno en el que vivimos. En este aspecto es donde más claramente se puede percibir si vamos por la vida con una actitud egoísta, pensando sólo en nosotros, o si tenemos la estatura moral para voltear a ver a los demás y sus necesidades. Sobre todo, para saber si nos sentimos corresponsables de mejorar la sociedad en la que vivimos y la vida de quienes nos rodean.

Es la conciencia social la que nos mueve a darnos cuenta de que, en un país como nuestro querido México, es muy doloroso que existan diferencias económicas y sociales tan radicales, y que no estamos aquí sólo para *servirnos de los demás*, sino para *servir a los demás*.

Y curiosamente esta entrega a los demás es uno de los ejemplos concretos que usa Frankl para ejemplificar la autotrascendencia. Poner las necesidades y los intereses ajenos al nivel de los propios es una forma muy concreta y eficiente de autotrascender. Conozco a muchísimas personas que al volcarse a servir a los demás en alguna asociación, fundación o en alguna de las muchas iniciativas y proyectos de ayuda a los demás que existen en México, han encontrado un sentido a sus vidas y una satisfacción personal mucho más profunda que la que les aportan otros factores como el profesional o económico.

De ninguna manera estoy proponiendo que de inmediato dejes todo lo que haces y vueles a Calcuta o a África a ayudar a los desvalidos, en primer lugar, porque creo que en México hay muchas necesidades que nos interpelan y es precisamente con el prójimo —con el más próximo— con quien tenemos mayor responsabilidad social. En el fondo me refiero ahora a que desde el lugar y las circunstancias en que te encuentras descubras cómo puedes aportar para incidir positivamente en las personas y el entorno social en el que vives.

Muchos empresarios y directores que conozco han tenido esta inquietud, y para identificar la mejor forma de ayudar no sólo a sus empleados, sino a sus proveedores y clientes, han recurrido a la Doctrina Social de la Iglesia (DSI) como una guía para identificar cómo ayudar a las personas con una filosofía clara y certera. Entre muchos otros postulados, la

DSI propone poner a la persona (con toda su dignidad) en el centro del interés de los proyectos de la empresa. Colocar a la persona en el centro (y no las utilidades u otros indicadores), preocupándonos verdaderamente por su bienestar y sus necesidades, puede ser un referente seguro para medir el cumplimiento de nuestra misión en este aspecto.

Aquí conviene abordar el caso de un buen amigo, Horacio Fernández, quien dirige la exitosa empresa de salsas Tajín, y que sin ninguna necesidad, y con el único móvil de su amor por México, decidió lanzarse a la política como diputado federal, y hoy, junto con algunos otros empresarios de Jalisco, nos ponen el ejemplo de que, si no nos gusta el perfil de los políticos que dicen representarnos en el Congreso y el Senado, pues hay que entrarle a la política con todos los esfuerzos y sacrificios que implica desatender empresa y familia por el periodo que duren sus encargos.

Horacio pudo combinar sus habilidades y talentos naturales con su pasión por México al tomar una decisión difícil y ocupar hoy una curul en la Cámara de Diputados, desde donde, me consta, ha empezado a defender las causas que nos lleven a convertirnos en el México que todos soñamos, más allá de los intereses personales y partidistas que mueven a muchos de los políticos a los que lo último que les importa son los intereses de los votantes que los llevaron al cargo, a quienes dicen representar.

Puedo mencionar muchos testimonios de personas que han decidido, sin necesidad, "complicarse la vida" para ayudar a otros, y en ello han descubierto el ingrediente trascendente de su misión.

Entre ellos, el de mi amigo José Medina Mora, quien cuando esto escribo es presidente nacional de la Coparmex, que es la confederación patronal más importante del país. José ha sabido combinar su experiencia empresarial en un exitoso negocio mayorista de tecnologías de la información y comunicaciones con su pasión por un México mejor. José ha impregnado su gestión, no sólo empresarial sino social, de profundos valores y convicciones personales que lo han llevado a ser una de las personas más congruentes que conozco, lo que le ha permitido ser una persona plena, no sólo en lo empresarial y lo social, sino por también haber formado una familia ejemplar.

De igual forma puedo poner como ejemplo a mi amigo José Luis González Iñigo, quien dirige una gran empresa dedicada a elaborar productos con semillas oleaginosas y granos, y que combina sus actividades empresariales con un gran compromiso social presidiendo el consejo del Banco de Alimentos de Guadalajara que opera con una misión muy clara: acabar con el hambre en Jalisco. Por si esto fuera poco, José Luis ha sabido incluir en su vida el ingrediente de su pasión por el beisbol, presidiendo el consejo de administración del equipo de los Charros de Jalisco, quienes se coronaron como campeones de la Liga Mexicana del Pacífico en la temporada 2021. Todo esto sin descuidar a su familia, quien sigue sus pasos siendo fiel a los valores que ha sabido inculcar en sus hijos.

Como éstos, hay muchos otros ejemplos de personas que viven a plenitud su misión, en la que han sabido combinar magistralmente sus pasiones, talentos y sentido de trascendencia.

En mi caso, aunque a otro nivel, comparto con Horacio, José y José Luis, así como con muchas otras personas comprometidas, el amor por nuestro querido México. Y por mi situación personal y circunstancias profesionales, de más de 25 años como abogado corporativo internacional, he tenido la oportunidad de estar muy cerca de la inversión extranjera en México y representar en nuestra firma a un buen número de multinacionales en sus necesidades legales en nuestro país. En este contexto, se me presentó hace cuatro años, la oportunidad de combinar mi experiencia profesional con mi pasión por el país al recibir la invitación a coordinar el capítulo de inversión y solución de controversias en el Cuarto de Junto, que es el organismo de la iniciativa privada que acompaña a los gobiernos de México en la negociación de los tratados internacionales de los que México es parte. Tomar ese compromiso significaba un gran privilegio y una gran responsabilidad. Sentía que era la trinchera desde la que yo podía aportar mi experiencia en favor de los intereses de mi país.

Al recibir la invitación consulté con mis socios y familia la trascendencia e implicaciones de aceptar semejante encargo, ya que justamente el país estaba en medio de la renegociación del tratado de libre comercio con Estados Unidos y Canadá, y las pláticas con el entonces presidente de Estados Unidos, Donald Trump, se encontraban en un punto álgido. Se trataba de un cargo honorario, sin ninguna clase de remuneración —ni siguiera de gastos de viaje a las distintas rondas de negociación a Washington y Montreal— que requería de muchas horas de viaje, estudio y preparación para apoyar a los negociadores de la Secretaría de Economía, entonces hábilmente encabezada por el secretario Ildefonso Guajardo.

Desde la posición de ese cargo tuve el privilegio de participar con el equipo negociador mexicano en la conformación del T-MEC, en coordinación con los negociadores de la Secretaría de Economía. Puedo decir que fue una gran experiencia personal y profesional conocer de primera mano y desde muy de cerca las distintas posturas de los negociadores de los tres países, así como las estrategias de negociación de carácter político, económico y de comercio que estaban en juego. Fue un gran aprendizaje el ser parte de este equipo tan profesional y conocer a tantos mexicanos tan bien preparados y dispuestos a representar los intereses de nuestro querido México en un proceso tan importante para nuestro país como ese tratado. La satisfacción de haber aportado en algo mi experiencia, tiempo y visión en favor de México aún me acompaña. Hoy sigo ocupando ese cargo apoyando a la administración actual en la negociación de otros tratados como el de Ecuador, la entrada en vigor del tratado con Europa (TLCUEM 2.0) y pronto la negociación del tratado con Reino Unido, con Corea y otros pendientes de su entrada en vigor.

Estoy seguro de que en tu caso también habrá algunas oportunidades en las que puedas poner tus pasiones y talentos al servicio de una causa que vaya más allá de tus propios intereses personales, y de ser posible, ayude a convertir a nuestro querido México en el país que todos soñamos. Escoge tu trinchera.

Cuarta dimensión: económica

En el entorno de la dimensión económica podemos caer en dos errores, ambos igualmente nocivos. El primero es pensar que el dinero es lo que más importa, y usarlo como medida de todo; incluso del valor de las personas. Es un error muy común alimentado por el concepto de éxito que nos presenta el mundo actual. Dar al dinero la importancia preponderante en nuestra vida puede causar graves daños en el diseño de nuestro proyecto de vida, de los que nos podemos arrepentir en el tiempo. El otro extremo es pensar que el dinero no importa o es malo, ideas que, llevadas al extremo, pueden conducir al autosabotaje financiero que reprima las posibilidades reales de generar un patrimonio. Por supuesto que el dinero es importante, pero hay que darle su justa dimensión.

Debemos de entender que se trata de un medio y no un fin en sí mismo. Y como tal, es necesario tenerlo como una herramienta y mantener el señorío sobre él sin permitir que tome el poder sobre nuestra persona y decisiones. Es necesario comprender que somos administradores de los bienes que poseemos y que, como tales, tendremos que dar cuenta de su manejo y del uso que hicimos de los bienes que nos fueron confiados para utilizarlos para el logro de nuestra misión.

El dinero importa, y mucho, pero no podemos permitir que nos atrape y se convierta en el único anhelo de nuestros sueños. Somos mucho más que eso. El dinero es una herramienta; como una parte de la estructura que nos permite satisfacer nuestras necesidades, primero, y ayudar a otros, después. En realidad, lo que importa no es tanto la cantidad sino la relación que tengamos con éste: la actitud con la que nos acerquemos a él. Me parece que tener tanto de más como de menos (conforme a las circunstancias y expectativas de cada uno) puede ser igualmente dañino si no se gestiona adecuadamente nuestra postura ante la escasez o el exceso.

Siempre he pensado que lo ideal es tener suficiente dinero para tener que pensar en él lo menos posible, y que aprendamos a utilizarlo como un medio para lograr objetivos más nobles, manteniendo en todo caso el señorío sobre éste. He conocido a muchas personas y familias que se destruyen por la ambición del dinero y del poder que muchas veces viene aparejado con éste. He visto —seguramente igual que tú— que el dinero es capaz de sacar lo mejor de las personas en actos de generosidad y magnanimidad en que se nota la grandeza de alma de quienes los realizan, y también he visto cómo puede sacar a la luz lo peor de las personas en actos de avaricia y mezquindad que sólo se entienden desde la óptica de una persona que ha perdido el señorío sobre los bienes y los pone por encima incluso de su propia dignidad.

Hay tres parámetros que sugiero utilizar en nuestro proyecto de vida en relación con el dinero y los otros bienes y recursos a los que tengamos acceso.

- **Autosuficiencia.** En algún lugar leí que el dinero no nos da la felicidad, pero sí una buena dosis de libertad. Coincido parcialmente con esta postura y asumo que ésta se refiere a la autosuficiencia que tienen las personas cuya situación económica les permite no depender de otros. Ésta es importante al momento de diseñar el proyecto de vida ya que, en caso de que sea nuestra realidad, nos permite tomar decisiones sin pedir demasiados permisos y sin depender de la autorización de otros para hacer tal o cual cosa que nos apasiona y se alinea con nuestro proyecto de vida. Esto no quiere decir que los que no sean autosuficientes no pueden aspirar a tener margen de maniobra ni libertad de acción, ya que muchas veces lo que realmente cambia en un nuevo proyecto de vida es la actitud interior y la intencionalidad al hacer las cosas, sin que sea estrictamente necesario que cambiemos radicalmente de actividad ni en lo profesional ni en lo empresarial.

  De hecho, en un estudio que se hizo en el Half Time Institute, de todos los egresados en los programas que concluían con la elaboración de su proyecto de vida, 60% permanecieron en su lugar de trabajo o empresa (seguramente en esos casos los cambios fueron más internos que externos), 30% hicieron ajustes menores en su entorno laboral y se enfocaron en otros ámbitos fuera de lo profesional y sólo 10% hizo un cambio radical en su plan de carrera profesional.

- **Ahorro.** A pesar de que el estilo de vida actual nos impulsa a una filosofía hedonista y existencialista que nos empuja a gastarlo todo, en pasarla bien (los jóvenes la definen como YOLO, *You only live once*), sabemos que el ahorro es importante para poder aspirar a la autosuficiencia futura, aprovechar las oportunidades que se presentan en la vida y tener la tranquilidad de no depender de los ingresos actuales cuando alguna circunstancia requiera un gasto no esperado. En este tema, vale la pena hacer una aclaración importante. Una cosa es el ahorro sano que nos permita tener la tranquilidad para subsanar algún revés económico en el futuro, y otro el que se convierta en una actitud de avaricia que atesora el dinero por encima de cualquier otra cosa. Siempre he pensado que una forma eficiente de conocer a las personas es la de ver cómo se relacionan con su dinero; ver si tienen un apego desproporcionado ante él, que incluso los haga perder su señorío sobre sus bienes, y que sean éstos los que terminen definiendo su vida.

Todos conocemos personas que gastan más de lo que tienen y que basta un pequeño revés económico para que su vida se ponga de cabeza. A ellas claramente les falta la sana cultura del ahorro. Por otro lado, también conocemos personas que han acumulado una cantidad importante de recursos en la vida, y viven evitando incluso los gastos razonables y ahorrando hasta el último centavo. Ellas pagan pobremente a sus colaboradores, escatiman en la educación de sus hijos, evaden impuestos y regatean cuando compran enseres esenciales, haciendo a su familia pasar verdaderas penurias económicas cuando su situación es desahogada. Ahí se muestra claramente el apego a los bienes hasta el punto de que cuando los parientes se dan cuenta de lo que realmente tienen, de inmediato surge el resentimiento por las carencias que les hicieron pasar en aras de mantener un ahorro no sólo mal entendido, sino falto de lógica y hasta ruin. Ni qué decir de las personas que se sienten cuasi insultadas cuando les propones apoyar alguna iniciativa de beneficencia o de impacto social, pues lo consideran una locura. Finalmente, podemos decir que es muy sano desarrollar una cultura del ahorro, que te permita tener cierta libertad para tomar tal o cual decisión que se alinea a tu proyecto de vida, y reduzca la dependencia de otros para hacerlo.

- **Patrimonio.** A lo largo de la vida, todos aspiramos a formar un patrimonio. Una casa propia, asegurar el estudio de los hijos, autos, casa de descanso, inversiones y otras cosas a las que cada uno aspira dependiendo de su situación económica personal. Si bien cada historia de vida es distinta, y el nivel económico y patrimonial que cada persona alcanza es diferente, la gran pregunta que debemos enfrentar en este proceso es el precio que estamos dispuestos a pagar por amasar un patrimonio. Sabemos que este proceso depende de muchos factores; algunos atribuibles a nosotros (como el esfuerzo, preparación, tenacidad, visión y disciplina), otros al lugar en que nacimos (si nacimos en una familia que nos apoye o en un lugar donde tengamos al alcance las herramientas necesarias), otros a la suerte o las circunstancias (cuando se presentan oportunidades inesperadas). Pero, en cualquier caso, la aspiración natural es la de ir formando un patrimonio por la vida. El problema es que muchas veces nos topamos con personas que eligen crecer su patrimonio a cualquier precio. Estos empresarios entienden que en realidad somos simplemente administradores de los bienes que la vida pone bajo nuestra custodia, y que habremos de dar cuentas de lo que hemos hecho con lo que hemos recibido. Aquí viene muy al caso, una vez más, la parábola de los talentos. Tú y yo que mucho hemos recibido, ¿qué cuentas vamos a dar? Recuerda que al final no vamos a ser juzgados por lo que tenemos, sino por lo que hicimos con lo que tenemos.

Como conclusión a este tema, podríamos decir que es importante cumplir con el aspecto económico de tu misión, manteniendo siempre el señorío sobre los bienes y sabiéndote su administrador. Uno que, como un buen padre de familia, tendrá que distribuir los recursos entre los miembros de su prole según las necesidades propias y las ajenas, así como rendir cuentas de lo que haya recibido y, sobre todo, de aquello que se haya hecho con lo que ha recibido.

Son conocidas las historias de los grandes atletas, deportistas, artistas y genios que logran en poco tiempo hacer fortuna sin estar preparados para administrarlas. "Easy comes, easy goes", dicen los norteamericanos al referirse a las fortunas que pronto llegan y pronto se van. La verdad es que pocos de ellos logran, a pesar de su riqueza, crear un sistema patrimonial ordenado que dure ya no para las siguientes generaciones, sino para asegurar su propia vejez. Seguramente, igual que yo, conoces historias de grandes leyendas de nuestro futbol o del boxeo, que después de haber estado en los cuernos de la luna y amasar fortunas lo gastaron todo en autos de lujo, viajes y joyas. Pronto acabaron con sus millones y al final quedaron igual o peor que antes de hacerse ricos. Es el mismo caso de aquellos "afortunados" que ganan la lotería: 85% de ellos está en quiebra en menos de tres años y 95%, en menos de cinco. No se trata solamente de cuánto ganamos, sino de cómo lo administramos.

No es necesario ser famoso para tener un plan financiero sustentable. Conozco el caso de un amigo que inició con muy poco, trabajando como chofer en una plataforma de taxis. Tras años de ahorrar con constancia y reinvertir sus ingresos, a la vuelta de los años ha dejado de conducir para ahora administrar su propia flotilla de taxis. No está en la lista de Forbes 500, pero sí logró poner en práctica un buen plan patrimonial, mismo que le ha ayudado a alcanzar sus otros objetivos familiares, personales y sociales. Él —como muchos otros— dejó de soñar en ganarse la lotería o hacerse rico en negocios milagro y generó su patrimonio partiendo de la realidad, y con esfuerzo y constancia ha logrado un patrimonio estable que le permite planear con tranquilidad económica su vejez y la educación de sus hijos.

Quinta dimensión: espiritual

Este aspecto de la persona tiene una relevancia fundamental. Es la dimensión trascendente por naturaleza. A través de esta dimensión el hombre puede no solamente trascender a sí mismo, sino a la temporalidad de esta vida, es decir, a la vida eterna.

Independientemente de si profesas alguna fe, de que tengas alguna deidad o veneración por un ser supremo, cualquiera que ésta sea, o si eres agnóstico o ateo, en algún momento de tu vida llegarás a plantearte seriamente la posibilidad de la existencia del más allá: qué será de ti después de la muerte y tu trascendencia espiritual. Si hay algo en que coinciden todas las culturas, las religiones y las personas a lo largo de los siglos es que cada uno de nosotros algún día habremos de morir y, por lo tanto, en algún momento enfrentaremos la pregunta del más allá.

Curiosamente, ni el ateo o el agnóstico pueden evitar esta cuestión. Stephen Hawking, reconocido científico y autor (quien en vida se manifestó ateo), después de proponer una explicación fisicomatemática del Universo, reconoce que la ciencia, aunque explica lo que existe, es incapaz de contestar una pregunta fundamental: ¿por qué el Universo se toma la molestia de existir? Resulta interesante cómo una mente tan brillante como la de Hawking no pueda llegar —con las herramientas de la ciencia— a contestar el interrogante fundamental del origen del Universo. Sin reconocer el origen de todo lo existente a manos de un Creador, Ser eterno y omnipotente que trasciende el tiempo y el espacio, debe ser ciertamente difícil encontrar otra explicación. Es por esto que no sorprende que el concepto de Dios haya estado presente en la conciencia humana desde siempre; miles de millones de hombres a lo largo de la historia se han referido con el nombre de Dios a un ser no sólo existente sino vivo.

Es una realidad que, en algún momento de tu vida, enfrentarás ese cuestionamiento, el cual puede abordarse desde distintas ópticas:

- **Relación con Dios.** Si reconoces la existencia de un Dios, o el origen sobrenatural del Universo y de tu persona, no es de extrañar que llegues a la conclusión de que eres un ser creado: una creatura. Por tanto, compartes una relación con tu Creador. De ahí que no esté fuera de lugar preguntarte: ¿cómo es la relación con tu Creador? Si tu postura es que no hay una relación interpersonal entre tú y Él, de ninguna manera quiere decir que ésta no exista o que no sea posible. Para quienes hemos recibido el regalo de la fe (católica en mi caso) es un privilegio difícil de comprender, y más aún de explicar, que esa relación sea no sólo personal sino paterno-filial. Incluso, si lo dices en voz alta y escuchas cómo suena, te parecería insensato y casi sacrílego ir por ahí diciendo: "Soy hijo de Dios", cuando en realidad la fe nos revela que ése es precisamente el caso. De este contundente postulado, se desprende que "como hijos de Dios" contamos con un Padre celestial que además de ser todo poderoso, eterno e infinitamente bueno, siempre quiere nuestro bien espiritual, y que su presencia —aunque sutil— se manifiesta de muchas formas a lo largo de nuestra existencia. Partiendo desde nuestra humilde condición de creaturas resultaría un tanto insensato rechazar una relación con un Dios omnipotente que por alguna razón que rebasa nuestro entendimiento, nos ofrece un amor paternal.

- **Paz interior.** La conquista de la paz interior —te comparto— es en mi vida una batalla fundamental; un medidor que me parece totalmente confiable para evaluar si estamos viviendo nuestra misión. Esta conquista es una recompensa para las personas que son congruentes: que viven como piensan y piensan como viven. Las cuales, si bien no son perfectas, tienen la madurez y humildad de reconocer sus errores y estar en una búsqueda permanente de una mejora personal, de plenitud. Se nota que hacen un esfuerzo consciente y constante para luchar contra sus defectos dominantes y van por la vida con la mira puesta en los objetivos trascendentes que han fijado con su filosofía de vida.

Son las personas que, claramente, han encontrado la autotrascendencia de la que habla Frankl, a través de su misión. Quienes, a pesar de las lágrimas que aderezan su vida, mantienen un ánimo imperturbable ante los reveses y han aprendido a desdramatizar y a dar a las cosas la importancia que realmente tienen. Quienes han desarrollado la elemental capacidad de amar y son capaces de poner a los demás por encima de sí mismas. Son quienes tienen copados sus anhelos en los tres aspectos fundamentales de su persona: la mente, el cuerpo y el espíritu. Que viven con una intensa espiritualidad, tratando de actuar de cara a Dios y no sujetos a los criterios cambiantes de las personas o de las ideologías que los rodean y que parecen juzgarlos a cada paso que dan. Asumen su condición de criaturas y tienen una relación sana y una comunicación constante con su Creador, en quien confían plenamente como un Padre amoroso que aporta a sus vidas una cuota de tranquilidad difícil de explicar y que han sido capaces de abandonarse en Su voluntad como un refugio seguro para mantener la paz interior a lo largo de su vida.

Por lo que se refiere a este aspecto de tu misión, te digo que una prueba clara de que estás viviendo tu misión en la vida es tu grado de paz interior.

• **Práctica de la fe.** Uno de los elementos que, según distintos estudios, incide de manera importante en el nivel de felicidad de las personas es la práctica de su fe. Cualquiera que sea tu credo (cada uno tiene su fe, su denominación, sus prácticas, formas, reglas y símbolos), la congruencia en materia espiritual es particularmente importante. Si en tus prácticas espirituales no vives como piensas, terminarás traicionándote, a ti y a tu fe. Éste es un tema particularmente relevante en nuestra época, en la que muchas personas, por superficialidad, comodidad, ignorancia o incongruencia, pretenden que las religiones se ajusten a su visión de las cosas y a su modo de vivir. Aunque disfracen sus argumentos de objeciones profundas, cuando deciden "irse por la libre" y relacionarse con Dios a "su manera", sin compromisos y desde su sillón favorito, muchas veces se encuentra en el fondo de estas posturas una comodidad y hedonismo que el interesado nunca llegará a admitir. En muchas ocasiones he escuchado a personas argumentar con vehemencia que no entienden por qué tal o cual religión les "exige" algo que, afirman, atenta contra su libertad. Estos argumentos se debilitan cuando se les recuerda que las religiones no prohíben nada, sino que marcan los parámetros entre el bien y el mal conforme a su propia espiritualidad, y que en caso de elegir con libertad actuar mal, simplemente te recuerdan que habrá consecuencias. Recordemos que el concepto mismo de religión es el de re-ligarnos o "volver a ligarnos" con lo fundamental. Esta definición reconoce que ya estuvimos antes vinculados y que hoy la religión nos permite acercarnos nuevamente con lo divino, contando para ello con nuestra plena libertad.

Veamos el caso de los 10 Mandamientos de la Iglesia Católica. Que si bien algunos de ellos toman la forma de "*no* matarás" o de "*no* robarás" en realidad son como los signos de la carretera de "Máxima 90" o "No rebasar". Son señales que te recuerdan que, si decides matar y mentir (como exceder los límites de velocidad), puedes hacerlo, para eso Dios te dotó de libertad, pero si lo haces, habrá consecuencias. Si eliges matar, además del castigo legal, enfrentarás el profundo cargo de conciencia y la responsabilidad de intentar reparar el daño, los cuales no te dejarán vivir en paz. También habrá consecuencias sobrenaturales, como la pérdida de la gracia por disponer de la vida de otro que no te pertenece.

Este hecho, por más libre que seas, objetivamente pone en riesgo tu vida y la de los demás y las consecuencias de hacerlo pueden causar un accidente que dañe no sólo a tu persona sino a todos los que se encuentren cerca. Pero de que tienes la libertad absoluta para hacerlo, eso ni dudarlo. En ello, te puedes llevar entre las patas a otros que sufran las consecuencias de tu transgresión sin culpa alguna. En el libro *Crimen y castigo*, Dostoievski aborda con maestría el tema de la conciencia, que no deja tranquilo a un hombre que ha cometido un crimen: el peso de su alma es mayor que el peso de cualquier castigo material que pueda recibir.

El tema de las religiones es de mucha profundidad y no me parece sea materia de este libro. La relevancia que representa para el tema que aquí trato es que, independientemente de que tus creencias sean cristocéntricas, o tu fe sea el judaísmo, el islam, o el budismo, o que te identifiques con ideologías como el *new age* o cualquier otra, la congruencia con la práctica de tu fe o tus creencias tiene una enorme relevancia en el aspecto espiritual de tu misión. En lo personal, respeto mucho al practicante serio y comprometido de cualquier credo, al que vive su fe de manera congruente y no acomodaticia. Incluso a los ateos o agnósticos, en la medida que sean congruentes con sus creencias, y que su vida sea un fiel reflejo de su filosofía de vida, siempre que vayan buscando genuinamente el bien, la verdad y la belleza.

Conozco mucho más la religión católica que cualquier otra, por eso me permito hablar de ella con mayor soltura. Encuentro en ella y en los postulados del mensaje de Jesús la profundidad, la trascendencia y los elementos concretos para vivir una vida plena y feliz en esta tierra, para en la otra poder ver y gozar de la presencia de Dios. En ella he encontrado verdaderamente la religión del amor. Como muestra, baste revisar sus dos mandamientos principales, los cuales nos entregó Jesús junto con su sacrificio: "Amar a Dios sobre todas las cosas" y "Amarás a los demás como a ti mismo". Éstos tienen una contundencia tal que, si los utilizamos como medida y valor de nuestra vida, será muy difícil equivocarnos.

Finalmente, y hablando de cómo se vive la fe católica en México, sin duda merece unas líneas el gran legado de fe, historia y cultura que los mexicanos hemos recibido de las muestras de cariño que la Virgen de Guadalupe ha tenido con nuestro querido México. "No ha hecho nada igual con otro pueblo", reconocía el papa Benedicto XIV en 1754. Según palabras de los papas San Juan Pablo II y Benedicto XVI, su visita a la basílica de Guadalupe los marcó para siempre. Tal vez a esto se refería el papa Francisco al decir que "México no se entiende sin la Guadalupana".

Independientemente de la fe que practiques, me parece que la vida no merece la pena ser vivida sin una búsqueda genuina y honesta del bien, de la verdad y de la belleza. Al final del túnel de esa búsqueda que no te sorprenda encontrar a Dios.

Sexta dimensión: personal

El aspecto personal es, igualmente, de gran trascendencia. Se trata, ni más ni menos, de quiénes realmente somos, cuáles son nuestros verdaderos intereses, sueños, miedos y frustraciones; qué nos ilusiona, qué nos atemoriza y cuáles son nuestros más íntimos anhelos, y al final, cómo es nuestra relación con nosotros mismos.

Creo que todos nos hemos sorprendido hablando solos en el auto o en algún momento de soledad. Muchas de esas situaciones son conversaciones imaginarias, algunas veces con otras personas y muchas otras con nosotros mismos. ¿Te has detenido a analizar cómo nos hablamos cuando nos dirigimos a nosotros mismos? Es muy revelador cuando el tono es de reclamo, de agresión, de solidaridad, de comprensión o de complicidad. Esto puede revelar cómo nos "llevamos" con nosotros mismos, cuál es la imagen que de nosotros tenemos y, sobre todo, cuánto nos queremos. Sin llegar a una autoestima desbordada, está claro que, si no nos "llevamos bien" con nosotros mismos, o incluso nos odiamos, va a ser muy difícil querer a los demás. Veamos los diferentes aspectos de la dimensión personal.

- **Salud general.** En estos tiempos de pandemia ¿o serán ya de postpandemia? vivimos volcados en el cuidado de la salud física de una forma que en muchos casos pareciera enfermiza. Está claro que somos responsables de nuestro bienestar, de alimentarnos adecuadamente, de hacer ejercicio, de fortalecer nuestro sistema inmunológico y de cuidar nuestro cuerpo. Pero me parece que la obsesión en el cuidado de la salud del cuerpo está poniendo en riesgo la salud mental y el equilibrio psicológico de muchas personas. Estoy convencido de que es más importante que nunca ser responsables y cuidarnos ante una pandemia gravísima que ha puesto al mundo de cabeza, pero de nada serviría mantener esa salud del cuerpo si no mantenemos también el equilibrio emocional y afectivo que nos permita combatir la ansiedad y la angustia que esta situación está generando. En este sentido me parece que nuestra misión debe de ser conservar la salud en los tres aspectos de la persona a que me he referido a lo largo de este libro: físico, mental y espiritual.

- **Autoestima.** La percepción de quiénes somos tiene una incidencia enorme en el aprecio y cariño que sentimos por nuestra persona. La autoestima no es más que la propia imagen o la reputación que tenemos ante nosotros mismos. Y ésta, cada vez más, depende de la forma en que nos perciben y aceptan los demás. Una autoestima sana, en mi opinión, parte de un autoconocimiento sincero y real de nosotros mismos y de una valoración objetiva de nuestras virtudes, defectos y errores, a los que hoy (precisamente para no herir la autoestima) se les llama "áreas de oportunidad".

Seguramente te ha pasado que, cuando te encuentras con personas seguras, te das cuenta de que esa seguridad no es una "pose", sino que es auténtica, es porque ellas se conocen bien y se perciben como realmente son. Reconocen y luchan continuamente con sus defectos dominantes. No pretenden fingir ni jugar papeles ficticios, ni tomar posturas que no les corresponden. Hoy pareciera que hay generaciones de jóvenes particularmente sensibles al tema de ser aceptados y queridos. Como si simplemente por haber nacido "tuvieran el derecho" de ser amados. En mi opinión, el respeto, aprecio y cariño de los demás no se da en automático, sino que hay que ganárselo.

Esto ha puesto de moda el concepto de la tolerancia. En lo personal me parece un concepto que se queda muy corto ante la aceptación de las personas en toda su dignidad. De ahí que he encontrado una gran diferencia entre la tolerancia y la caridad. La primera me parece que se trata de un: "Aunque no te acepte ni te comprenda, te soporto y te tolero". Mientras que la caridad habla de la aceptación, el respeto y el amor al prójimo, justamente eso de querer al otro "como a nosotros mismos". El concepto de caridad, me parece, va mucho más allá de las formas que pregona lo "políticamente correcto", ya que, si el amor por los demás es la medida, entonces la aceptación, el respeto y la comprensión del otro son consecuencias naturales de quererlos como son. Lo que me parece es un concepto, en sí mismo, mucho más valioso que la tolerancia.

Considero que en este aspecto nuestra misión estriba en tener la madurez y la humildad de conocernos, aceptarnos y querernos como realmente soos, de reconocer nuestras virtudes y defectos, y de vivir luchando por ser mejores personas.

- **Congruencia de vida.** Ya me he referido en varios capítulos a este tema que también me parece fundamental. El parámetro para saber qué tan congruentes somos lo estableció Gandhi con toda claridad: "Somos congruentes cuando lo que pensamos, decimos y hacemos está en sintonía". Conocemos a muchas personas que, como camaleones, van mutando de piel y de opinión dependiendo del grupo en el que conviven. Tristemente, un ejemplo vivo de estos personajes lo encontramos en nuestra clase política. Reconozco que hay honrosas excepciones, pero a nadie sorprende cuando escuchamos a un político decir y prometer justamente lo que sus interlocutores esperan escuchar. Sé que me dirás que es la forma de hacer política y que si fueran sinceros en sus discursos respecto a lo que realmente los mueve y les interesa (que casi siempre son sus intereses personales y partidistas) pues nadie votaría por ellos. Tristemente vemos también a muchos colegas, empresarios, amigos y conocidos que, como veletas, se ajustan a los vientos que soplen sin tener un criterio o una postura propios y firmes, aunque éstos no sean populares. Por otro lado, están las personas congruentes que respaldan su decir con el ejemplo. Éstas generan una credibilidad inmediata y operan con la calidad moral que respaldan con hechos.

Me parece que estamos viviendo tiempos de definición, en los que es necesario formar bien nuestra conciencia y criterio y expresarlos de forma clara, asertiva y concreta, entendiendo que la vida no se trata de un concurso de popularidad. Por lo anterior me parece que el parámetro para saber si estamos siendo congruentes, pasa por la frase que siempre le escuché a mi padre: "El que no vive como piensa, terminará pensando como vive".

Un caso notorio en años recientes es el de Sheryl Sandberg, quien fuera alta ejecutiva en Google y actualmente se desempeña como COO (directora de operaciones, por sus siglas en inglés) en Facebook. Como la mayoría de las personas en el entorno empresarial, Sheryl solía hablar de sus largas horas y exceso de trabajo como una placa de honor. Enviaba correos a las 5:30 de la mañana para que vieran cuán duro trabajaba y era la última en salir de la oficina. Todo esto cambió cuando tuvo su primer hijo y se enfrentó a una disyuntiva, la misma a la que millones de madres se enfrentan en todo el mundo: ¿cómo sacar adelante su carrera y cuidar bien de su familia?

Sheryl era una excelente ejecutiva, con un brillante futuro por delante, pero decidió ser congruente con sus principios y valores. Para ello tuvo que presentar su caso ante sus jefes y poner en riesgo su propio trabajo. "Estaba dispuesta a abandonar el puesto si no había otra opción", dice, pero la hubo. Desde entonces, Sheryl lleva a sus hijos a la escuela y sale de la oficina a las 5:00 p.m. en punto. Al principio parecía una locura, incluso para ella, pero sus resultados siguieron siendo excelentes, al grado de ser contratada por Facebook poco tiempo después. "Sólo puse una condición a Mark (Zuckerberg). Mi familia va primero."

Habiendo desmenuzado los 6 aspectos esenciales de tu misión, me parece que ahora puedes tener las coordenadas necesarias para hacer un proyecto particular en cada una de ellas. Como en cualquier proyecto, incluir medidores que te permitan evaluar el nivel de cumplimiento de tu misión en todas sus dimensiones es una herramienta indispensable.

Resulta importantísimo atacar esta aventura sobre bases claras y firmes que nos permitan elaborar un proyecto de vida acorde a quiénes somos, dónde estamos, cuál es nuestra realidad y a dónde queremos llegar.

4.10. El ingrediente de la razón y del corazón

En su momento hablamos del maridaje entre la pasión y los talentos, que es fundamental para descubrir nuestra misión, pero hay otra unión importantísima a considerar para hacer nuestro proyecto de vida de forma integral. Me refiero a la unión entre la razón y el corazón.

Nuestra razón se gesta desde el cerebro, que es un tejido extremadamente complejo para sus 1 350 gramos de peso, compuesto por más de cien mil millones de células nerviosas o neuronas, que es comparable con el número de estrellas en nuestra galaxia. El cerebro funciona como una red de neuronas y la información pasa entre ellas por puntos de contacto especializados.

El cerebro es el órgano fundamental para pensar, evaluar y diseñar nuestro proyecto de vida desde la óptica de la exactitud, la objetividad y la medición. Si bien ya decíamos que el cerebro es un órgano maravilloso, no es suficiente para diseñar nuestro proyecto personal. Le faltan la intuición, el sexto sentido, la inclinación, el afecto, la emoción y la atracción inexplicable que sentimos hacia una u otra cosa sin que medie una explicación lógica.

Esto lo identificamos en la simpatía que sentimos por ciertas personas o la sensación de alegría que percibimos al hacer tal o cual cosa. Sabemos que estos sentimientos y sensaciones no vienen de un análisis ni de una explicación racional, sino que sólo se perciben desde el corazón.

Desde la óptica meramente racional, en las empresas existe una herramienta de medición muy difundida y eficiente. La llaman evaluación de desempeño por objetivos (SMART), indicadores críticos (KPI's) y prioridades. Los objetivos SMART son un instrumento valioso para orientar nuestras acciones hacia los resultados que deseamos obtener. A pesar de que he visto utilizar este sistema en muchos proyectos empresariales, migrar estos mismos medidores al ámbito personal ha sido muy útil en el diseño de mi proyecto de vida y el de muchas personas que conozco. Los medidores deben cumplir con los siguientes requisitos:

- **Específicos.** Que sean concretos y directos.
- **Medibles.** Que sean tasables evaluables.
- **Alcanzables.** Que sean realistas y logrables.
- **Relevantes.** Que sean importantes y trascendentes.
- **Tiempo de vigencia.** Que tengan una fecha concreta de cumplimiento y un periodo de validez.

Específico	Medible	Alcanzable	Relevante	Temporal
S	**M**	**A**	**R**	**T**
M	E	T	A	S
¿Qué deseas realizar?	¿Cómo sabrás que lo has logrado?	¿Está en tu poder lograrlo?	¿Realmente aporta valor?	¿En cuanto tiempo lo lograrás?

Para acompañar el proceso en la definición de objetivos SMART, me permito compartir algunos ejemplos que he visto que funcionan.

El objetivo central de la elaboración de tu proyecto de vida es que, en cada una de las seis dimensiones de tu misión, identifiques al menos uno y no más de tres objetivos concretos, medibles, alcanzables y relevantes, de los cuales puedas revisar su cumplimiento de manera periódica. Y digo que en ningún caso más de tres, porque entre más objetivos te pongas, más diluidas estarán tu concentración y tu energía para lograrlos.

En la implementación de tu proyecto de vida el enfoque y la perseverancia son fundamentales.

De hecho, me parece que lo ideal es identificar un solo objetivo en cada área, que sea más fácil de tener presente todo el tiempo para que, una vez cumplido, puedas concentrarte en otro, y así sucesivamente.

Uno de los objetivos más comunes en la elaboración del proyecto de vida, en el aspecto familiar, es el de mejorar la relación con el cónyuge, los hijos, los hermanos o los padres. Para convertir esto en un objetivo SMART no es suficiente ponerlo como intención y definirlo en lo general, sino identificar un objetivo concreto.

Puede parecer complicado, pero es sumamente sencillo una vez que lo hemos hecho dos o tres veces. En vez de poner, por ejemplo "Mejorar mi relación con mi esposa(o), hermanos o hijos", podemos ser más específicos y utilizar la herramienta SMART. Entonces los objetivos se podrían ver así: "Invitar a cenar a mi esposo(a) una vez al mes y hablar de temas que le interesen o preocupen a ella (él), además de pedirle su opinión sobre cómo podríamos mejorar nuestra relación", "No levantar la voz al corregir a mis hijos durante las comidas familiares", "Visitar a mis padres cada 15 días y asegurarme que estén bien atendidos en sus necesidades médicas y económicas", o "Reunirme a comer con mis hermanos cada dos meses y estar al tanto de cómo van sus vidas, meter a mi agenda recordatorios sobre sus cumpleaños y mandarles un detalle".

Así de específicos, concretos y medibles deben de ser los objetivos para que esta herramienta funcione. Al final, cumplir con un objetivo SMART es mucho más sencillo que uno escrito de forma genérica o demasiado amplia. No importa cuán pequeños sean, lograrlos nos dará una sensación clara de que estamos avanzando y cumpliendo aquello que nos hemos propuesto.

Te comparto dos consejos que me ha funcionado muy bien en el logro de objetivos SMART:

1. Incluirlos a la agenda no sólo señalando el día, sino una hora concreta (evidentemente éstos pueden cambiar y ser flexibles, pero al menos ya estarán programados).
2. Revisarlos de manera periódica para tener una idea de cómo vas con estos objetivos y, cuando te des cuenta de que no vas bien, incluir un propósito concreto para el mes siguiente.

Será el mismo caso para todos los demás objetivos, por ejemplo: el económico. Muchas personas ponen como objetivo tener una situación financiera holgada. Eso, más que un objetivo, es un deseo. Un objetivo sería: "Buscar un trabajo en el que pueda ganar al menos equis cantidad de dinero y ahorrar al menos equis porcentaje de mis ingresos mensuales. Cuando llegue a ahorrar al menos equis cantidad, invertirla en instrumentos o fondos que me aseguren una rentabilidad de al menos equis porcentaje de dinero anual".

Otro objetivo con el que me he topado es: "Reducir el gasto" o "Gastar menos". Esto también es muy ambiguo, y para ser un objetivo medible y con características SMART debería de ser mucho más concreto. Por ejemplo: "No gastar más de equis cantidad de dinero al mes, y cancelar tal o cual membresía, subscripción o gasto fijo mensual que no uso lo suficiente, y con esto generar un ahorro de equis cantidad de dinero al mes".

Hasta aquí pareciera que con un plan concreto y eficiente basado en medidores SMART ya tenemos todo lo que necesitamos para hacer nuestro proyecto de vida. Sin embargo, sería un grave error no darle juego al corazón en este proceso.

Si bien objetivamente podemos hacer un plan racional que haga sentido, partiendo del autoconocimiento de quiénes realmente somos, descubriendo metas concretas y diseñando un plan para llegar ellas, esto no es suficiente. Sin tomar en cuenta el aspecto emocional y afectivo de nuestra persona, nos quedaremos cortos en este esfuerzo. Recordemos que el llamado de la vocación llega directo al corazón y se convierte en una voz única e incesante que "sentimos" desde ahí. Es en el corazón y no en el cerebro donde habita la huella indeleble de la misión que llevamos impresa en lo más profundo de nuestro ser.

En este caso, la recomendación es pasar por el filtro del corazón los proyectos e iniciativas que te propongas y que las metas que componen tu proyecto de vida hagan sentido desde la óptica del corazón, que siempre tiene razones que la razón ignora . Deja reposar uno o dos días el plan que te has planteado y escucha a tu conciencia y tu intuición, que son las voces del corazón.

Te aseguro que, haciendo un maridaje entre tu dimensión racional y emocional, te será mucho más sencillo elaborar un proyecto de vida que se ajuste a tus necesidades como un traje hecho a la medida.

4.11. Y entonces, ¿cómo diseño mi proyecto?

Uno de los objetivos centrales de este libro es difundir la importancia de descubrir el sentido de nuestra vida y nuestra misión, y que los lectores encuentren en este libro razones y herramientas suficientes para lanzarse a la apasionante aventura de diseñar su proyecto de vida. Por lo tanto, si has llegado hasta aquí y estás dispuesto a poner manos a la obra, habré cumplido mi propósito.

Te puedo anticipar que la planeación de tu futuro —de hacerla a conciencia— puede de verdad cambiar tu vida para bien. Te ayudará a vivir de manera más consciente y orientado a los objetivos de vida que tú mismo te hayas planteado. Y más aún, te garantizo que hacer tu proyecto alineado a tu misión será un ingrediente fundamental para lograr la plenitud y felicidad que has venido buscando, y también un antídoto eficiente para combatir el vacío existencial que a todos nos acecha detrás de la puerta.

Hay distintos formatos para hacer tu proyecto de vida. La idea es que elijas el que mejor te acomode. A continuación, te presento uno de ellos, con ejemplos que te serán útiles. Los he venido tomando y elaborando con información de distintas fuentes y los he empleado en diferentes presentaciones y en diversas circunstancias, dependiendo del perfil del grupo al que se lo presento. Está también incluido el formato personal que yo utilizo y que he ido mejorando con los años. Evidentemente, es el que más se adapta a mi perfil y que mejor se acomoda a mis propósitos, objetivos y circunstancias.

Espero que alguno de estos materiales te sirva como guía para elaborar el tuyo. Independientemente del que decidas utilizar, te recuerdo que, aunque el proyecto de vida es un arma muy potente para darle sentido y propósito a tu existencia, éste no es mágico, ni hará el trabajo por ti. Para que funcione tienes que invertir tiempo, no sólo en su elaboración, sino sobre todo en su seguimiento y medición. A mí me funciona revisarlo mensualmente y llevar en mi celular un resumen que puedo revisar en cualquier momento. Esto me sirve como recordatorio a lo largo del mes de las actividades que me propuse. Seguramente encontrarás tu propia manera de elaborarlo y darle seguimiento. Al final. es tu proyecto y es tu vida: tú eres el principal interesado y de ti depende que se haga realidad.

4.12. Un formato sencillo para tu proyecto de vida

En distintos cursos y seminarios he tenido acceso a formatos, cuestionarios e instrumentos para elaborar un proyecto de vida. No creo que exista uno único, aunque sí creo que cualquiera que tú elijas debe considerar al menos estos elementos:

1. **¿Quién soy?** Pasiones, talentos y circunstancias.
2. **¿A dónde voy?** Visión para el futuro. Donde te ves en 3, 5, 10 o 20 años.

3. **Tus principales objetivos en las seis dimensiones de la persona.** Familiar, espiritual, social, personal, económico y profesional.
4. **Pasos y herramientas específicos.** Claves para abordar tu proyecto de vida.
5. **¿Para qué estoy aquí?** Encontrar el sentido de tu vida que dé respuesta a esa pregunta y descubrir tu misión personal con el ingrediente de la trascendencia.

Tu proyecto de vida puede caber en una sola hoja o en un tomo entero; según tu estilo y características, puedes exponer y profundizar tanto como quieras. El formato que aquí propongo es el que yo he utilizado y que, al revisarlo cada año, me reporta la mayor claridad y el mejor orden.

A fin de cuentas, es muy recomendable que el proyecto de vida cumpla con la medición de objetivos SMART: Específicos, medibles, alcanzables y relevantes en un marco de tiempo concreto.

No te apresures en llenarlo, algunas cuestiones requieren tiempo y reflexión. Te prometo, en cualquier caso, que será un rato bien invertido y que, como cual-quier buena inversión, al final te dará grandes rendimientos.

MI PROYECTO DE VIDA	
Nombre:	
Fecha:	
¿Quién soy? ¿Cuál es mi epitafio? ¿Cuál mi legado?	
Imagino mi velorio y lo que los asistentes dicen sobre mí. ¿Qué me gustaría escuchar de mi familia y amigos cercanos?	
¿Cuáles son las tres cosas más importantes en mi vida? ¿Cuáles son las tres relaciones más importantes?	
¿Qué vas a hacer para tener éxito en todas ellas? Define el tiempo, los recursos y las herramientas que vas a invertir en ellas (anual, mensual, semanal)	

¿Cuáles son mis tres principales pasiones y mis tres principales talentos?	
¿En qué proyectos o actividades voy a lograr ese "maridaje" entre mis pasiones y mis talentos?	
Misión: ¿Para qué estoy aquí? ¿Qué es lo que me define, me hace único y que no puedo dejar de hacer antes de morir?	
Trascendencia: ¿Cómo impacta el cumplimiento de mi misión en los demás y en mi entorno? Y sobre todo ¿en mi vida eterna?	
¿Cuáles son mis objetivos SMART en los 6 aspectos de mi misión?	
1. En materia familiar.	
2. En materia espiritual.	
3. En materia social.	
4. En materia personal.	
5. En materia económica.	
6. En materia profesional.	
¿Cómo voy a lograrlos?	
Usa acciones y fechas concretas.	
1. En materia familiar.	
2. En materia espiritual.	
3. En materia social.	
4. En materia personal.	
5. En materia económica.	
6. En materia profesional.	
Para lograr mis objetivos de vida, ¿qué va a ser diferente a lo que hago hoy?	
1. En el próximo año	
2. Por el resto de tu vida	
¿Cuáles son los obstáculos que voy a encontrar y cómo voy a enfrentarlos?	
¿Qué entorno o qué plataforma necesito? ¿A quiénes necesito a mi lado y cómo voy a incluirlos en mi proyecto? ¿A quiénes no necesito, y de quiénes me tengo que retirar?	
Firma y compromiso:	

4.13 En resumen

Hemos hablado en este capítulo de los pasos necesarios para formular un proyecto que nos permita construir una vida buena y plena, que nos permita alcanzar la felicidad que buscamos.

Cada paso está pensado como parte integral de un todo, por lo que "saltarse" alguno es poco recomendable. En mi experiencia, aquellas personas que se apresuran a formular su misión o su proyecto de forma acelerada, irreflexiva o poco realista, pronto caen en la desilusión. Su plan, sencillamente, no funciona.

Lo mismo ocurre con quienes sólo quieren atender una parte de su proyecto; es decir, que se concentran en una o dos áreas en vez de buscar una armonía y balance entre las seis dimensiones de su misión. Pronto sentirán un desbalance que puede hacer daño a las áreas desatendidas y los hará abandonar su proyecto argumentando que "no funciona". Constantemente me recuerdo a mí mismo que, aunque es bueno tener propósitos, es más importante tener PROPÓSITO; es decir, una misión que dé sentido a todo lo demás y que nos permita vivir con intencionalidad. A fin de cuentas, quien tiene un *por qué*, casi siempre encuentra el *cómo*.

Tu proyecto de vida no es un documento rígido que haces una vez, que encuadernas y guardas en un cajón. Es, en cambio, un testigo vivo de tu misión y de tu planeación estratégica personal. Como tal, debe de ser utilizado de forma cotidiana y ser revisado y actualizado conforme avanzas en la vida y cambian tus circunstancias.

Un cambio de estado familiar, económico o de salud, de trabajo, de ciudad o de circunstancias personales, pueden requerir un rediseño completo de tu proyecto de vida. El hecho de que el proyecto cambie o evolucione no es, ni debe considerarse, un fracaso o una derrota. Es simplemente el rose del guante que ayuda al cuero a seguir adaptándose a la mano. En cambio, vivir a la deriva, sin intención, o no alcanzar nuestras metas por descuido, inconstancia o pereza, sí es una deficiencia que vale la pena abordar para fortalecer aquellos hábitos y virtudes que nos hagan falta para ser quienes queremos ser, y llegar a donde queremos llegar.

Pronto te darás cuenta de que al elaborar tu proyecto y revisarlo de forma periódica, te será mucho más sencillo estar consciente de tus verdaderos talentos y pasiones y del sentido trascendente de tu vida. Como Cristóbal Colón, tendrás un mapa actualizado del mundo (de tu mundo); de las corrientes marinas que te empujan o detienen y de los obstáculos que encontrarás en tu camino. Utilizando tu misión como el destino en tu Uber o GPS, tu proyecto de vida hará las veces de la ruta que habrás de seguir para llegar a ella.

El siguiente gráfico encapsula los pasos que hemos previsto para poder construir (y vivir) tu proyecto de vida.

6 Pasos para elaborar tu proyecto de vida

5. Hacia el atardecer de tu vida

5.1. RECUPERANDO EL VALOR DEL *HOBBY*

Si caminas 15 minutos hacia el sur desde la estación Victoria en Londres podrás encontrar un edificio de seis gigantescas columnas que dan entrada a un pórtico de arquitectura clásica. Es el museo Tate Britain, que alberga las colecciones más importantes de arte británico.

En él encontrarás muchas pinturas invaluables, entre ellas, algunas de un personaje que seguramente conoces, aunque quizá no por su obra artística ni el nombre que usó para firmarla: David Winter. *El río Loup* y *Una vista del Chartwell* representan paisajes localistas en espacios abiertos, pintados con la técnica impresionista propia de la segunda mitad del siglo xix.

"Unas pinturas más dentro de un museo más", podrías pensar. Sin embargo, al acercarte aún más a las obras podrás notar algo extraordinario: la verdadera identidad del pintor es sir Winston Churchill.

Churchill es, sin duda, el primer ministro inglés más reconocido —y quizá el más relevante— de la historia, un político brillante que fuera la cabeza de las fuerzas aliadas durante la Segunda Guerra Mundial. Fue un hombre complejo y decidido que cargó sobre sus hombros el destino de Europa y del mundo. Y que, además, realizó más de 500 obras durante su prolífica carrera como pintor. "En los momentos más horrendos de mi existencia, era la pintura lo único que podía salvarme de la locura", dijo en alguna entrevista. En 1947 —apenas meses después del término de la Guerra—, dos de sus obras fueron aceptadas por primera vez en la Academia de las Artes de Inglaterra.

¿Cómo es que Churchill, con su agenda llena de cosas tan importantes, se daba el tiempo para pintar? ¿No es esto lo opuesto a lo que nos enseñan en las escuelas de negocios? "¿Concentración, *focus*, constancia y eficiencia?" Sin embargo, el caso de Churchill está lejos de ser el único. Muchos grandes hombres han tenido y siguen teniendo *hobbies* y pasatiempos valiosos.

La palabra *amateur* no es, como a veces suponemos, de bajo valor, sino lo opuesto. *Amateur* es la palabra francesa para "aquel que ama algo": supone pasión y entrega. Así entendida, no es raro que tantas personas *amateurs* dediquen tiempo y energía a lo largo de su vida para alimentar la pasión que sienten por actividades que van más allá de sus labores.

Siempre he defendido la importancia de fomentar y mantener *hobbies* que añadan a nuestra vida el color del juego y un ambiente festivo; también la de desarrollar la capacidad de disfrute y explotar los gustos y aficiones que vamos descubriendo a lo largo de la vida. Si de *hobbies* se trata, no importa tanto el talento para alguna afición en particular, sino la pasión que despierta y la adrenalina y diversión que nos genera. El atardecer de la vida es la etapa donde agradeceremos haber invertido tiempo y energía en mantener vivos los *hobbies* que nos han acompañado a lo largo de la vida.

Poco a poco, con la madurez, vamos entendiendo que no todo en la vida se mide en pesos y centavos, en estadísticas, diagramas y reportes. De ser así, ¿cómo mediríamos la satisfacción y el placer que nos causa una caminata en el bosque al atardecer?, ¿o la de ver a nuestro equipo deportivo favorito levantar un título (como la euforia de los directivos y de muchos amigos seguidores del club Atlas de futbol celebrando un merecido campeonato de la liga mexicana después de 70 años de intentarlo)? ¿O de ver una emocionante carrera de Fórmula 1 en la televisión, con nuestro piloto favorito en el podio (como muchos, que celebramos el campeonato de Max Verstappen en la temporada 2021)? ¿O de jugar una gratificante ronda de golf con los amigos de la Concafat? ¿O disfrutar sin prisa de una tarde de lectura en la playa ? ¿O de un buen "palomazo" cuando nuestros acordes se asemejan al cover que queremos tocar? ¿O de una larga rodada con los amigos "bikeros"?

Estoy de acuerdo que en el entorno académico o de los negocios, la medida de las cosas son los resultados concretos. En el primer caso, una buena calificación, y en el segundo, un buen estado de resultados. Pero a estas alturas de la vida, ya hemos aprendido que la persona está mucho más allá de sus responsabilidades académicas y profesionales. Y ahí es donde entran los pasatiempos, los *hobbies*. Éstos son, en mi opinión, lo que oxigenan y tiñen la vida con otros colores y humores. Al sentir las mariposas en el estómago cuando presentamos nuestro nuevo libro al editor, o cuando nuestro equipo deportivo va a jugar un clásico contra el acérrimo rival, todo lo demás *parece perder importancia*. Contamos los días y las horas para el silbatazo inicial. A medida que se acerca el momento empieza a subir la tensión que se combina con la emoción y el nervio que nos recuerda lo mucho que nos importa el suceso.

Conozco a muchas personas (incluyendo a quien esto escribe) que batallan con el remordimiento de conciencia al realizar algún pasatiempo, pues parece que ese tiempo se lo quitamos al trabajo o a nuestras responsabilidades cotidianas.

Ésta es una lucha interior, en la que algunas personalidades intensas debemos aprender a sobreponernos a este autosabotaje. Nuestro inconsciente pretende hacernos sentir mal al vernos disfrutar de alguna actividad que no está estrictamente relacionada con nuestras responsabilidades. Ese remordimiento toma voz y parece susurrarnos: "Estás perdiendo el tiempo..."

No pretendo decir que los *hobbies* deben tomar el protagonismo de nuestra vida, ni mucho menos colocarse por encima de nuestras responsabilidades familiares o profesionales. Creo que, en todo caso, deben de ser un sabroso complemento en la vida, sin que afecte nuestros roles prioritarios. Sobre todo, en el otoño de nuestros días, cuando empezamos a tener más tiempo para disfrutarlos.

En los últimos años, se han puesto de moda los maratones, triatlones y los Ironman. Sin duda, para estar física y mentalmente preparados para estas disciplinas se requiere un entrenamiento intenso y una voluntad férrea para cambiar algunos hábitos durante meses antes de las competencias. Conozco a muchos y muchas que durante la etapa de preparación se levantan a las cuatro de la madrugada para rodar en calles oscuras y desiertas, dejan de comer grasas y azúcares, de tomar alcohol, abandonan fiestas y bodas a las once de la noche en punto y consumen sólo las proteínas exactas que corresponden a su estricto plan de alimentación. Sus conversaciones giran alrededor de si ese día les "toca" distancia, cardio o tantos kilómetros de alberca.

He visto casos en que estas intensas rutinas afectan su convivencia familiar o sus responsabilidades profesionales, y a muchos otros que adaptan muy bien las largas horas de entrenamiento con el resto de sus actividades y pueden mantener así un buen equilibrio con sus otros roles, sin alterar la estabilidad en el resto de las áreas de su vida.

Los *hobbies* ordenados no le quitan tiempo a la vida, sino que le añaden años, intensidad y color. ¿Cuánto tiempo hay que dedicarle a los pasatiempos? A esta cuestión, como a muchas de las que hemos planteado en este libro, sólo tú sabrás cómo darle respuesta.

Independientemente del tiempo que dediques a tus pasiones, considera que tenerlas ya es una gran ventaja. Conozco a muchas personas que se refugian en el trabajo, entre otras razones, ¡porque no saben hacer otra cosa! Y es que nunca se dieron el tiempo de desarrollar un pasatiempo. Ni siquiera se han planteado lo que les gusta hacer, porque después de tantos años de estar entregados en cuerpo y alma al mundo del trabajo, han olvidado incluso aquello que disfrutaban hacer.

Ya comentaba en un capítulo anterior que podemos encontrar dificultad en recordar aquello que nos gusta hacer. El atardecer de la vida puede ser un buen momento para re-descubrirlo. Si no lo has hecho aún, te propongo escribir una lista de aquellos *hobbies*, pasatiempos o actividades que te gustan, relajan, apasionan y te hacen sentir vivo. Una vez identificados, vale la pena que hagas un compromiso contigo para dedicarles el tiempo y la energía que requieren, y —a pesar de ser sólo pasatiempos— hacerlos con toda la seriedad posible. Como todo un *amateur*.

Lo común es que, con el tiempo, la intensidad de las actividades profesionales vaya reduciéndose poco a poco. Y el reto —después de vivir una vida entregada al hiperactivismo— es no ceder a la tentación de querer llenar esos tiempos con otras actividades profesionales que no necesariamente son prioritarias o consistentes con tu proyecto de vida. La idea es precisamente la contraria: tratar de llenar esos huecos con proyectos cada vez más alineados a tu misión, y con los *hobbies*, pasatiempos, juegos o actividades lúdicas que tanto disfrutas y que siempre te has quejado de no tener tiempo suficiente para realizarlos.

Un amigo mío, dueño de una editorial, escribe y dirige obras de teatro en sus tiempos libres. Muchos más escalan, corren, pintan, juegan y realizan distintos deportes con toda seriedad. Hay quienes encuentran en la lectura su realización y otros más esperan con ansias el sábado para salir a rodar y "sentir el viento en la cara como si fueras volando". Los hay también quienes se convierten en *sommeliers* para aprender a catar los vinos que tanto disfrutan.

En realidad, el *hobby* es lo de menos, lo que realmente importa es que te conviertas en su verdadero *amateur*.

¿Cuál es el tuyo?

Independientemente de la edad que tengas, en algún momento deberás plantearte dos realidades humanas que, al percibirlas dolorosas, normalmente esquivamos: tu vejez y tu muerte.

A menos que la muerte nos sorprenda antes, todos pasaremos —de manera inevitable— por un periodo de vejez. Podemos abordarla como una maldición que hay que evitar o como la forma de coronar una vida bien vivida.

Vejez, senectud, ancianidad. No sorprende que estos conceptos tengan tan mal cartel en el mundo utilitarista y posmoderno en que vivimos. Hoy se veneran la juventud, la salud, la velocidad y la productividad, que parecieran ser antagónicos a los conceptos que aquí analizamos. Si bien en la vejez aparecerán achaques, dolores, rigidez muscular, tos, flemas, angustia, fatiga y pérdida de memoria, debemos de estar conscientes de que, en gran medida, nosotros podemos incidir desde ahora en la forma en que queramos transitar por esa etapa de la vida.

Independientemente de lo lejana que percibamos nuestra vejez (ésa es una maldición de la juventud), las decisiones que tomemos hoy tendrán una gran importancia respecto al tipo de ancianidad a la que podamos aspirar. Me refiero no sólo a los ahorros que nos permitan evitar estrecheces económicas, ni al ejercicio frecuente que mantenga nuestros músculos tonificados, sino sobre todo al cariño y amor con que cultivemos nuestras relaciones personales, de tal forma que también nuestra cuenta bancaria afectiva y emocional con los nuestros se encuentre con un buen saldo cuando necesitemos echar mano de ella para pedir su atención y cuidados.

Si la juventud es tiempo de cultivo, la vejez es por naturaleza la época de recolección. Y aquí no hay truco: se cosecha lo que se siembra. De ahí la importancia de tomar decisiones alineadas al tipo de vejez —y muerte— a que aspiremos. "Se muere como se vive", reza un conocido dicho popular.

La vejez, pues, se construye desde la juventud o no se construye en lo absoluto.

En mi caso, tengo presentes dos finales de vida de grandes hombres con quienes tuve el privilegio de convivir. Uno es el de mi padre, que curiosamente el día en el que escribo estas líneas cumple dieciocho años de su partida al cielo. Falleció a los 64 años después de batallar heroicamente durante once meses contra un persistente y agresivo cáncer de páncreas.

A diferencia del caso de mi padre, quien al haber fallecido a los 64 años se fue prácticamente sin haber pasado por la ancianidad, viví de cerca el caso de la vejez prolongada de mi abuelo materno, con la que tuve la oportunidad de presenciar su declive y su partida. Fue un visionario líder, comprometido hasta los huesos con su querido México y con la educación. Fundador como era, vio nacer y crecer muchas iniciativas, siendo el inspirador y promotor de grandes ideas y proyectos.

Su carácter avasallador le permitió llegar a donde muchos hubieran flaqueado: a enfrentar al régimen de entonces, que se oponía a la libertad de cátedra de las universidades privadas. José Vasconcelos, ilustre filósofo mexicano, se refirió a su gran obra, la Universidad Autónoma de Guadalajara, como el "Milagro cultural de América".

Ese hombre fuerte, arrojado y valiente fue envejeciendo —como todos—, y poco a poco cediendo su protagonismo ante el peso de los años. Murió apoyado por su fuerte y seguro bastión afectivo que representó mi abuela y que poco a poco entendió que en esa etapa final era necesario no solamente ser su esposa, sino convertirse en su compañera, enfermera, maestra y, finalmente, en su figura maternal. Sólo con ella encontraba el cobijo y protección para refugiarse con seguridad en sus últimos años. Respecto a la continuidad de sus grandes proyectos, la historia juzgará si su legado quedó en manos capaces de mantener la amplitud de miras, visión y magnanimidad que se requieren para que prevalezcan en el tiempo.

Seguramente tú también conoces casos cercanos en los que —humanamente hablando— el declive de las facultades de las personas que envejecen resulta conmovedor. Sin embargo, ha sido reconfortante para mí encontrarme con algunos aspectos de la vejez que no tenía considerados.

5.3. CLUB DE LETRAS, CLUB DE VIDA

En su revolucionario libro *Fahrenheit 451*, el maestro de la ciencia ficción Ray Bradbury pinta una alegoría fantástica. Su relato está ideado en un futuro dominado por un gobierno autoritario que prohíbe la existencia de los libros por considerarlos peligrosos para el régimen. El protagonista, Montag, es un bombero cuyo trabajo es quemar y destruir todos los volúmenes que encuentre. Cuando, por curiosidad, abre uno y descubre la riqueza que contiene, cambia su misión (y su proyecto de vida) y comienza a buscar y atesorar aquellos objetos que logra salvar.

Cuando finalmente es descubierto y perseguido, huye al bosque para encontrarse con un grupo de exiliados amantes de los libros, cuya misión es rescatar los grandes volúmenes de la destrucción. Montag se sorprende cuando, al preguntar dónde los esconden, le responden que no guardan libros físicos, pues es muy peligroso, sino que cada persona en el grupo es un libro. Cada uno ha leído y memorizado por completo un tomo clásico y se llaman entre ellos según el volumen que resguardan. Hay una persona que es *Don Quijote* y otra *Cumbres Borrascosas*. Ahí se encuentran *La República* de Platón, *Alicia en el País de las Maravillas*, *La Ilíada* y La Biblia. Al final, descubre Montag, no son las páginas del papel las que se legan con vistas al futuro, sino el alma que vibra entre sus letras.

En este sentido podemos decir que, como el increíble grupo de Bradbury, cada persona viviente es un libro.

Considero que, para hablar con verdadero conocimiento de causa de un tema profundamente humano como la vejez, es necesario haberlo pasado por el tamiz de la propia experiencia. Al tratar de escribir sobre la senectud, muy pronto me di cuenta de que, al carecer de experiencia personal, para entenderla, más que a los libros, debía consultar a personas que, por su edad, han aprendido a leer en el libro de la vida; que los libros de papel no serían suficientes para abrirme los secretos del alma de quienes atraviesan por esta etapa y se han convertido —como en la novela de Bradbury—, en "libros vivientes".

Con esto en mente, pedí ser invitado a una sesión de un grupo de señoras que se reúnen hace más de 25 años en lo que llaman "Club de literatura". He seguido con cariño la trayectoria de vida de la mayoría de estos interesantes personajes; señoras de entre 75 y 80 años, amigas de mi madre, con historias personales muy diversas, situaciones familiares y económicas distintas, pero que comparten una pasión en común: la literatura.

Durante la sesión mensual de su grupo, a la que tuve el privilegio de asistir, pude participar en una charla entrañable, que resultó para mí una verdadera exposición de lo bello que la vida regala a su paso a quien aprende a vivirla.

Me recibieron con la familiaridad de conocernos desde hace años, y entraron de inmediato en materia con un amistoso reproche por las líneas que les había envidado respecto a mi percepción de la vejez, cuyo título cambiaron de inmediato por el de "las vicisitudes de las edades avanzadas". "Hugo: coincidimos en algunos puntos con tus ideas, pero no podemos quedarnos con tu interpretación de la vejez solamente en términos de achaques y pérdida de facultades físicas." Y para abrir boca me lanzaron una bomba: "No sabemos si viviremos muchos años más, pero hoy te decimos con certeza que ¡ha valido la pena vivir!".

Tal vez para atenuar esta intempestiva apertura de la conversación, una de ellas comentó que a lo largo de los años han convivido con personas de todos tipos y circunstancias y que han visto cómo la vida ha ido puliendo poco a poco las aristas y deficiencias de su carácter, hasta convertirlas en verdaderas joyas. Y convencidas, afirman que, sin el paso de los años y el peso de la vida, estas personas se hubieran quedado en la mediocridad y superficialidad en que vivían.

Me parece que —sin decir su nombre por supuesto— entre esas joyas se referían a una de las presentes que tomó la voz con valentía: "Tengo en este grupo más de 25 años, desde que era una jovencita de 50", comenzó bromeando con una voz dulce, "y te puedo decir que la vida me ha puesto a prueba en muchas ocasiones. Hoy con dos enfermos en casa, poco dinero, fuerzas menguadas y trabajo exhaustivo, me siento orgullosa de decirte que ¡ahora sé saborear de la vida! Hoy volteo hacia atrás y miro satisfecha que he podido arrancar a cada etapa la esencia de su sabor ¡Y vaya que la vida sabe diferente a los 30 que a los 60, a los 40 y a los 80! Pero de que cada una tiene un sabor peculiar, de eso estoy segura... Te puedo decir Hugo, que finalmente es en la vejez cuando siento que he aprendido a vivir".

Tuve que contener las lágrimas al escucharla y no pude hablar por algunos segundos. Afortunadamente, otras voces aprovecharon de inmediato este incómodo silencio y se arrebataron la palabra después de la preciosa participación de su amiga, afirmando que la que acababa de hablar "había desarrollado una habilidad asombrosa para aconsejar": "Se ve que va de vuelta en muchos de los problemas que preocupan a los demás y ella les ayuda a darles la justa importancia: ni de más ni de menos". ¡Esta amiga, al parecer, era experta en el uso del problemómetro!

Ya entrados en la conversación, otro personaje de este grupo confesó que hoy mira con curiosidad a la juventud y sus vidas arrebatadas y confusas. "No me dan nada de envidia, se nota que no encuentran el verdadero sentido de vivir. Lo peor es que lo están buscando en los lugares equivocados..."

De pronto, la conversación se hace más fluida y participan otras voces. Una que hasta entonces no había hablado nos comparte que "las alegrías sufrimientos y pruebas que presentan los años son sólo los distintos colores y matices de la vida. A esta edad ya sabemos que la vida es de todos colores. Pero estos cambios siempre sirven. Con todo y las depresiones por las que varias de nosotras hemos pasado y que han teñido de negro algunas etapas de nuestras vidas". Al hablar de los colores de la vida, otra de ellas, poeta de corazón, leyó una de sus poesías que pinta con maestría los claroscuros de la vida por los que todos pasamos.

Mi madre (con quien siempre he tenido una conexión especial y de quien admiro profundamente su pasión por la vida) retoma la palabra para compartir al grupo que "los entrañables recuerdos familiares, los ojos y sonrisas de los nietos, la lucha de los hijos al verlos caer y levantarse —pelear con empeño por sus ilusiones y proyectos— son cosas que de verdad se saborean en esta etapa".

Y añade: "Ese vaivén de los años, nos ha menguado la vista, el oído y la agilidad, pero nos ha dado la sabiduría de valorar cada cosa, cada instante, de ver con asombro la naturaleza a que nos habíamos acostumbrado y que hoy admiramos como las obras de arte que estudiamos en clase. Contemplamos en ella la bondad y la belleza de la creación Divina".

Otra le interrumpe, emocionada: "Valoramos más que nunca la verdadera amistad, ¡que es un bálsamo mágico que cura muchas heridas!".

"Los años, *si te dejas*", aclara mi madre retomando la palabra e incorporándose en el sillón, "te enseñan a comprender más, a querer más. Te enseñan que todo es un ensayo en la obra de teatro de la vida, en la que lo único que vale la pena y le da sentido real es el encuentro con el verdadero amor. El de Dios y de los demás."

Siguieron muchas otras intervenciones, pero me parece que la esencia de esa tertulia se puede resumir en lo que ya compartí.

Yo, por mi parte, compruebo, al escuchar estos conmovedores testimonios de mujeres que han transitado con gran intensidad por la vida, que todas las etapas son buenas. Sumido en mi reflexión, una voz entrecortada me sacó de mi ensimismamiento y me dijo: "Ojalá la juventud nos comprendiera mejor, y se atrevieran a abrirse a los consejos de los abuelos y mayores que han visto y vivido muchas cosas que ellos todavía ni imaginan y que entiendan que la sociedad de hoy los tiene arrinconados con estereotipos que nada añaden a su crecimiento como personas".

Ya en el pasillo de salida, mi madre me recuerda: "Nuestro club es literario, aprendimos con los escritores de todas las épocas y a través de sus páginas nos adentramos al mundo de las letras; recorrimos vidas propias y ajenas, gozamos y reflexionamos con las ideas de Savater, Jaime Sabines, Juan Rulfo, Virginia Wolf, del gran Chesterton y de tantos escritores que nos abrieron su alma y que quedan para la posteridad con el valor de los años".

Al escuchar la lista de los libros que han analizado, caigo en la cuenta de que muchas de esas obras fueron escritas cuando sus autores tenían justo la edad de aquellas mujeres que me abrieron —con su entrañable conversación— una ventana hacia la vejez, cuya profundidad no imaginaba. Un buen ejemplo de esto es que esa conversación ocurrió al pie de los tonos ocres y rojizos de un gran cuadro del maestro zacatecano Manuel Felguérez, el cual pintó a sus 80 años, y que mi madre puso por título ¡Aprende a vivir!

Finalmente subí al elevador, reflexivo y meditabundo. Lo primero que se me vino a la cabeza fue: "¡Que bendición tener un grupo así!". A pesar de su edad y las circunstancias adversas de algunas, descubrí que además de la pasión por la literatura, con los años han desarrollado otra mucho más profunda: la pasión por la vida. No pude evitar pensar en que acababa de asistir a una tertulia de libros vivientes.

Después de esta entrañable conversación he aprendido a diferenciar la vejez de la decrepitud, y que en esta división poco o nada tiene que ver la edad biológica. Esta "subcategoría" depende más bien de las facultades mentales y físicas que conserva cada individuo. Y, sobre todo, del amor y apego a la vida de cada persona. Esto me hace concluir que la verdadera edad de las personas no debería medirse en años, sino en ilusiones, y que la persona envejece hasta que su corazón se marchita.

Aquellas mujeres me presentaron una perspectiva de la tercera edad que no asimilaba en toda su dimensión. Me conmovió la chispa de sus ojos y su voz encendida al presentarme el aprendizaje profundo de las cosas importantes que ha dejado en ellas el paso de los años. Después de escucharlas, me resultó evidente que esta etapa, bien llevada, puede ser una herramienta invaluable para adquirir no sólo conocimientos, sino sabiduría; no sólo tranquilidad, sino sosiego del alma y, por supuesto, la anhelada paz interior.

Es claro el acierto que han tenido en muchas culturas (tristemente, no siempre en la nuestra) en que asocian a la vejez con la sabiduría, y los ancianos tienen un prestigio y reputación que incita a los más jóvenes a acudir a su consejo a pesar de su caminar lento y encorvado. Desde los tiempos del *homo sapiens* primitivo, ya consideraba a los mayores como depositarios de la memoria colectiva y se les veneraba por su contribución a la tribu.

De igual forma, los poemas de la antigua Grecia nos presentan a los reyes rodeados de un consejo de ancianos con los que deliberaban los asuntos más importantes y en quienes se apoyaban para la impartición de justicia. También en el Imperio Romano existía la "gerontocracia", que consistía en el poder que se daba a los mayores en el gobierno, reconociendo que éstos, desde las antiguas civilizaciones, han contribuido con su visión, consejo y tradiciones al desarrollo de sus comunidades.

Valdría la pena detenernos un momento a analizar cómo percibimos y tratamos a los mayores de nuestra familia y sociedad.

Si les damos el respeto y agradecimiento por lo que han hecho por nosotros, y si valoramos su opinión y visión alimentada por la experiencia y sabiduría que otorgan los años.

O si —más bien— nos desesperamos ante su lento caminar que consideramos incompatible con el ritmo y velocidad al que percibimos deben ocurrir hoy las cosas. Hay muchísimas personas mayores cuyos cuerpos acusan sin duda las generaciones que llevan encima, pero que su mente es tan lúcida —o más— que la nuestra.

Al convivir con nuestros ancianos, debemos ir más allá del concepto utilitarista que permea en el mundo de hoy, y en lugar de verlos como una carga para la sociedad y la familia, reconocer no sólo lo mucho que podemos aprender aún de ellos, sino la obligación moral; el deber de justicia que genera el agradecimiento por todo lo que hicieron por nosotros antes de que los años minaran sus fuerzas y su memoria. En la página de la Organización Mundial de la Salud se lee, con mucha razón, que "Una sociedad se mide por la forma en que trata a sus adultos mayores". Y yo añadiría: también a su niñez.

¿Será la vejez la herramienta que diseñó el Creador para acabar con la soberbia innata que heredamos al nacer? ¿Será necesaria esta etapa de vida para despojarnos de la arrogancia y la autosuficiencia que nos impiden amar de verdad? ¿Será la vejez la última oportunidad de purificarnos, antes de morir? ¿O la toma final de conciencia respecto al sentido trascendente de nuestra vida?

5.4. DEJAR LA CASA EN ORDEN (O LA VIDA SIN TI)

Hay personas que, por distintas razones, a pesar de transitar por el atardecer de su vida, evitan siquiera pensar en el tema de su muerte. Por lo tanto, cuando les planteas dejar las cosas en orden y hacer un testamento o una planeación patrimonial, se ofenden. Como si la muerte fuera cosa de los demás, y ellos fueran inmunes a las leyes de la naturaleza.

Muchas de esas personas, al partir, dejan un caos que acaba no sólo con los bienes que acumularon en vida, sino con la unidad de sus familias y con la empresa o negocio que tanto trabajo les costó crear.

No pretendo descifrar las razones que los mueven para evitar este tema a toda costa, pero en muchas ocasiones percibo algunos miedos en el fondo de su postura que no quieren enfrentar: miedo a reconocerse vulnerables y mortales, a perder el poder, a enfrentar sus errores, a reconocer lo mucho que les falta por hacer, a identificar los intereses mezquinos y envidias que los rodean, a poner en manos de sus sucesores (de quienes desconfían) la empresa de la que tanto les cuesta desprenderse, etcétera.

En una época como la nuestra, no hacer una planeación patrimonial adecuada me parece no solamente una falta de consideración, sino una irresponsabilidad grave. Seguramente igual que tú, he visto muchas empresas y familias sucumbir ante la sucesión del fundador; familias desintegrarse por pleitos de dinero y poder, generando un distanciamiento irreconciliable que dura por generaciones. Lo más cruel es que al paso de los años nadie recuerda el origen del conflicto, pero esos parientes "quedan vetados", generación tras generación.

Desde mi trinchera de la profesión legal (aunque la planeación patrimonial no es una de mis especialidades) muchas veces me han pedido consejo en temas de sucesión. Principalmente en empresas y negocios familiares. Seguramente igual que tú, he visto cómo las personas se pelean no sólo por los grandes capitales y acciones de grandes corporaciones, sino también por cosas casi sin valor: un terreno en una mala zona, o una pintura de dudoso mérito artístico. El importe es irrelevante. Cuando hay dinero de por medio, en los procesos de sucesión, todos se sienten con derecho y perciben que el suyo es siempre más legítimo que el de los demás.

Si el dinero y los bienes pueden sacar lo mejor y lo peor de las personas, en los casos de sucesiones y herencias, muchas veces la ambición nubla la visión de los herederos hasta transformarlos en lo que nunca han sido: personas crueles e injustas.

Lo primero que les digo a los patriarcas o matriarcas que deciden planear su herencia es que actúen sabiendo que lo que tienen *es suyo* (asumiendo que su origen sea legítimo) y que por lo tanto pueden hacer con lo suyo lo que crean conveniente. Que la designación de sucesores no es un concurso de popularidad sino un ejercicio de madurez y realismo que ponga en las manos más adecuadas la continuidad de la empresa.

Cuando me consultan, les sugiero que hagan un ejercicio de reflexión profunda para definir dónde quieren que queden los bienes que tanto trabajo les ha costado generar. Sobre todo, que no pospongan hacer su testamento esperando que éste sea perfecto y que prevea todas las situaciones que se puedan presentar con el tiempo. Las circunstancias y la realidad son cambiantes. El mejor momento para hacer el testamento es hoy, y si las circunstancias cambian… pues ya se hará otro testamento más adelante, ya que, como sabemos, el que cuenta es el último.

No hay testamento ni planeación perfecta, pero cualquiera de ellos es mucho mejor que no tenerlo. En un intestado (que es lo que sucede al morir sin testamento) muchas veces los bienes terminan en las manos equivocadas, y el conflicto de los herederos por reclamar un mejor derecho hace un grave daño a la estabilidad familiar, con juicios largos y costosos de los cuales muy pocos salen beneficiados.

El manejo de las expectativas de los herederos también es un proceso importante. Es necesario hacerles entender que lo que recibirían en la sucesión es un *regalo* y que —como todo regalo— el autor de la sucesión no tiene ninguna *obligación* de hacérselos. Lo mejor sin duda es educar bien a los hijos de tal forma que sean autosuficientes, que entiendan que lo del patriarca es del patriarca y que ellos sólo van a contar con los bienes que logren conseguir con el producto de su trabajo, esfuerzo y talento. "There is no free lunch" (la comida nunca es gratis), nos repite con frecuencia un amigo cuando comentamos alguna oportunidad que parece demasiado buena para ser real.

Y aquí recuerdo con cariño las palabras de mi padre al respecto: "En la vida sólo cuentas con lo que seas capaz de lograr con tu propio esfuerzo. Con el tiempo, las metas se cumplen cuando pones el trabajo y la perseverancia para lograrlas. Y a la larga, a los que les va mal es a los tontos y a los flojos; los demás no tienen de qué preocuparse".

Una forma eficiente y práctica para dejar las cosas en orden al partir, es llenar el cuestionario ¿LO SABE TU FAMILIA? que, como el resto de los formatos en el libro, puedes encontrar en la página web de Family Consultoría.

Como verás, es un documento sencillo que contiene todas las cosas que es importante dar a conocer tras tu partida: desde los datos de tu funeraria, tus inversiones, escrituras, seguros, negocios, bienes y deudas. Los datos de tu testamento, notario, médico, abogado, sacerdote y albacea, a quienes se deberá contactar tras tu fallecimiento.

Ordenar la casa antes de partir no es algo que haces en tu lecho de muerte, sino en el momento en que estás aún pleno de facultades y puedes darte el tiempo para hacerlo con la seriedad que esto implica. Puestas las cosas en orden, te quedarás más tranquilo y sobre todo dejarás tranquilidad y claridad a los tuyos cuando ya no estés. Hacerlo es una forma eficiente de mantener unida a tu familia y dar continuidad a tu empresa cuando ya no estés.

¡Hazle la vida fácil a tu cónyuge y a tus hijos! Te lo digo por experiencia cercana: llenar este formato será uno de los mejores regalos que puedes dejar a tus herederos.

5.5. La última frontera

José Ramón Ayllón en su libro *En torno al hombre*, nos comparte un acercamiento crudo, pero muy real, respecto a la muerte:

> Para las diferentes ciencias, el hombre es un animal racional, un trozo de carne capaz de moverse y hablar, trabajar, enfermar, comprar, pagar impuestos y adquirir derechos y obligaciones. Y cuando el hombre muere, será para la medicina un cuerpo sin funciones vitales, para el derecho una baja en el registro civil y un testamento, para el periodista una esquela, para su empresa una vacante en el puesto de trabajo, y probablemente para la historia, nadie.

¡Qué duro enfrentar con esa objetividad lo que ocurrirá con el aspecto físico de nuestra persona al morir! Pero es la realidad. O, mejor dicho, es sólo un aspecto de la realidad. Estoy seguro de que para los que hemos perdido seres queridos, de ninguna manera pensamos en ellos como "un paquete de músculos y huesos con una cédula fiscal y deficiencias respiratorias". En realidad, los recordamos con el cariño propio de haber desarrollado con ellos una relación personal.

Aunque hay personas que piensan que la muerte barre con todo, lo cierto es que acaba solamente con el aspecto físico de nuestra persona, "se rompen las cadenas moleculares y se derrumba el edificio biológico. Es decir, lo que era uñas, carne, sudor vísceras y dientes, se convierte en tierra, polvo humo, sombra y nada", nos recuerda Ayllón con su pluma magistral.

Pero el carácter y personalidad de un hombre o una mujer, sus cualidades, ilusiones y anhelos no pertenecen a sus uñas, vísceras, huesos o pestañas. No resulta tan difícil visualizar que la dimensión de la persona va mucho más allá de su propio cuerpo. "[…] de ahí que una conclusión evidente, es que el hombre es en sí mismo algo muy superior a la materia, como un híbrido de carne y espíritu que aparecen misteriosamente compenetrados", afirma también Ayllón.

Sin embargo, es un hecho que nuestro paso por este mundo es efímero y por lo tanto tenemos que enfrentar una pregunta fundamental: ¿Qué será de nosotros al morir?

Ante esta interrogante de vida surge una referencia humana inevitable: la cuestión de Dios. "De lo contrario, no sería Dios la palabra que más se repite en la Biblioteca Nacional de París, seguida de cerca por la palabra Jesucristo", nos dice Ayllón ahora en "los nuevos mitos".

¿Por qué nos preguntamos necesariamente sobre Dios? Según nos explica Ayllón en su referido libro:

En primer lugar, porque nos gustaría descifrar el misterio de nuestro origen y saber quiénes somos. En segundo lugar, porque desconocemos el origen del Universo. En tercer lugar, porque el Universo es una gigantesca huella de su Creador y tenemos de él la misma evidencia racional de ver detrás de la vasija al alfarero, detrás de un edificio al constructor, detrás de un cuadro al pintor, y de una novela al escritor.

Y finalmente, nos dice el autor: "buscamos a Dios porque tarde o temprano enfrentamos la muerte, vemos morir a nuestros seres queridos y sabemos que nosotros también moriremos".

Por la anterior, y muchas otras razones, me parece muy humano el cuestionarnos qué será de nosotros después de morir. Seguramente, a estas alturas de tu vida, ya has tenido alguna experiencia cercana con la muerte y con la resaca de sentimientos, angustias y dolores que ésta deja a su paso.

En mi caso, el fallecimiento de mi padre es —hasta ahora— la experiencia más cercana y conmovedora que he tenido con la muerte. Lo recuerdo fuerte, decidido, determinado y congruente hasta la médula. Fundó e hizo crecer la familia a la que hoy me enorgullezco de pertenecer y la firma de abogados que hoy tengo el privilegio de dirigir. En la familia, nos dejó en mi madre y hermanos a grandes hombres y mujeres que han aprendido a conjugar la vida conforme a su ejemplo. A mantenerse fieles a los principios y valores que nos legó. A procurar educar a sus hijos dándoles alas para volar, raíces para sostenerse y principios firmes para decidir con libertad.

En la firma, nos dejó una línea muy clara respecto a los principios fundacionales a los que habríamos de apegarnos. Tengo el privilegio de compartir la visión y talento de grandes socios y colegas, que siguen haciendo vida el sueño y la visión de mi padre.

Recuerdo con claridad lo que ocurrió el día de su partida, hace 18 años. Los dolores de espalda lo consumían, aún a pesar de los parches de morfina que le aplicaban y los cuales cada vez le hacían menos efecto. Nunca olvidaré que la única postura que le permitía descansar en su última noche era recargando su espalda en mi pecho. Al sentir su respiración agitada le repetía despacio al oído: "Recárgate en mí, recárgate en mí..."; palabras que con su muerte adquirieron un significado profundo que poco a poco he ido comprendiendo. Yo siempre me había recargado en él y la ironía de la vida me ponía en una postura en la que ahora yo ofrecía ese soporte físico en su lecho de su muerte.

A lo largo de los años, no han sido pocas las ocasiones en las que, al enfrentar algún problema serio, su recuerdo me susurra: "Recárgate en mí... recárgate en mí...", y de hecho he sentido su apoyo y presencia en distintas circunstancias de la vida, en las que "siento" con claridad su soporte e intercesión.

El día de su partida era la primera noche que mi madre no pasaba con él (por petición de mi padre). Seguramente si ella hubiera estado presente, no se hubiera atrevido a desprenderse de las últimas ataduras humanas que lo arraigaban con fuerza a este mundo. Cuando finalmente se quedó dormido, yo hice lo propio. Recuerdo que unos instantes después escuché la voz de la enfermera que me susurraba: "Ha dejado de respirar". Tardé unos segundos en comprender que mi padre se había ido.

Ese día nos marcó con una huella indeleble. No me atrevía a avisar a mi madre solo. Corrí al cuarto de mi hermano para pedirle que me acompañara. Cuando avisé a mi madre —con toda la paz de que fui capaz— sentí que ella iba a enloquecer. Había perdido a su gran amor, a quien había entregado su juventud, sus mejores horas y su ilusión de formar una familia. Había perdido a su alma gemela. Fue su cuidadora fiel cada una de las noches en que estuvo enfermo; menos la última. Seguramente él así lo quiso, porque ante su mirada amorosa, no se habría podido ir.

El dolor de su partida inspiró unos versos que publiqué en una carpeta con grabados del gran pintor zacatecano Alejandro Nava, que aquí transcribo, y que estoy seguro tocará algunas fibras de lectores que han perdido a personas queridas:

Silencios dignos

Sin retorno te acercabas

a la frontera intemporal
        donde los cuerpos no caben.

Presentíamos el final cerca
        pero no tanto
        tu fortaleza nos engañaba.

Tu vida se extinguía en silencios dignos

contundentes.

La muerte pudo con tu cuerpo
        no con tu lucha

con tu ejemplo

con tu paz.

Desde acá te miro
        y no sé lo que tú miras
    sientes
    o piensas.

Unos lazos se esfumaron con tu cuerpo
    otros nacieron con tu ausencia

más fuertes

inmunes al tiempo.

Aunque habitas ya lo intangible
        la certeza de tu bien me reconforta.

Te digo ahora cosas que callé

5.6. La virtud de la esperanza

El cardenal Robert Sarah en su libro *Se hace tarde y anochece*, escribe que "se percibe en occidente una forma de depresión, una cierta apatía y laxitud, que provoca una especie de atrofia en la vitalidad interior, un desaliento que lleva al desasosiego y angustia". Y explica que ésta es una etapa que se conoce como "el demonio del medio día" que se presenta en las personas en pleno día cuando el calor es más agobiante. Muchos autores definen este estado de ánimo como "acedia".

El diccionario define "acedia" como pereza, flojedad, tristeza, angustia y amargura. Si nos detenemos a observar nuestro entorno un instante, caeremos en la cuenta de que estos estados de ánimo son muy comunes en nuestros contemporáneos. Me pregunto si este estado de cierta apatía, melancolía y ansiedad podría definir la personalidad de nuestro tiempo.

Me impresionó mucho leer estas líneas del cardenal Sarah y referirse a occidente en estos términos, ya que en mi libro anterior *La crisis de la mitad de la vida*, y en las sesiones que doy en distintos foros respecto al tema, son justo los términos y conceptos que he venido manejando al referirme a las personas que hemos transitado por esta crisis, que es en realidad una crisis existencial. Pero ver que un autor de ese tamaño percibe estos síntomas en la cultura occidental fue no sólo impactante, sino preocupante.

El cardenal Sarah, al comentar este concepto, explica que este estado del alma de la persona de occidente "bien puede ser el resultado de un egocentrismo exacerbado que ha dejado de buscar en Dios y en los demás el sentido y plenitud que buscamos". Este egoísmo puede haber matado el amor que necesitamos para mirar hacia fuera y entender que las respuestas a las preguntas fundamentales de la vida no se encuentran buscándonos a nosotros mismos, sino a los demás. Esta postura coincide con la posición de Viktor Frankl, cuando él explica que un ingrediente esencial de nuestra misión es la autotrascendencia, y ésta se refiere justamente, a que los resultados de lo que haga mi "yo", se perciban también en el "tú" y en el "ellos".

En lo que coincido totalmente con el cardenal Sarah es que esta época posmoderna transpira desilusión, desasosiego, tristeza, aburrimiento, ansiedad y depresión. Lamentablemente debemos reconocer que éste es un estado de ánimo bastante común de nuestro tiempo.

Tratando de entender el origen de estos estados del alma del hombre y la mujer de hoy, muchas reflexiones me llevan a atribuir esto al afán de encontrar en sí mismos las respuestas a sus dudas existenciales; el intentar encontrar sentido y felicidad mirándose al espejo, cayendo en una autosuficiencia absurda que no permite buscar respuestas más allá de sus propias narices. Cualesquiera que sean las razones que engendran estos estados de ánimo, me parece que en este entorno de apatía, aburrimiento y depresión como el que vivimos, una virtud esencial que es necesario alimentar en nuestro tiempo es la de la esperanza; una esperanza gracias a la cual podamos afrontar nuestro presente, por más doloroso que éste sea. Una esperanza que justifique el esfuerzo de la vida y mitigue el cansancio de vivir con la certeza de que hay una meta en el final del camino. Y que ésta es una luz capaz de iluminar un mundo oscurecido por el egoísmo y el odio.

El papa Benedicto XVI dice en su encíclica *Spe Salvi* (La Esperanza Salva) que "la puerta oscura del tiempo —el futuro— ha sido abierta de par en par por la esperanza, ya que quien tiene esperanza, vive de otra manera. Vive una vida nueva".

No hay mejor fórmula para justificar las fatigas, dolores, sufrimientos y heridas que la vida trae consigo, que un gran premio reservado para el final. Uno que "ni ojo vio, ni oído escuchó, ni mente imaginó". Me refiero a la vida eterna.

Pero no a la vida eterna del cuerpo, ya que si de ésta se tratara, ¿de verdad quisiéramos vivir eternamente? ¿Qué acaso no dijimos que lo propio de esta vida es el dolor? En tal caso, la vida eterna del cuerpo no pareciera algo deseable, y mucho menos un premio. Desde esta óptica, seguir viviendo para siempre podría parecer más una condena que un beneficio. No sé a ti, pero a mí —por más que ame la vida— no me ilusionaría pensar que voy a seguir aquí dentro de cien o mil años.

Sabedores de que la persona lleva dentro un alma inmortal, es lógico concluir que no somos más que peregrinos en esta tierra que algún día absorberá nuestro cuerpo en descomposición. Tierra por la que estamos de paso, añorando una patria futura; una patria en la que esa alma inmortal gozará —de haber transitado por el mundo haciendo el bien y viviendo en el amor— del premio eterno, donde ya no existan los dolores, angustias y fatigas propias de nuestra condición humana. Esa expectativa es justamente la que alimenta la virtud de la esperanza. El cardenal Sarah continúa:

A lo largo de su vida el hombre tiene muchas esperanzas, algunas grandes otras pequeñas, sin embargo, en esta tierra cuando estas esperanzas se cumplen, dejan un halo de decepción, ya que no colman las expectativas con las que se presentaban. No satisfacen las ansias de plenitud y felicidad a las que aspira el alma humana. Esa alma que clama eternidad.

Por su naturaleza, el hombre necesita una esperanza que vaya más allá. Por su sentido innato de trascendencia, sólo puede contentarse con algo infinito, algo que esté por encima de lo que nunca podrá alcanzar en esta tierra y sea capaz de trascender estas ataduras de cuerpo y tiempo que definen nuestra forma de estar en este mundo.

"El hombre intuye que la vida verdadera no es la de este mundo. Esa certeza la llevamos dentro de nosotros de una forma inexplicable". El papa Benedicto XVI la llama "fe", y en la encíclica referida la define como "estar firmes en lo que se espera, convencidos de lo que no se ve con los ojos, y teniendo la certeza de que ese futuro existe. Esto cambia la visión del presente que queda impregnado por la realidad futura".

De ahí que, sin una visión sobrenatural y trascendente, las pequeñas esperanzas que el hombre alimenta en esta tierra siempre serán insuficientes. Yo diría decepcionantes.

El papa Benedicto nos reconforta en su encíclica diciendo: "No lo olvidéis nunca: después de la muerte os recibirá el Amor. Y en el amor de Dios encontraréis colmadas todas vuestras esperanzas, presentes y futuras, terrenas y sobrenaturales".

En el mundo de hoy se nota una clara tendencia a darle la vuelta al tema de la vida después de la muerte, y al inefable encuentro con Dios. Así como la vejez y la muerte son realidades inevitables que en algún momento habremos de abordar, de igual forma lo es la vida eterna y el encuentro definitivo con el Creador. Estas líneas pretenden ser una convocatoria —una exhortación— a que, por tu propio interés, te atrevas a abordar en tu interior estos temas, antes de que sea demasiado tarde.

En las conferencias que he dado en varios foros, respecto a los cuestionamientos que surgen hacia el final de la vida, utilizo una lámina que, al explicarla, causa risas nerviosas en el auditorio. Aparece con el título de RIP (*Rest in Peace*), en una tumba que dice, "tu nombre aquí". Para disipar el ambiente lúgubre que se genera en el aula, normalmente inicio la disertación de dicha lámina con una broma que casi todos entienden: "No es amenaza de cholo, pero te vaaas a moriiiiir...".

Mientras los participantes sonríen nerviosos en sus asientos, paso a un ejercicio más serio, seguido de algunas preguntas que tocan fibras sensibles.

Imagínate que estás en tu funeral, y que desde tu féretro puedes ver y escuchar a todos los asistentes, comienzo: Observa qué lleva puesto tu esposa o esposo. Tal vez el collar o reloj que le regalaste, y luce aún orgulloso(a) su anillo de bodas. Pero ve más allá y observa sus expresiones faciales y corporales. ¿Está realmente triste de haberte perdido? ¿Y qué me dices de tus hijos? ¿Están afuera en el pasillo de la funeraria atendiendo a sus amigos y escuchando distraídos la cascada de aves marías que se rezan por el eterno descanso de tu alma? Puedes adivinar en su mirada si están orgullosos de haberte tenido como padre o madre. Te digo con certeza que, si no percibes en ellos ese orgullo, has fracasado en un aspecto fundamental de tu vida.

¿Quiénes de tus amigos están ahí? Puedes escuchar los pretextos de tus parientes justificando las ausencias de quienes dijeron tenían un viaje importante de trabajo. Y tú, desde tu nueva dimensión, los puedes ver en la playa o en el cine.

¿Qué te gustaría escuchar, ver y sentir desde el fondo gélido de tu féretro?

Por cierto, ésa que sobrevuela la escena y es capaz aún de escuchar y presenciar lo que ocurre, es tu alma inmortal, que, al haberse desprendido de tu cuerpo, se ha llevado con ella tu vida, y ha dejado tras de sí un cadáver que pronto será incinerado. A partir del día siguiente, lo único que quedará de ti es tu recuerdo y tu legado.

De ahí que, más importante aún que la forma como quieres que se te recuerde —al final a todos nos van a olvidar—, es el legado que dejarás a tu paso por esta tierra. El legado es el regalo material o inmaterial que dejas para otros, y forma parte del apartado de *trascendencia* en tu proyecto de vida. ¿Dejarás este mundo habiendo hecho algo por mejorarlo? ¿Dejas tras de ti una ausencia que se recuerde con cariño? ¿O has sido un factor de discordia, conflicto y rencor?

¿El mundo realmente pierde algo con tu partida? ¿O serán más los que respiren aliviados cuando ya no estés?

¿Qué hiciste con aquello que recibiste? Parafraseando el pasaje bíblico de los talentos, ¿fuiste el siervo bueno y fiel que generó otros cinco talentos con los cinco que recibió al nacer? ¿O el siervo temeroso que recibió un solo talento y lo escondió por miedo o pereza bajo la tierra? Concluye este potente pasaje con una referencia igualmente fuerte "Al que mucho se le diere, mucho se le pedirá".

Para dar respuesta a esta dura pregunta es necesario plantearte lo que hiciste con tus talentos y tus dones. Aquí puedes recordar tus obras buenas, los proyectos nobles e interesantes en que participaste, los hombres y mujeres fuertes y valientes que formaste como hijos, el apoyo que siempre fuiste para los tuyos y tu confianza de haber sido un buen esposo(a), amigo(a), hermano(a) o padre (madre).

En este momento puedes cuestionarte si pasaste por el mundo sembrando amabilidad, amistad, concordia y dejando un ejemplo positivo en las personas con quienes te topaste, o si, por el contrario, lo hiciste imponiendo tus intereses, gustos y caprichos personales, y pasaste atropellando todo y a todos por sentirte la medida de todas las cosas. Pregúntate si serviste a una causa más grande que tú mismo, o si conjugaste la vida en términos de "yo, mí, me, conmigo" y nada más.

En pocas palabras, ¿qué es lo que no existía antes de tu nacimiento y que hoy existe gracias a tu efímero, pero fructífero paso por esta tierra? ¿Fue de verdad fructífero?

¿Qué tanto fuiste capaz de disfrutar tu vida, de celebrar tus logros y de vivir sin dramatismos tus reveses y sufrimientos? ¿Utilizaste tus penas para convertirte en una mejor persona, o te entregaste al victimismo?

En este punto de la sesión termino con una idea que, a decir por las expresiones frecuentes de los asistentes, termina de tocarlos: Seguramente has escuchado muchas veces que "la vida es corta y hay que disfrutarla", y aunque coincido totalmente con esa frase, me parece que —al igual que la vida— la frase también es corta, por lo que sugiero completarla de la siguiente forma: "La vida es corta y hay que disfrutarla... y la eternidad es larga, y hay que prepararla".

Cierro con una pregunta que normalmente hace que la gente se ponga seria: "Si hasta el día de hoy has disfrutado de la vida, te felicito, ya que es importantísimo saber vivirla intensamente, pero ahora me gustaría saber ¿Cómo has preparado tu eternidad?".

Siempre hemos sabido que lo que hagamos o dejemos de hacer tiene consecuencias. Buenas en el caso de obrar el bien, y malas en el de hacer el mal. En el caso de la vida, no podría ser de otra manera. Si no hubiera consecuencias, sería lo mismo obrar bien que mal. Hacer que no hacer las cosas. Y considerando que la persona humana es mente, cuerpo y espíritu, conviene recordar que las consecuencias, para nuestra alma, que es inmortal, durarán p a r a s i e m p r e.

De ahí la importancia de cerrar bien la vida —que es el tiempo de merecer—, y acumular méritos suficientes para gozar eternamente del cielo, que es el gran premio al que aspira nuestra condición humana y evitar así —como consecuencia de nuestras acciones— la negación perpetua de todo bien y el alejamiento definitivo de Dios, que supone el castigo eterno.

El atardecer de la vida no es el momento para bajar la guardia, sino para preparar un cierre fuerte y digno de una vida vivida con intención y con una misión clara y trascendente.

5.8. LA HISTORIA CONTINÚA

En su obra maestra *El extraño caso del doctor Jekyll y el señor Hyde*, Robert Louis Stevenson presenta a dos personajes: el primero, un doctor respetable y honrado, lleno de virtudes humanas y excelente ciudadano; y el segundo, un ser despreciable y horrendo, casi animal, capaz de los peores crímenes. Durante el libro, la tensión se mantiene hasta su gran desenlace (espero no arruinarle el libro a nadie): el doctor y el monstruo son la misma persona.

Guardando todas las proporciones y alejándonos de los extremos que plantea la obra de Stevenson, lo mismo nos pasa a todos. Seguramente tú también lo has notado. No es que tengamos esquizofrenia ni seamos bipolares; simplemente nuestra personalidad tiene muchas aristas y pareciera que no todas ellas se alinean entre sí. La realidad es que los distintos aspectos de nuestro temperamento son los que tejen las redes de nuestro carácter y contribuyen a delinear a la persona en que nos hemos convertido.

En mi caso —y seguramente el tuyo también—, pareciera haber dentro de nosotros dos —o más— "yos" distintos en aparente conflicto. Puede haber un "yo" intelectual y profundo, y otro superficial y simple. Uno que gasta y otro que ahorra; uno profundamente espiritual y otro mundano; uno que come y bebe de más y otro que quiere mantener la línea; uno que se desvela con los amigos y otro que sale a caminar por las mañanas; un rígido hiperresponsable y otro bohemio y relajado; un amante de la soledad y otro "socialito" empedernido. Ambos "yos" parecieran estar en una perpetua lucha por prevalecer sobre el otro, como el doctor Jekyll y el señor Hyde. En mi caso, al llevar dos nombres, me ha servido identificar los distintos aspectos de mi personalidad con un nombre diferente. A uno de ellos lo llamo Hugo y al otro, por mi segundo nombre: Gabriel.

La madurez emocional implica el descubrimiento y aceptación de las aristas que componen nuestra personalidad y componen nuestra propia identidad. Ésa que vamos desarrollando a lo largo de la vida y nos hace únicos e irrepetibles; ésa que da respuesta a la poderosa pregunta que ya nos hemos planteado: ¿Quién soy? La respuesta a esta complicadísima pregunta pasa por la toma de conciencia de que, a pesar de la diversidad de nuestra personalidad y carácter, nada en nuestra vida está desconectado. La unidad de vida es una realidad material. Somos la misma persona, sólo una. Tu "yo" de 10 años, el de 20, el de 40 y el de 50 son la misma persona. Claro, cada una más madura que la anterior, pues con el tiempo nos vamos ajustando a la realidad y aprendiendo (casi siempre) de ella.

Estoy convencido de que en la vida nunca dejamos de aprender y estas reflexiones no saltan a primera vista. Es necesario interiorizar, analizar nuestro pasado y nuestro entorno para comprender —y apreciar— a la persona en que nos hemos convertido.

Una mirada periódica a nuestro pasado nos ayuda a conocernos mejor, a valorar los pequeños y grandes logros y reconocer a tiempo los errores que nos permitan recomponer el camino. A revisar si nuestras actividades están alineadas a nuestro proyecto de vida. En mi caso, aunque no siempre lo logro, procuro revisarlo todos los días primero de mes. Una notificación en mi calendario me lo recuerda sin falta.

Después de más de siete años de revisiones mensuales, de identificar aciertos y errores de cálculo, logros y proyectos fallidos, de hacer una evaluación de dónde me veía en el 2014 —cuando escribí mi primer proyecto de vida—, podría concluir lo siguiente: He aprendido que el avance por el camino de la vida no siempre es lineal. Algunos pasos son hacia delante, otros laterales y muchos también hacia atrás. En los proyectos e iniciativas que componen mi proyecto de vida no hay avances definitivos ni fracasos permanentes.

Confirmo también que es difícil cambiar la esencia de nuestra persona y, en el fondo seguimos siendo los mismos. Pero ¡vaya que podemos cambiar nuestra intencionalidad y propósito al vivir!, y, sobre todo, redefinir nuestra filosofía de vida, que es la que determina nuestra forma de estar en el mundo.

Lo que aprendemos con el tiempo —si nos observamos con humildad— es a tejer los hilos de la vida conforme a nuestra realidad, y a saber "estar" en ella. Y que es sólo estando en la realidad desde donde podemos saber quiénes somos y a dónde vamos. De ahí la importancia de construir nuestro proyecto de vida alrededor de nuestra realidad, que es tan objetiva como la verdad misma. A pesar de que en el mundo relativista en que vivimos, todos quieran ser dueños de su propia verdad, y pretendan absurdamente desafiar a la realidad para que se acomode a sus caprichos.

Estoy convencido de que todos nacemos con una misión personal, y que ésta se nos va revelando a través de los acontecimientos de la vida. Que en el descubrir y vivir nuestra misión nos va la plenitud y felicidad que todos buscamos. Que esa misión es tan personal, única e irrepetible como nosotros mismos y se ajusta a nuestra persona como el guante a la mano. La llevamos impresa en el corazón.

He descubierto que una de mis pasiones y proyectos de vida es ser un instrumento para que las personas descubran el sentido de su vida y su propia misión y adquieran herramientas para hacerla vida. Uno de ellos es este libro que tienes en tus manos, que ha supuesto un proceso intenso de más de 24 meses, que he disfrutado muchísimo y que confirma que el escribir es una de mis pasiones dominantes. Me ilusiona pensar que estas líneas puedan ser un factor *cambiavidas* que ayude a muchas personas a descubrir su misión y vivirla.

No puedo dejar de voltear hacia atrás y ver estos siete años con un profundo agradecimiento y reconocer la cantidad de bendiciones y lecciones de vida que he recibido. Hoy, con un matrimonio más sólido y maduro, y con una compañera de vida a quien le reconozco lo mucho que ha aportado a la relación más importante de mi vida: mi matrimonio. Curiosamente escribo estas líneas un 28 de noviembre, justo en nuestro 29° aniversario de bodas. A pesar de los vaivenes, roces y vicisitudes de todo matrimonio, el nuestro me hace sentir orgulloso.

Hoy reconozco sin reservas que fue un gran acierto el seguir juntos después de las serias crisis que enfrentamos. Haber "tirado la toalla" hubiera significado perdernos de una etapa de vida en pareja muy rica en aprendizaje y convivencia, propia de una relación menos egoísta, más madura y estable. Pareciera que no soy el único orgulloso de nuestro matrimonio, ya que apenas hace unos instantes leía con mi esposa —ambos muy conmovidos— una tarjeta que nuestro hijo nos dejó al pie de una botella para celebrar nuestro aniversario, la cual reproduzco aquí textualmente: "Cada familia tiene su historia, ésta es la nuestra, y ha sido un regalo. Feliz 29 aniversario".

Un legado muy concreto que dejamos al mundo son nuestros hijos. En mi caso, me siento muy afortunado de tener un hijo del que no podría estar más orgulloso y quien paso a paso escribe su propia historia. Lo hace con pasos firmes hacia una madurez que se percibe cada vez más clara, y poco a poco hace vida unos versos que le dediqué cuando cumplió 9 y que se publicó en la carpeta "Dualidad" con el pintor Alejandro Nava. Me parece esta poesía refleja el sentimiento de muchos padres al ver crecer a sus hijos. Dice así:

Flak

tu risa enciende
      el mundo que creo mío
      tu voz da color a mi esperanza

dudo
      si naciste mío
      o compartimos el azar.

si existía sin ti
      de la inocencia el color
      del amor la textura.

Difuminar el tiempo quisiera
      y congelar tu crecer
      mas la ilusión es etérea
      y el río nació para correr.

y cuando aliado del viento
      el tiempo
      de inocencia y temores
      te despoje;

entregarte sueño
      de la madurez
      a la mano de tu destino.

que la vida te encuentre inmune

a espacios de soledad

y de confusión

y de discordia

      que habitemos entonces tu mente
y   al   final
en Él.

Mi familia sigue siendo mi motor principal. Mi esposa, mi hijo, mi madre y mis hermanos —con las buenas familias que han formado— siguen siendo una pieza fundamental en mi vida y de los que estoy más que orgulloso y agradecido por tenerlos. Agradecido con Fernando mi hermano, que desde su silla de ruedas no deja de darnos testimonios diarios de fortaleza, buen humor y adaptación continua a su nueva y dura realidad después de su accidente, hace ya cinco años.

Con mis amigos, de los que cada vez aprendo más y a quienes agradezco su ejemplo, sus consejos y llamadas de atención cuando las he merecido. Su amistad ha sido una verdadera bendición.

Con una firma de abogados a mi cargo que cumple ya 45 años, y que ha sido fuente de innumerables satisfacciones profesionales y oportunidades de crecimiento y aprendizaje. En ella, mis socios y colegas se han entregado con pasión a nuestra filosofía fundacional y nuestros clientes nos siguen brindando su fidelidad y confianza.

He aprendido que la misión no es un destino, sino un camino y que ésta se cumple a cada paso que damos por él. Y como todo camino, tiene subidas, bajadas, recovecos, sombras y luces. Ahora veo que cada uno anda el suyo, a su paso, a su ritmo y estilo, pero lo importante es que cada quien descubra el suyo propio, y se lance a andarlo. Es la única forma de alcanzar la plenitud; que es el preámbulo de la felicidad.

No me canso de recomendar a las personas que han adquirido la sana costumbre de revisar periódicamente su proyecto de vida, que no dejen de hacerlo.

Este hábito aporta la cuota de certeza que se "siente" al andar nuestro camino. Y en caso de habernos desviado, nos permitirá reorientar nuestros pasos hacia las metas que hayamos definido en nuestro proyecto de vida.

Como todos en la vida, obviamente he enfrentado muchos claroscuros. Estoy aún bastante lejos de aprender a amar con la intensidad y plenitud a la que aspiro. También estoy lejos de la paz y el sosiego que pretendo como forma de vida. Sigo aprendiendo que, a pesar de los pesares, la vida hay que celebrarla.

Las prisas siguen al acecho y muchas veces mi agenda aún desborda actividad y no termino de aprender a decir que no. Me siento muy lejano aún de mi propósito al cumplir los 40: *Ocupado sí; apresurado no más.* Al mismo tiempo, percibo que puedo identificar con mayor facilidad si los proyectos y oportunidades con que me topo están alineados a mi proyecto de vida, y poco a poco he adquirido la disciplina de rechazar los que no lo están. Sigo sin encontrar un balance adecuado entre la acción y la serenidad, y mi agenda aún se inclina desordenadamente hacia la acción.

Reconozco que una parte central de esa falta de balance se debe precisamente a mi falta de paciencia. Y lo que tengo claro ahora es que ésta es una virtud esencial en esta época de la inmediatez, en la que esperamos resultados casi en el instante mismo que lo solicitamos. La paciencia sigue siendo en mi caso una tarea pendiente.

El ritmo actual nos tiene tan mal acostumbrados que rechazamos cualquier actividad que suponga una espera y que no aporte un satisfactor o resultado inmediato. Y la mala noticia para los impacientes como yo es que las respuestas a las preguntas profundas de la vida, como la búsqueda de sentido, están mucho más allá de un mero clic.

Con los años he caído en la cuenta de que la misión de tu vida no se descubre como se descubre un tesoro, en el que de pronto nos encontramos frente al cofre que contiene todo el oro y las joyas que buscábamos. El descubrimiento de nuestra misión es un proceso diferente para cada persona. En mi caso ha venido ocurriendo en pequeñas dosis y ésta se me ha ido revelando poco a poco. Algunos "veintes" me han caído por un acontecimiento especial, otros gracias a una buena lectura, otros a causa de un buen raspón de la vida, algunos más a través de una buena conversación o consejo.

Para que los "veintes" caigan, es necesario desarrollar el arte de preguntar, observar e interpretar, y sobre todo de enfrentar con humildad las lecciones de la vida. Cada uno de estos "veintes" aporta una pieza en el rompecabezas de nuestra misión. Y como todo rompecabezas, es hasta que terminamos de encajar todas las piezas cuando entendemos la importancia de cada una. Tanto las piezas compuestas por experiencias de vida luminosas como las oscuras (me refiero tanto a las sonrisas y caricias, como a los golpes y las lágrimas), al verlas por separado no tenían ningún sentido, hasta que observadas en conjunto se convierten en parte esencial del rompecabezas de nuestra vida.

La soberbia sigue asaltándome en cada recodo del camino y me cuesta no caer en sus trampas continuas.

Curiosamente escribo estas líneas desde el mismo lugar de Punta Mita, que con las Islas Marietas flotando en el azul del Pacífico ha sido testigo de tantas reflexiones y grandes momentos. Uno de ellos fue justo hace seis años, cuando frente a este escenario comprendí, tras una pregunta dolorosa, que me encontraba en una crisis profunda de la mitad de mi vida. Aquí transcribo lo que publiqué en mi libro *La crisis de la mitad de la vida* al respecto: "Y, sin embargo, el 31 de diciembre del 2014, absorto en un increíble atardecer en una playa de Punta Mita, en medio del balance personal de fin de año en el que habitualmente reflexiono sobre lo bueno y lo malo del año que termina, me asaltó de pronto la incómoda pregunta, que, por breve, no deja de ser profunda: ¿Eres feliz?". Esa pregunta aún me acompaña, pero al escucharla percibo un grado de satisfacción que no sentía entonces.

Mi relación con Dios es ahora más cercana. Recurro a Él con más frecuencia. Sigo procurando descubrir Su voluntad en los acontecimientos cotidianos. Y persiguiendo la humildad para hacer vida el *Abandono a Su voluntad* que fue una de las tres "A" que surgieron como conclusión en mi camino de Santiago hace seis años, y que fue una pieza fundamental para cuestionarme las preguntas existenciales que aún me debato en responder.

La lucha por conseguir las otras dos "A" (Amor y Agradecimiento) sigue en pie. En el campo del agradecimiento hay avances importantes y me ha servido mucho el estar más atento a la cantidad de bendiciones diarias que todos tenemos que agradecer. La conquista de la "A" del Amor sigue pareciendo una tarea cuesta arriba. Aprender a *amar* es, en mi caso, una tarea central que pretendo lograr antes de irme de este mundo.

En mis objetivos mensuales todavía tengo como *"work in progress"* o "una labor en proceso" el mejorar no sólo en paciencia, sino también en empatía. Reconozco que con frecuencia familia y amigos me aconsejan mejorar mis limitadas habilidades de escucha. Me ha costado mucho trabajo dejar el mal hábito de estar pensando lo que voy a contestar, mucho antes de que mi interlocutor termine de exponer sus ideas.

Sigo luchando por aplicar "el onceavo mandamiento": "No la harás de tos", y que en términos más académicos significa aprender a simplificar, a desdramatizar y no engancharse en cosas que no valen la pena. Aprender a fluir por la vida con la madurez de dar a las cosas la importancia que realmente tienen.

Me ilusiona que una de las formas como mi esposa y yo dejaremos una huella que sea capaz de ayudar a miles de personas es a través de la Asociación Civil Family Consultoría A.C. (www.familyconsultoria.com). De hecho, reconozco que me emocioné hasta las lágrimas en nuestra última junta de consejo, cuando nuestro director nos compartió que en este mes llegamos, como sabes, a la cita número 20 000 (¡sí, leíste bien: veinte mil!) y que, por primera vez en cuatro años el proyecto logró ser autosustentable. Pensar en la cantidad de personas que hemos pasado por la ayuda y apoyo terapéutico de Family y la forma como nuestros terapeutas nos han tocado la vida, me conmueve y me hace sentir muy orgulloso y optimista de que este proyecto puede incidir positivamente en muchas más personas y familias, y que nuestro slogan las ayude a hacer vida: *En Family creemos que todos podemos ser más felices*.

Sigo involucrado en varios proyectos sociales nacionales e internacionales tratando de incidir positivamente en mi entorno y sobre todo en favor de nuestro querido México que tanto nos ha dado y que tanto nos necesita. Son iniciativas que han producido resultados muy satisfactorios en materia de educación, asistencia a niños sin hogar, madres solteras, políticas públicas, transparencia y otras áreas en que nuestro México nos pide (a cada uno desde nuestra trinchera) que le regresemos lo mucho que nos ha dado.

He descubierto, con satisfacción, que mi forma de percibir la curva biológica a la que muchos autores dicen que llegamos a los 50, y que pensaba empezaba a declinar justo al cumplirlos, es más un mito que una realidad. No sólo en mi caso, sino en el de muchos amigos y conocidos que transitan por estas edades; he observado que la curva biológica no decae justo después de cumplir los 50, sino que, en general, a estas edades se llega a una especie de meseta en la que nos mantenemos varios años con la misma energía (que ya no es abundante) y con prácticamente las mismas características físicas. Lo que no sé es cuanto dure esta meseta. Presiento que pronto lo voy a averiguar.

Admito no estar cumpliendo mi objetivo de hacer ejercicio tres veces por semana y de darme el espacio matutino diario para realizar estiramientos, oración, meditación y lectura como lo tenía planeado.

Nada de esto que relato ha estado exento de reveses, errores, sacrificios y dolores. Pero he aprendido que éstos son parte de la vida, y que, al abordarlos con la actitud adecuada, somos capaces de convertirlos en un crecimiento y aprendizaje que nos acerque al cumplimiento de nuestra misión.

En muchos sentidos puedo decir, convencido, que estoy viviendo *la mejor etapa de mi vida*. La más intensa, plena y feliz que recuerde. Con una sensación de certeza de andar el camino que me corresponde y con una gran esperanza de que al final todo habrá valido la pena. Espero que cuando termine mi paso por este mundo pueda dejar buenas cuentas en la tierra, habiendo dado los frutos esperados por los talentos que recibí y merecer el premio eterno.

Apenas puedo imaginar cómo será ese encuentro final cara a cara con Dios. Pensar en él me ha servido muchas veces para enfrentar adecuadamente los problemas que me angustian, de acuerdo a la relevancia que realmente tienen de cara a la eternidad.

Estas y muchas otras reflexiones siguen ocupando mi mente y mi corazón y son un breve recuento del lugar en que me encuentro hoy, en una historia que terminará por escribirse hasta mi último suspiro. Entonces espero poder mirar hacia atrás y encontrarme con una vida con sentido, vivida intensamente y enfocada en el cumplimiento de mi misión personal. Y que cuando los míos me visiten en mi cripta, puedan leer orgullosos mi epitafio: "Aquí descansa Hugo, que aprendió a amar y a vivir en Paz".

Entonces y sólo entonces podré decir: misión cumplida.

Epílogo

Este libro no se ha terminado de escribir. De hecho, probablemente, uno de sus capítulos más relevantes esté en proceso justo en este momento.

A unos días de entregar el manuscrito final a la editorial decidí hacer un viaje en motocicleta con algunos buenos amigos a través de varias ciudades de Europa. Durante el primer tramo del primer día, un automóvil giró intempestivamente a la izquierda y me embistió, recordándome de golpe lo peligrosa que puede ser la afición al motociclismo y lo vulnerables que somos. El equipo de protección hizo su trabajo y gracias a eso sigo aquí, pero no pudo evitar que el impacto reventara nueve de mis costillas, mi clavícula y brazo derecho; ni que pasara tres semanas en terapia intensiva, intubado, con un dren en el pulmón, cuyo sangrado requirió varias transfusiones de sangre. Por si esto fuera poco, la neumonía y el covid aparecieron inoportunamente para añadir un toque dramático al pronóstico, que por muchos días fue reservado.

Estoy convencido de que, de no ser por la gran atención médica del hospital público de Bérgamo, del amor incondicional de mi familia y de la forma como Jesús (a quien, no sé por qué, en el hospital siempre llamé por su nombre en arameo *Joshua*) se hizo presente en esos momentos de angustia, no hubiera salido vivo de ésta.

Durante los viajes en motocicleta, lo habitual es organizarse en pares, de manera que cada motociclista vaya cuidando y siendo cuidado por su respectiva pareja. Por tanto, Juan Pablo, mi pareja, se quedó conmigo tras el accidente, y a él pedí que se comunicara con un gran amigo que vive en Milán (mi testigo de bodas). No puedo dejar de mencionar la providencial intervención de este amigo, de nombre Vittorio, quien llegó al hospital minutos después que yo y a quien recuerdo haber dicho: "Man, I am in your hands". A partir de ese momento él fue quien tomó las decisiones, avisó a los míos y se hizo cargo de la difícil gestión de tratar con los médicos italianos, hasta que llegó mi familia. Mi esposa y mi hijo volaron de inmediato y se instalaron cinco semanas en un hotel vecino al hospital de Bérgamo, al igual que mi madre y mis hermanos que volaron días después. Entre todos formaron un equipo extraordinario, aportando cada uno lo propio para afrontar la incertidumbre de una situación que nadie esperaba.

No puedo evitar un sentimiento de culpa por haber hecho pasar a mi familia y amigos momentos tan duros, incluyendo el cumpleaños 25 de mi hijo, a quien en mi estado de sedación no pude reconocer cuando me visitó en terapia intensiva. Una anécdota peculiar sucedió un día en que entró a visitarme mi esposa y pudo escuchar mi voz por primera vez desde el accidente, y cuando la acerqué a mi pecho para darle un abrazo entre lágrimas, en el sonido de la habitación comenzó a escucharse, de pronto, una canción de Luis Miguel. Y no cualquier canción, sino una de Manzanero: "No sé tú", que había sido, precisamente, nuestro primer baile de bodas. En ese momento supe que, a pesar de la tragedia, todo volvería a estar bien.

Mi familia ha cerrado filas alrededor de mí de una manera que, si no lo hubiera vivido, sería difícil de explicar. El cariño, la unión y la profunda conexión familiar en estos momentos críticos han sido conmovedores. Hoy más que nunca reconozco que los momentos duros, con la familia al lado, son mucho más llevaderos. La manera de hacerse presentes de cientos de familiares, parientes y amigos me resultaba difícil de creer y me generaba la sensación de un cariño inmerecido. Estoy seguro de que las oraciones de tanta gente fueron un factor para que esté hoy ya en casa y enfocado de lleno en ir poco a poco recobrando los diez kilos y el 30% de masa muscular que dejé en el hospital.

El aguijón de la crisis de la que tanto he hablado en el libro me llegó, como suele suceder, por sorpresa, con toda su carga de dolor, para recordarme que las crisis llegan siempre por algo y para algo. El miedo, el dolor y la incertidumbre, que siempre ponen en perspectiva nuestra existencia, me han acompañado las últimas semanas. Uno de los sentimientos más constantes en estos días ha sido un gran agradecimiento a Dios por darme una nueva oportunidad.

Veo con mucha claridad que esto es algo que la vida me tenía reservado especialmente y que es una oportunidad concreta de crecer en paciencia, humildad y empatía. Tengo la certeza de que la vida consideró que necesitaba una "poda" para poder germinar más frutos.

El tiempo dirá si el manejo de esta dura prueba estará a la altura de lo que Dios espera de mí, y si seré capaz de incorporar los aprendizajes de esta fuerte experiencia a mi nueva vida.

Si pudiera resumir de qué se trata la vida, me queda más claro hoy que nunca que ésta se trata de encontrarle su mejor ángulo y no permitir que nada ni nadie nos la arrebate.

Libros recomendados

Si deseas profundizar en los distintos temas en torno a tu misión, tu proyecto y el sentido de tu vida, éstos son algunos títulos que te recomiendo explorar.

Agustín de Hipona (1993). *Confesiones*. Altaya, Barcelona.

Ayllón, J.R. (1994). *En torno al hombre. Introducción a la filosofía*. Rialp, Madrid.

Ben-Shahar, T. (6 de Mayo de 2018). "V.O. Complete. Tal Ben Sahar; The science of happiness." BBVA Aprendemos juntos, Madrid. https://www.youtube.com/watch?v=EW1Ia3g Nxsg. Consultado el 12 de agosto de 2022.

Benedicto XVI (2007). *Spe Salvi* (carta encíclica). Librería Editora Vaticana, Ciudad del Vaticano. https://www.vatican. va/content/benedict-xvi/es/encyclicals/documents/hf_ ben-xvi_enc_20071130_spe-salvi.html. Consultado el 12 de octubre de 2022.

Borges, J.L. (2011). *El Aleph*. Debolsillo, Ciudad de México.

Buford, B. (2011). *Halftime. Moving from Success to Significance*. Half Time Institute, Dallas

Burke. E. (2014). *Indagación filosófica sobre el origen de nuestras ideas acerca de lo sublime y de lo bello*. Alianza Editorial, Madrid.

Cuesta, H. (2018). *La crisis de la mitad de la vida. Haz un alto en el camino*. Grijalbo, Ciudad de México.

_____ (17 de noviembre de 2021). "IPADE by ISTMOtalk - Hugo Cuesta '2020: ¿año perdido o relanzamiento de tu proyecto de vida?'." IPADE, Ciudad de México. https://www.youtube.com/watch?v=nyEovQcCXuA. Consultado el 9 de agosto de 2022.

_____ (2022). *¿De qué se trata la vida? Encuentra TUS respuestas.* AdAstra, Guadalajara.

Fiorini, H. (marzo de 2014). "¿Cómo abordar situaciones de crisis? – Dr. Héctor Fiorini." Universidad de Palermo, Buenos Aires. https://www.youtube.com/watch?v=u4OoqiN_B78. Consultado el 8 de agosto de 2022.

Francisco (2020). *Fratelli Tutti* (carta encíclica). Librería Editora Vaticana, Ciudad del Vaticano. http://www.vatican.va/content/francesco/es/encyclicals/documents/papa—francesco_20201003_enciclica—fratelli—tutti.html. Consultado el 8 de agosto de 2022.

Frankl, V.E. (2012). *La presencia ignorada de Dios.* Herder, Barcelona.

_____ (2021). *El hombre en busca del sentido.* Herder, Barcelona.

Grün, A. (2015). *La mitad de la vida como tarea espiritual. La crisis de los 40-50 años.* Narcea, Madrid.

Holyday, R. (2019). *El obstáculo es el camino. El arte inmemorial de convertir las pruebas en triunfo.* Océano, Ciudad de México.

Huxley, A. (2018). *Texts and Pretexts. An Anthology with Commentaries.* Forgotten Books, Londres.

Levinson, D.J. (1986). *The Seasons of a Man's Life. The Groundbreaking 10-Year Study That Was the Basis for Passages!* Ballantine Books, Nueva York.

Lewis, C.S. (2006). *El problema del dolor.* HC Rayo, Nueva York.

Millet-Bartoli, F. (2006). *La Crise du milieu de la vie. Une deuxième chance.* Odile Jacob, París.

Nicholi, A.M. (2015). *La cuestión de Dios. C.S. Lewis vs S. Freud.* Rialp, España.

Philippe, J. (2005). *En la escuela del Espíritu Santo.* Rialp, España.

Robinson, K. & Aronica, L. (2020). *El Elemento. Descubrir tu pasión lo cambia todo.* Debolsillo clave, Ciudad de México.

Rocamora, A. (2011). *Crecer en la crisis: cómo recuperar el equilibrio perdido.* Desclée De Brouwer, Bilbao.

_____ (25 de abril de 2021). "Café con autor #32 – Alejandro Rocamora. Reflexiones sobre el suicidio desde la logoterapia." Desclée De Brouwer, Bilbao https://www.youtube.com/watch?v=1PyCxPYJwaI. Consultado el 9 de agosto de 2022.

Rojas Estapé, M. (2019). *Cómo hacer que te pasen cosas buenas.* Diana, Madrid.

_____ (2021). *Encuentra a tu persona vitamina.* Espasa, Madrid.

Sarah, R. y Diat, N. (2019). *Se hace tarde y anochece.* Palabra, Madrid.

Sinek, S. (2021). *El juego infinito.* Ediciones Urano, Ciudad de México.

Tauler, J. (1985). *Sermons.* Paulist Press, Nueva Jersey.

Ugarte, F. (2013). *Del resentimiento al perdón.* Panorama, Ciudad de México.

CONOCE MÁS SOBRE
CÓMO DISEÑAR TU PROYECTO
DE VIDA EN
WWW.FAMILYCONSULTORIA.COM

¿De qué se trata la vida? de Hugo Cuesta
se terminó de imprimir en noviembre de 2022
en los talleres de
Impresora Tauro, S.A. de C.V.
Av. Año de Juárez 343, col. Granjas San Antonio,
Ciudad de México